『합신채플』

Hapshin Chapel, Oct. 2015 / Vol. 2

Copyright ⓒ 2015 by Hapdong Theological Seminary

Pubilshed by Hapdong Theological Seminary Press
50, Gwanggyojungang-ro,
Yeongtong-gu, Suwon, Korea
All rights reserved

『합신채플』, 제2집

초판 1쇄 발행 | 2015년 10월 30일

편집인 | 정창균
발행인 | 조병수
펴낸곳 | 합신대학원출판부
주 소 | 16517 수원시 영통구 광교중앙로 50 (원천동)
전 화 | (031)217-0629
팩 스 | (031)212-6204
홈페이지 | www.hapdong.ac.kr
출판등록번호 | 제22-1-2호
인쇄처 | 예원프린팅(031)902-6550
총 판 | (주)기독교출판유통(031)906-9191

값 12,000원

ISBN 978-89-97244-28-7　93230
*잘못된 책은 교환해드립니다

「이 도서의 국립중앙도서관 출판시도서목록(CIP)은 e-CIP홈페이지(http://www.seoji.nl.go.kr/ecip)와 국가자료공동목록시스템(http://www.nl.go.kr/kolisnet)에서 이용하실 수 있습니다.
(CIP제어번호: 2015028288)」

저작권법에 의하여 한국 내에서 보호를 받는 저작물이므로 저자와 출판사의 허락없이
내용의 일부를 인용하거나 발췌하는 것을 금합니다.

『합신채플』

합신대학원출판부

머리글 • • •

『합신채플』제2집을 발간합니다. 여기에 수록한 20편의 설교들은 합신 교수들이 지난 2013년 한 해 동안 경건회에서 행한 설교들입니다. 특별한 사정으로 부득이 누락된 두세 분의 설교를 제외하고는 합신의 모든 교수들의 설교를 수록하였습니다. 현직 교수는 아니지만, 여전히 학교와 제자들을 향한 애정을 품고 학교를 방문하여 경건회에서 설교를 해주신 은퇴교수님과 명예교수님의 설교도 함께 수록하였습니다. 총장님의 설교는 두 편을 수록하여, 개강예배의 설교를 이 책의 첫 설교로, 종강예배의 설교를 마지막 설교로 수록하였습니다.

우리가 『합신채플』을 발간하는 것은 설교의 표본을 제시하려는 것도, 합신 교수들의 설교를 뽐내려는 것도 아닙니다. 우리는 우리의 설교가 여러 면에서 부족함이 많이 있다는 것을 알고 있습니다. 때로는 우리의 설교를 책으로 발간한다는 것이 쑥스럽고 미안하기도 합니다. 그럼에도 용기를 내어 계속 발간하는 것은 다음과 같은 몇 가지 이유에서입니다. 첫째는, 경건회에서 선포된 메시지들은 강의실에서 이루어지는 강의와는 다른 차원에서 모든 재학생의 경건훈련에 큰 역할을 한다는 점입니다. 그러므로 학생들에게는 『합신채플』이 단순히 한편의 설교를 읽는 것 이상의 의미를 갖게 됩니다. 둘째는, 졸업생들을 향한 배려입니다. 졸업생들에게는 모교의 경건회와 재학중에 들었던 교수들의 설교들을 다시 접하는 것이 마치 고향집의 따뜻한 소식을 듣는 것 같은 남다른 의미를 갖고 있으며, 모교와 스승들을 떠올리게 하는 좋은 계기가 된다는 말을 전해 듣곤 합니다. 우리가 『합신채플』을 발간하는 것은 흩어져 있는 동문들에게 그들의 고향집을 떠올려주고 싶은 교수들의 애정의 표현이기도 합니다. 셋째는 「신학정론」과 함께 합신채플이 갖는 의미입니다. 개교 초창기부터 합신 교수들의 신학을 대변해온 「신학정론」과 함께 『합신채플』이 합신 설교의 진면목을 드러내는 중요한 축으로서 역할을 하기를 바라는 기대가 『합신채플』에 배어 있습니다. 넷째는, 합신 밖에서 합신교수들의 설교를 궁금해 하며 듣고 싶어 하는 신자들을 위한 배려입니다. 그리고 한국교회의 더 많은 신자들이 합신의 경건회에서 행해진 교수들의 설교들을 접할 수 있기를 바라는 우리의 바램의 표현이기도 합니다.

책으로서 최소한의 형식적 통일성을 확보할 뿐 아니라, 설교를 읽는 독자들의 편의를 위하여 편집자가 일률적으로 대지설교 형식으로 통일하여 편집하였습니다. 그러므로 합신교수들은 어떤 설교형식으로 설교하는가를 보기 위하여 이 책에 실린 설교들을 살펴보는 것은 의미가 없습니다. 설교의 순서는 설교자가 속한 분과를 중심으로 구약, 신약, 조직신학, 교회사, 설교학, 선교학, 기독교교육학의 순서로 엮었습니다. 제2집이 발간될 수 있도록 함께 헌신적으로 협력해주신 설교학 분과의 이승진 교수님과 모든 진행 절차를 맡아서 수고해준 설교센터 연구원 전성식 목사님, 그리고 출판부의 신현학 실장님과 최문하 북디자이너에게 감사를 드립니다. 아무쪼록 이번에 발간하는 『합신채플』 제2집이 여러 곳에서 많은 이들에게 다양한 방식으로 유익을 끼치게 되기를 기대합니다.

2015. 10.
편집인 **정창균**(설교학. 설교센터소장)

차례 · Contents

04 • 머리글
편집인 정창균 (설교학)

11 • 개강설교: 목회자임을 증명하는 법
조병수 (신약학·총장)

23 • 에스겔의 하나님
윤영탁 (구약학·명예교수)

35 • 새 힘을 얻으리니
성주진 (구약학)

45 • 사역자의 본분
김진수 (구약학)

63 • 한 사람에 대한 배려
박형용 (신약학·명예교수)

77 • 흔들리지 않는 절대적인 믿음
유영기 (신약학·은퇴교수)

93 • 네가 형통하리라
이복우 (신약학)

107 • 그는 흥하여야 하리라
송인규 (조직신학·은퇴교수)

117 • 날마다 주의 영광을 보는가
이승구 (조직신학)

- 133 • 바른신앙을 낳은 바른신학
  김병훈 (조직신학)

- 157 • 확실한 구원
  안상혁 (역사신학)

- 181 • 맡은 자의 충성
  박영선 (설교학·석좌교수)

- 195 • 신자가 가는 길
  정창균 (설교학)

- 209 • 구경꾼에서 거듭난 일꾼으로
  이승진 (설교학)

- 221 • 나의 멍에를 메고 내게 배우라
  정경철 (선교학)

- 237 • 믿음으로 이기며 살자
  김만형 (기독교교육학)

- 253 • 선교적 공동체
  김명호 (기독교교육학)

- 271 • 양떼를 부지런히 살피라
  이순근 (기독교교육학)

- 283 • 해산하는 수고
  방선기 (기독교교육학)

- 296 • 종강설교: 목회 파선을 방지하려면
  조병수 (신약학·총장)

합동신학대학원대학교 교수 설교집 2

합신채플

목회자임을 증명하는 법

고린도후서 4장 1절-2절

조병수 (신약학·총장)

우리가 알다시피 지금 한국 기독교는 붕괴하고 있습니다. 한국 기독교가 무너져 내리고 있다는 사실을 부인할 기독교인은 아무도 없을 것이라 생각합니다. 목회자들은 말할 것도 없고 일반 성도들까지도 우리 기독교가 정말 큰일 났다고 말합니다. 그러면 이렇게 한국 기독교가 붕괴하는 근본 이유는 무엇인 것 같습니까? 생각해볼 때 성도들에게 문제가 있다기보다는 목회자들에게 문제가 있어서 그런 것이 아닌지 이렇게 대략 공통적인 결론을 내리게 됩니다.

   목회자의 타락으로부터 기독교 교회가 붕괴하기 시작하여 오늘날에 이르러서는 어느 때보다 더 심각한 현상을 나타내고 있습니다. 바로 이런 때 어떻게 목회자임을 증명할 수 있을까 생각해보게 됩니다. 참 목회자임을 어떻게 증명할 수 있는가요? 사도 바울이 오늘 우리에게 들려준 말씀을 보면, 그는 하나님에 대하여 또 사람의 양심에 대하여 자신을 추천한다고 글을 쓰고 있습니다. 이것은 굉장히 생경한 말이지요. 우리는 사람들 앞에서 자신을 추천한다는 말을 하려면 얼굴이 빨개지고 과연 뭘 추천할 수 있을까 주저하면서 몇 마디 하다가 그냥 우물쭈물 하고 말 것입니다. 그런데 사도 바울은 사람들에 대하여 자신을 추천할 뿐 아니라 하나님에 대하여 자신을 추천한다고 말하고 있습니다. 우리는 사도 바울로부터 목회자가 누군가 하는 것과 또 목회자임을 어떻게 증명할 수 있는가 하는 것을 배우게 됩니다.

I. 직분의 기원을 인식하라

목회자임을 증명하는 길은 가장 먼저 목회자라는 직분이 어디에서 왔는지를 인식하는 것입니다. 목회자는 그 직분을 어디에서 받았습니까? 사도 바울은 자신의 직분을 하나님의 긍휼로부터 받았다고 말합니다. 지금 막 읽은 1절 말씀을 주의해봅시다. "이러므로 우리가 이 직분을 받아 긍휼하심을 입은 대로"(1절). 개역개정판 성경은 순서를 앞뒤로 바꿔놔서 언뜻 보면 오해가 생기는데, 조금 정확하게 번역을 하면 "우리가 긍휼하심을 받아 이 직분을 받았다" 이렇게 말하는게 맞습니다. 하나님께서 우리를 긍휼히 여기셨기 때문에 우리가 이 직분을 받았다는 것입니다. 이것이 사도 바울이 말하려고 했던 진정한 의미라고 봅니다. 다시 말하자면 우리가 목회자가 되는 것, 하나님의 교회를 책임지고 목회하는 것은 우리가 가지고 있는 인격이 너무나 훌륭해서 된 것이 아니라는 말씀입니다. 많은 목회자들이 다음과 같이 말합니다. "나 봐라, 세상에는 나를 따라올 만한 인격을 가진 사람이 있냐? 내가 얼마나 겸손하냐? 내가 얼마나 낮아져 있냐? 나를 얼마나 비웠냐?" 요즘에 그렇게 말하는 사람들이 많습니다. 이름 꽤나 있다 하는 사역자들 가운데 많은 사람들이 글을 쓰든지 설교를 하든지, "나는 다 버렸다, 나는 다 내려놨다, 나를 다 비웠다"고 말합니다. 그러나 우리는 인격이 훌륭해서 목회자가 되는 것이 아닙니다. 또한 우리는 지식이 많아서 목회자가 되는 것도 아닙니다. 어떤 사람은 "나는 성경을 백독, 천독을 해서 성경에 대한 지식이 너무나 넘치고, 세상에 나만큼 성경을 잘 아는 사람이 없으니, 목회자가 돼서 성경을 잘 가르쳐야겠다"고 생각합니다. 우리는 재능이 많아서 목회자가 되는 것도 아닙니다. 어떤 사람은 "나는 어떤 일을 맡기든지 간에 척척 해내고 누가 봐도 만족을 줄만한 그런 재능을 갖고 있으니 나야말로 목회자로서 적합하다"고 말합니다.

오늘날 목회자들이 실패하는 이유는 놀랍게도 여전히 자신의 직분이 자신의 능력에 기인하고 있다고 생각하는 데 있습니다. 사도 바울은 능력에 직분이 바탕을 두고 있다고 생각하는 것이 얼마나 위험한 일인지 우리에게 뼈저리게 알려주고 있습니다. 그래서 사도 바울은 첫 마디부터 "우리가 긍휼하심을 입은 대로" 다시 말하자면 "하나님이 긍휼을 베푸셨기 때문에" 직분을 받았다고 말을 시작하는 것입니다. 사도 바울 자신도 사도라는 직분을 받았을 때 자기가 가말리엘에게서 성경을 잘 배웠기 때문에 목회자가 됐다고 말하지 않았습니다. 사도 바울은 자신이 말과 글로 사람들을 설득할 수 있는 능력이 있기 때문에 이 직분을 받았다고 말하지도 않습니다. 사도 바울은 자신이 누구보다도 낮아지고 겸손한 마음을 가지고 있어서 자신이야말로 사도의 직분에 적합하다고 말하지도 않습니다. 도리어 사도 바울은 본래 자신이 주님의 교회를 훼방하고 핍박하고 폭행하던 사람, 한 마디로 말하면 죄인 중에 괴수였다고 말합니다. 사도 바울은 자신에게 하나님의 일꾼이 될 만한 자격이 하나도 없었는데 주님이 자신을 긍휼히 여기시고 충성되게 여기셔서 직분을 받았다고 고백을 하였습니다.

목회자 직분을 인간적인 동기에서 찾으려 하면 반드시 실패하게 돼 있습니다. 주변에 보게 되면 때때로 이런 분이 있습니다. 입학 면접을 하면서 신학교를 지원하는 동기를 물어보면, 자신이 다니는 교회의 목사가 너무 형편없어서 나라도 목회해야겠다는 생각을 가지고 왔다는 것입니다. "사실은 신학교에 올 뜻이 없었는데, 내가 다니는 교회 목사님이 너무나 형편없어서 나라도 목회해야겠다는 생각에 왔습니다. 설교하는 꼴을 보니 그걸 설교라고 합니까? 성경을 읽고 성경에 맞게 본문을 해석해야지, 성경을 읽어놓고 자기 유럽 갔다 온 얘기, 미국 갔다 온 얘기, 독도 가는데 배 멀미가 얼마나 났네, 이런 쓸데없는 얘기하는데 견딜 수가 없어서, 교회의 돈이란 돈은 다 갖다 쓰고 고급 세단 승용차를 타고 다니고 그거 도저히 견딜 수가 없어서, 목회하는 거 보면 심방도 안 가고 기도도 안 하고 목사 꼴을 보니까 내가 차라리 목회하는 게 낫겠다는 생각으로 왔습니다." 그러나 이런 분은 꼭 실패합니다. 지금까지 그랬어요. '나라도 목회해야겠다' 는 생각으로 온 분이 성공한 예가 별로 없습니다. 목회자 직분이 인간적인 동기에서 시작되었기 때문입니다.

목회자 직분은 하나님이 우리를 긍휼히 여기셔서 주신 직분입니다. 우리는 정말 안 되는 인간, 될 수 없는 인간, 못된 인간, 세상에서 버려진 인간, 사도 바울의 말대로 하면 천사들의 구경거리가 되고 끄트머리에 놓인 인간, 만물의 찌꺼기 같은 그런 인생인데, 주님이 나를 불러서 우리가 이 길을 가는 것입니다. 그래서 목회는 좋아서 하는 것이 아니고, 싫다고 안할 수 있는 것도 아닙니다. 좋지 않아도 해야 하고, 싫어도 해야 하는 것이 목회입니다. 주님께서 강권하시기 때문에, 우리에게 맡기신 은혜가 있기 때문에 하는 것이 목회입니다. 그러니까 목회하는 사람은 감사해서 목회하는 것입니다. 목회를 하다 보면 즐겁지 않을 때도 있어요. 고통스럽기도 하구요. 교회에 두 사람만 모여도 최소한 한 사람은 문제덩어리입니다. 주님이 두세 사람이 모인 곳에는 나도 함께 있겠다고 하셨는데, 다른 측면에서 보면 두세 사람이 모인 곳에는 문제아가 함께 있어요. 괴로움을 가져다주는 사람이 늘 있습니다. 목회는 즐거워서 하는 게 아니에요. 그러나 하나님께서 내가 그 일을 할 만한 사람이 아님에도 불구하고 그 일을 맡겼기 때문에 감사함으로 목회를 합니다. 그러니까 목회는 즐기려고 하는 게 아닙니다.

오늘날 한국 교회가 붕괴하는 현상의 밑바닥에는 목회자들이 목회를 즐기고 있다는 문제가 있습니다. 우리는 웨스트민스터 신앙문답서를 외우면서 "사람의 중요하고 가장 고귀한 목적은 무엇인가"라는 질문에 대하여 "하나님을 영화롭게 하는 것과 영원토록 하나님을 완전히 즐기는 것이다"고 대답하지, 목회를 즐기는 것이라 그러지 않아요. 목회자들은 목회를 즐기라고 부름을 받은 것이 아니에요. 목회를 즐기다 보면 자기 함정에 빠지고 말아요. 사람의 눈을 보게 돼요. 목회를 즐겁게 하려면 사람의 칭찬이 좋아져요. 설교를 잘했다고 말하는 사람은 형제 같이 느껴지고, 말씀이 이상하다고 하는 사람은 원수가 돼요. 목회자들이 사람들의 눈과 사람들의 달콤한 말에 얼마나 민감한지 몰라요. 예배 끝나고 나가면서 그냥 스치듯이 가는 사람은 싫고, 손을 꼭 잡고 "목사님, 오늘 말씀은 꼭 저를 위해서 하는 말씀 같아요"라고 말하는 사람은 괜히 좋아요. 우리가 그렇게 사람을 좋아해요.

목회자임을 증명하는 길은 하나님께 돌아가는 것입니다. 하나님께 돌아가야 합니다. 사람에게로 돌아가면 안 돼요. 사람의 눈을 보고, 사람의 눈치를 살피고, 사람의 말에 달콤함을 느끼면 안 돼요. 하나님께로 돌아가야 합니다. 항상 하나님의 말씀으로 돌아가고, 하나님께 기도하는 일로 돌아가야 합니다. 참 목회자임을 증명하는 길은 하나님께 돌아가요. 말씀으로 돌아가고 기도로 돌아가는 것입니다.

II. 숨은 부끄러움을 버리라

둘째로 사도 바울은 참 목회자임을 증명하는 길은 숨은 부끄러움을 버리는 것이라고 말합니다. "이에 숨은 부끄러움의 일을 버리고"(1절). 숨은 부끄러움의 일은 무엇입니까? 오늘날 우리 시대의 목회자들에게 나타나는 숨은 부끄러움의 일은 목회자가 아직도 옛 생활을 버리지 못하고 있다는 것입니다. 놀랍게도 많은 목회자들이 부끄러운 옛 생활을 청산하지 못하고 있어요. 부정직하고 무질서하고 때로는 권세에 대한 욕망을 그대로 가지고 있습니다. 젊은 신학생들은 아직도 게임과 음란의 중독에서 벗어나지 못하고 있습니다. 청소년 시절에 익혔던 좋지 못한 버릇이 신학생인 지금까지 그대로 반복되고 있습니다. 장차 목회자가 되면 정리할지 모르겠지만, 여전히 악한 생각에 사로잡혀 있고 음란물을 탐닉하며 악행 가운데 머물고 있다는 것입니다.

히브리서는 우리에게 이렇게 권면합니다. "모든 무거운 것과 얽매이기 쉬운 죄를 벗어버리고 인내로써 우리 앞에 당한 것을 경주하자" (히 12:1). 벗지 않으면 앞으로 못 나아간다는 말입니다. 한국 교회 목회자들의 문제는 이 옛 생활을 버리지 못한다는 데 있습니다. 옛 생활을 버리지 못할 뿐만 아니라 목회자들이 도리어 옛 생활을 사모하고 그것을 만들어내고 그리로 돌아가려고 해요. 옛 생활로 돌아갈 뿐 아니라 자꾸 옛 생활로 돌아가고 싶어 합니다. 어느 목사님이 골프를 너무나 좋아해서 자주 동남아까지 가서 골프를 하십니다. 어느 날 내가 그 목사님에게 "그렇게 골프가 좋으십니까?" 물었더니, 그분은 "주님 다음으로 골프가 좋아요"라고 대답을 했습니다. 그런데 내가 보기엔 그분이 골프를 주님보다 좋아하는 것 같았습니다. 그래서 내가 다시 "목사님, 그렇게 자주 교회를 비우고 동남아에 가서 골프를 하면 성도들이 좋아하겠습니까?"라고 물었습니다. 그랬더니 그분이 충격적인 말로 대답을 했습니다. "성도들에게는 선교지 답사하러 간다고 말하지, 동남아에 골프하러 간다고 말하겠습니까?"

마음속에 여전히 부끄러운 일, 숨은 일, 음란한 것, 탐심과 권세욕을 가지고 있으면 주님의 목회자가 될 수 없습니다. 그런 사람은 하나님의 교회를 목회할 수가 없어요. 그래서 사도 바울은 숨은 부끄러움을 버렸다고 말하는 것입니다. 사람들이 안 볼지라도 하나님이 보신다는 생각을 가져야 한다는 말입니다. 목회자임을 증명하려면 요셉과 같은 마음을 가지고 숨은 부끄러움을 버려야 합니다. 이런 의미에서 사도 바울은 벨릭스 총독 앞에서 "나는 하나님과 사람에 대하여 항상 양심에 거리낌이 없기를 힘쓰나이다"(행 24:16)고 말했던 것입니다. 이런 자세를 가질 때 비로소 목회를 하고 하나님의 말씀을 전할 수 있습니다. 단언하건대, 목회자임을 증명하는 길은 숨은 부끄러움을 과감하게 버리는 것입니다.

III. 진리를 나타내라

마지막으로 사도 바울은 목회자임을 증명하는 길을 한 가지 더 제시합니다. 사도 바울은 목회자임을 증명하는 것은 속임으로 행하지 않는 것이라고 말합니다. "이에 숨은 부끄러움의 일을 버리고 속임으로 행하지 아니하며"(2절). 사도 바울은 "숨은 부끄러움의 일을 버리라"는 말에 바로 이어서 "속임으로 행하지 아니하며"라는 말을 덧붙였습니다. 속임으로 행하는 것은 위장하는 것을 가리킵니다. 이것은 거짓을 말하며 속임수를 쓰는 것입니다. 사실은 그렇지 않으면서 그런 체 위장을 하는 것은 그 자체가 숨은 부끄러움의 일입니다. 목회자는 목회에 전념하지 않으면서 목회에 전념하는 것처럼 속이려고 해서는 안 됩니다. 목회자는 하나님의 말씀을 탐독하지 않으면서 하나님의 말씀을 탐독하는 것처럼 위장하려고 해서는 안 됩니다. 목회자는 기도하지 않으면서 기도하는 것처럼 가장하면 안 됩니다. 목회자는 목회에 전념하고 하나님의 말씀을 연구하며 기도에 힘쓰는 것 외에 다른 것으로 목회자임을 증명할 수가 없어요.

세계에 이름을 날린 어느 유명한 축구 선수가 "야, 너 축구만 잘하냐?"는 말을 듣기 싫어서 골프를 연습하기 시작했어요. 골프를 연습하는데 밤에도 낮에도 골프를 연습하러 다닙니다. 그래서 결국은 그 축구선수가 골프를 정말 잘하게 되었습니다. 사람들이 와서 "아무개 선수님, 당신은 축구 선수인데 골프를 정말 잘 하시네요"라고 말한다면, 그게 칭찬일까요? 그 말 속에는 "이제 너는 축구 그만둬라"는 뜻이 들어있는 것입니다. "네가 축구 선수이면 축구를 잘해야지, 왜 골프는 잘하냐?" 그런 말입니다. "네가 축구 선수이면 축구를 연습하기 위해서 새벽부터 밤까지 공 차는 것을 연습해야 하는데, 왜 축구 선수로서 축구 연습을 안 하고 골프를 잘하냐?" 그런 말입니다. 운동 선수가 돈 벌겠다고 열심히 광고를 찍는 데 몰두한다면 사람들이 영화 배우 길로 가는 것으로 오해하지 않겠습니까? 영화 배우처럼 연기를 잘하고 사람들 앞에서 말을 잘하는 것이 축구선수로서 맞는 도리이겠습니까? 축구 선수는 다른 운동을 잘할 필요가 없어요. 축구 선수는 연기를 잘하는 데 관심을 가지는 사람이 아니에요. 축구 선수는 영화 배우처럼 촬영에 몰두할 필요가 없어요. 축구 선수는 축구를 잘해야 하는 사람입니다.

이와 마찬가지로 목회자들이 다른 것을 잘한다는 말 듣는 것을 좋아하지 마세요. 누군가가 여러분에게 "전도사님은 우리 교회 30년 동안에 지금까지 정말 베스트 드라이버에요"라고 하는 말을 듣고는 "내가 진짜 이 교회 30년 통틀어서 최고 운전사인가 보구나" 하고 기뻐한다면 멸망의 길로 가고 있는 겁니다. 컴퓨터를 잘 다루는 것, 찬양 인도를 잘 하는 것, 청소년들의 게임에 능숙한 것, 이런 것들을 하려고 목회자가 존재하는 것이 아닙니다. 목회자에게 그런 것들은 죽음의 길이에요. 목회자는 하나님의 말씀과 진리를 전하는 것으로 목회자임을 증명합니다. 사도 바울이 말합니다. "오직 진리를 나타냄으로 하나님 앞에서 각 사람의 양심에 대하여 스스로 추천하노라"(2절). 목회자는 오직 진리를 전함으로 자신을 증명합니다. 목회자임을 증명하는 것은 말씀을 잘 전하는 것입니다. 성도들이 우리가 전하는 말씀을 듣고 은혜를 받고, 그 말씀을 듣고 감동을 받고, 그 말씀을 듣고 그대로 살고 싶은 마음을 가지면 목회자는 자신을 증명한 것입니다. 성도들이 목회자가 전하는 말씀을 듣고 또 듣고 싶고 또 듣고 싶어지면 그 목회자는 성공한 것입니다.

엄마는 무엇으로 자녀에게 엄마임을 증명합니까? 영화배우처럼 잘생겨서 조막만한 얼굴에 에스라인 몸매를 지니고 화장품 쓰지 않아도 피부가 하얀, 늘씬한 미인이라는 것이 엄마임을 증명합니까? 무슨 대학을 나오고 무슨 박사이며, 어떤 직장에서 굉장한 직급을 가지고 있어 돈을 엄청 벌고, 춤이면 춤, 노래면 노래 못 하는 게 없으면 엄마임을 증명합니까? 엄마가 얼굴도 잘생겼고, 재능도 많고, 지식도 깊고, 그리고 좋은 직장도 다니는데 음식을 만들 줄을 몰라서 애들이 매일 굶주려 있다면 과연 엄마라고 할 수 있는 건가요? 그건 엄마가 아니에요. 오늘날 목회자들 가운데 하나님의 말씀을 내팽개치고 다른 데 열중하는 사람들이 많습니다. 강단에서 성경을 말하지 않고 자기 경험담을 내뱉고, 인터넷을 통해서 어린아이들도 알고 있는 알량한 얘기를 지껄이는 사람을 목회자라고 할 수 있습니까? 하나님의 말씀은 제 켜놓고 학식과 재능과 업적 등 자기의 뛰어남을 늘어놓는다면 목회자가 아닙니다. 성도들이 하나님의 말씀에 배고프고 하나님의 진리에 굶주려 있는데도 불구하고 쓸데없는 소리를 지껄이면서 강단을 장악하는 것은 코미디의 연장이 아니겠습니까? 무슨 개그 프로그램이 아니겠습니까? 왜 한국 교회가 붕괴하는 것입니까? 많은 부분이 목회자 때문입니다. 목회자의 뭐가 문제입니까? 하나님의 말씀을 순전하게 전하지 않고 목회자의 즐거움을 다 누리면서 하나님의 성도들을 굶주려 죽도록 내버려두고 있는 것, 그게 교회 붕괴의 원인입니다.

참 목회자임을 어떻게 증명합니까? 하나님이 인정하고 사람이 인정해야 합니다. 이것이 목회자임을 증명하는 법입니다. 사도 바울이 말했습니다. "하나님 앞에서 각 사람의 양심에 대하여 스스로 추천하노라"(2절). 하나님이 어떤 목회자가 진리를 혼잡하지 않게 전하는 모습을 보시면서 옳다고 하셔야 그게 목회자입니다. 사람들이 어떤 목회자가 순전히 전하는 하나님의 말씀을 양심으로 받아드려야 그게 목회자입니다. 목회자임을 증명하기 위해서 우리가 해야 할 일은 하나님께 돌아가는 것밖에 없어요. 부지런히 말씀으로 돌아가고, 신앙으로 돌아가고, 기도로 돌아가세요. 하나님과의 싸움에서 철저하게 패배하세요. 그래서 참 목회자의 길을 갈 수 있기를 바랍니다.

에스겔의 하나님

에스겔 2장 1절-10절

윤영탁 (구약학 · 명예교수)

사실은 작년 종강 예배 때 제가 말씀을 전하기로 돼 있었으나 여의치 못했습니다. 대장암 말기를 이긴 후유증인지 수개월 동안 우울증에 시달려 정말 인생의 바닥을 헤매었습니다. 날마다 오늘이 마지막인가 생각되어 고전하면서도 천국을 더욱 사모했다는 사실이 신자와 불신자의 차이점이 아닌가 생각합니다. 저를 다시 일으켜 주셔서 오늘 여러분을 뵙게 되어 주님께 감사를 드립니다.

I. 바벨론 포로민 에스겔

에스겔이 하나님의 일꾼으로 부름을 받은 것은 그가 바벨론에서 포로 생활을 하고 있을 때였습니다. 제사장 계통인 그로서는 성전에서 하나님을 섬기는 일에 헌신해야 될 나이에 이렇게 되었으니 참으로 처참해 보입니다. 인간적으로는 받아들이기 어려운 하나님의 일하심 같이 여겨집니다. 그래서 유대인들은 이것을 아주 못마땅하게 생각했습니다. 그래서 그들은 그럴 리가 없다는 생각에서 에스겔이 본국에서 제사장의 사역을 하다가 소명을 받고 포로로 끌려갔다고 억지 해석을 하기에 이르렀습니다.

에스겔에게서 우리가 특별히 배울 것은 "나는 약한 자"라는 점입니다. 그 사상이 그에게 철저했습니다. 그래서 에스겔서를 보면 하나님께서 그에게 말씀하실 때에 에스겔이라는 이름을 사용하지 않고 93회나 "인자"라고 부르셨습니다. 이 인자라는 용어는 오늘 현대 히브리어에서도 그저 "인간"이란 뜻으로 사용됩니다. 대화 중에 평범하게 "저 사람은 좋은 사람이야"라고 말할 경우에 '후 벤 아담 토브'라고 합니다. '에스겔'로 나타나는 세 번(원문: 겔 1:3; 24:24; 대상 24:16 "여헤스겔") 모두 그가 하나님의 말씀을 받는 대언자임을 가리킬 뿐입니다. 1:3에 "갈대아 땅 그발 강 가에서 여호와의 말씀이 부시의 아들 제사장 나 에스겔에게 특별히 임하였다"라고 개역개정판이 번역했으나, "나"라는 말은 원문에 없습니다. 말씀이 "에스겔에게 특별히 임했다"라는 표현을 말씀이 직접적으로 임하였다라고 옮긴 번역도 있습니다. 제3자 혹은 다른 어떤 매개체를 통해서 그에게 말씀이 계시된 것이 아니고 하나님께서 친히 바벨론 포로가 되어 그발 강 가에서 포로민과 같이 있는 에스겔에게 임하셨다는 것입니다.

'인자'란 말은 인간이 타락한 아담의 후손이요 죄악 가운데서 태어난 존재임을 가리킵니다(시 51:5). 인생이란 그의 호흡이 코에 있어서 셈할 가치가 없는 존재입니다(사 2:22). "사람이 무엇이기에 주께서 그를 생각하시며 인자('벤 아담')가 무엇이기에 주께서 그를 돌보시나이까!"(시 8:4). 저도 교수직에서 은퇴했으니 이제는 주님 나라에 갈 익은 곡식으로 준비되어야 하는데 그렇지 못해 괴로워합니다. 오래 살면 살수록 더 실수가 많아지고 더 부족해지는 것 같아서 주님, "제가 빨리 주님의 나라로 가면 좋겠습니다"라고 기도를 드릴 때가 있습니다. 그래서 인자라는 칭호에 대한 깊은 관심을 갖게 되어, 주님께서 우리 모두를 그렇게 부르시며 깨우쳐 주시면 좋겠다고 생각합니다. "너는 벤 아담이다!" "너는 인자다!"

여호와께서 그를 '인자야'라고 부르신 것은 그를 부르셔서 보내시는 분과 부르심을 받은 사람 사이의 대조 곧 창조자와 흙으로 지음을 받은 존재, 초월자와 유한자의 대조를 보여줍니다. 사역자는 너무나 나약하고 부족하고 무익한 존재입니다. 21세기 찬송가에는 '스몰'(Small, "작은 자")이라는 성을 가진 작시(作詩)자가 있습니다(90장 "주 예수 내가 알기 전"). 영어에서는 형용사로 이름을 만드는 경우가 있는데, 바울의 이름을 '스몰레스트' 씨(Smallest, "가장 작은 자", "지극히 작은 자보다 더 작은 자" –고전 15:9; 엡 3:8)로, 그리고 '에스겔'도 '위크' 씨(Weak, "약한 자")로 부를 수 있겠습니다. 감사하게도 "에스겔"이란 "하나님이 강하게('하자크') 하신다"는 뜻입니다!(3:8-9의 3회 "굳게 하다, 굳다" 참조). 여호와께서 여호수아를 지도자로 세우실 때에도 "강하고 담대하라"라고 말씀하셨습니다. 여호와께서 에스겔을 여타 선지자들과는 다르게 '인자야'라고 부르신 것이 바로 우리에게 들려주시는 주님의 음성으로 받아드려야 합니다.

오늘 읽은 본문(2:9-10)을 보면 그가 맡은 사역 현장을 알리는 두루마리 책의 안팎에 애가와 애곡과 재앙의 말이 가득하게 기록되어 있습니다. 그가 일하는 현장이 이토록 난공불락의 성채와 같습니다. 그가 이국땅에서 사역하는 동안에 아내를 잃었고, 약 10년 후에는 설상가상으로 예루살렘이 함락되었다는 소식까지 접하게 됩니다. 완전히 절망적인 그런 가운데에서 그가 사역을 감당하게 되었습니다. 과연 자신의 고백처럼 "가시와 찔레와 함께 있으며 전갈 가운데에 거주"(2:6)해야 하는 것이 그의 일터의 토양이었습니다. 그뿐만 아니라 그는 음악을 잘 하는 사람이며 고운 음성으로 사랑의 노래나 부르는 자라는 푸대접도 받게 되었습니다. 그리고 그가 말씀을 전할 때마다 그가 전하는 묵시는 사라질 것이고, 여러 날 후의 일이고, 멀리 있는 데에 대한 것에 불과하다고 하며 백성들은 비아냥거렸습니다.

그러면 여호와의 말씀을 거역한 포로민들은 어떤 존재들이었습니까? 15장을 보면 그들은 포도나무에 불과하다고 했습니다. 포도나무의 넝쿨이 어디에 쓰일 수 있는가? 건축 자료로 쓰이겠느냐? 결국 그들은 무용지물이라는 것입니다. 또 16장에서는 그들이 근본적으로 우상을 섬기는 부패한 족속이라고 합니다. 그들의 근본과 태어난 땅은 가나안 땅이고, 그들의 부모는 아모리 사람과 헷 사람이라고 합니다.

II. 선민의 참된 삶과 그 모습

그러면 본국에 있는 사람들은 어떠했습니까? 에스겔이 영의 인도를 받아 성전에 가보니 우상이 꽉 차 있었습니다. 성전에는 우상들이 꽉 차 있었고 제사장들은 그것들을 숭배했습니다, 그리고 본토에 있는 사람들은 임금과 귀족들이 포로로 끌려갔음에도 불구하고 애통하며 회개하지 않았습니다. 그들을 오히려 자신들이 본토에 남아 있으니 좋은 무화과나무인 반면에 저 사람들은 나쁜 무화과나무라고 하며 자만했습니다. 선민의 이러한 모습을 우리는 타산지석(他山之石)으로 삼아야 하겠습니다.

앞으로 여러분이 사역할 한국 교회의 모습은 어떠합니까? 저는 이민 교회를 많이 방문했습니다. LA에서 오신 어느 목사님이 설교 중에 이런 말씀을 하셨습니다. "평신도보다는 목사의 죄가 더 크고, 목사 중에도 해외 목회자의 죄가 더 큰데 그중에서도 LA 목회자의 죄가 제일 큽니다." 이것은 오늘날 목회자의 잘못에 대한 그분의 겸손한 표현입니다. 여하간 여러분이 앞으로 나가서 사역할 현장의 영적 토양은 만만치가 않습니다. 무디(Moody) 선생이 이런 말을 하셨답니다. 사탄은 우리들이 하나님을 진실로 섬기거나 참되게 섬기지만 않는다면 그 외의 것은 무엇이든 섬기는 것을 환영한다는 것입니다. 핵심을 잘 찔렀지요. 사탄은 하나님 한 분만을 섬기는 일을 제외한다면 그 외의 것은 무엇이든 아무리 성스러운 것일지라도 즉 성경이나 십자가상이나 교회까지도 우리가 섬기는 것을 환영한다는 말입니다. 우리가 귀 기울여 들어야 합니다. 저는 늘 강조하는 면이 있습니다. 흔히 하는 말에 교회와 교역자들이 다 부패했다고 합니다. 그러나 그렇게 말하는 것은 잘못입니다. 자신을 드러내지 않고 주님만 높이려고 애쓰는, 주님께서 기뻐하시는 모범적 교회와 목회자들이 있습니다. 그래서 저는 기도할 때마다 '하나님 경건한 종들을 사용하여주시옵소서' 라고 아룁니다. 여러분이 그러한 사역자가 되어야 할 것입니다.

　에스겔 당시의 사람들도 절망과 좌절 가운데에 사는 약한 존재들이었습니다. 에스겔서 33:10의 "우리의 허물과 죄가 이미 우리에게 있어 우리로 그 가운데에서 쇠퇴하게 하니 어찌 능히 살리요"라는 그들의 탄식이 이를 대변합니다. 주지의 사실처럼 당시 바벨론에 사는 유대인들은 시간이 지날수록 모세오경을 활발하게 연구하였고, 정치적으로 출세하거나 경제적으로도 보다 나은 삶을 살았습니다. 하지만 선민에게 있어서 참된 삶('하이')이란 무엇인가를 에스겔서에서 보여줍니다. 선민의 삶이란 하나님의 백성으로서 하나님을 올바로 섬기며 사는 것이라는 말입니다. 우리가 잘 아는 37:11에서 이스라엘 온 족속이 "우리의 뼈들이 말랐고 우리의 소망이 없어졌으니 우리는 다 멸절되었다"라고 부르짖었습니다. 그들은 선민이었으나 하나님께서 특별한 뜻이 계셔서 그들을 바벨론 포로가 되게 하셨고, 그들 가운데에서 남은 자들을 선택하여 본국에 보내어 제2성전을 재건하실 계획이 있는데도 영안이 어두워 헤아리지 못했습니다. 그들 중에 있던 어른들도 예외는 아니었습니다. 이는 결국 하나님을 믿지 않는 것이고, 아브라함과 선지자들을 통해 주신 약속의 말씀을 불신하는 것입니다. 너무나도 선민답지 않은 자세입니다.

　만일 우리가 에스겔의 위치에 있었다고 해도 은혜로 말미암지 않고는 그들과 다를 바가 없는 약한 모습이었을 것입니다. 하나님, 왜 저를 본국에 있는 성전에서 섬기며 제사장 사역을 하게 하지 않고 이런 곳에서 생을 허무하게 보내게 하십니까, 라고 불평했을 것입니다. 우리는 주님을 위해서 사역을 한다고 하지만 예수님의 공생애 시초에 사탄에게 받으신 시험과 싸워 이겨야 합니다. 주님 뜻대로 하옵소서, 라고 말하면서도 좋은 교회, 앞날이 보장되는 사역 등을 고려해서 자신의 뜻을 선호하기 쉽습니다. 저는 신학생들에게 가끔 이런 권면을 합니다. 제일 모시기 어려운 목사님 밑에 가서 사역하세요. 주님께 하듯 그분을 충성스럽게 섬기면 주님께서 틀림없이 그 목사님을 통해 앞길을 열어주실 것이라고 확신합니다. 그런 목사님 밑에서 진정한 섬김의 도를 배우는 것입니다. 그 목사님 밑에서 받는 신앙적, 실천적 훈련은 말할 수 없이 귀한 것입니다. 에스겔에게도 역시 모두가 거부하는 포로민 생활을 하며 그들과 함께 희로애락을 나누며 동고동락하는 것이 얼마나 중요한 기회였겠습니까? 이러한 동질성이 사역자에게 요청됩니다. 하나님께서도 우리를 구원하시기 위해 도성인신을 하시어 로마 통치하에서 천대 받는 유대인으로, 게다가 천한 직업으로 취급되는 목수의 아들로 말구유에 태어나셨습니다. 이렇게 생각할 때에 선지자인 동시에 제사장 계통이기도 한 에스겔이야말로 포로민에게 하나님의 말씀을 전할 가장 필요한 인물이었다고 말하고 싶습니다.

우리가 주님의 사역을 세상의 일처럼 적당히 하면 되는 것이 아니라는 사실을 잘 알고 있습니다. 신학교를 졸업하고 개척 교회를 시작한 목사님의 고백이 있습니다. 그 때는 정말 주님을 의지하게 됩니다. '주님 저를 도와주셔야하겠습니다' 라고 간절히 부르짖게 됩니다. 처음에 지하에서 시작할 때는 유일한 교인인 사모를 앞에 두고 자기가 설교하는데 솔직히 하나님 말씀 전하는 데는 별로 관심이 없고 출입문에만 관심이 있었다고 합니다. 한번은 어떤 사람이 문을 열고는 "아무도 없네!" 라고 하며 문을 닫아 버리고 사라졌다고 합니다. 매우 실망했다고 합니다. 비가 내리는 어느 주일에는 술주정뱅이가 들어왔는데 그분을 하나님께서 보내신 교인으로 알고 전도해서 신자가 되었다고 합니다. 이 사실이 마을 사람들에게 알려져 어느 교회에 가면 좋겠는가라고 문의하는 사람들을 그 교회로 인도해 주어 교회가 성장하게 되었다고 합니다. 그분은 지금도 초심을 잃지 않고 바울처럼 교인 한 사람 한 사람을 귀하게 여기며 교회를 잘 섬기고 있습니다. 바울도 자신의 영광과 면류관은 성도들이라고 고백했습니다. 바울은 유대인이 아닌 이방인에게 복음을 전하기에 자신이 너무나 약하기에 필요한 것이 사역자로서의 능력이었는데 이를 터득하는 비밀을 깨달았다고 기뻐하며 이를 고린도후서 12:9-10에 밝혀줍니다. 주께서 "나에게 이르시되 내 능력이 약한 데서 온전하여 짐이라 … 그러므로 도리어 크게 기뻐함으로 나의 여러 약한 것들에 대하여 자랑하리니 이는 그리스도의 능력이 내게 머물게 하려 함이라."

제가 나이가 든 사람으로 한 가지 당부하고자 합니다. 이 노년기에 대해 여러분은 관심이 적을 것 같은데 저도 마찬가지였습니다. 신학교 일에만 종사하다가 은퇴하고 나니 갑작스럽게 90세, 100세까지 사는 시대를 맞이한 것입니다. 그런데 은퇴 후의 생활은 어떠합니까? 나를 정기적으로 오라는 데는 병원밖에 없습니다. 지금도 1주일 후, 3개월 후, 6개월 후, 2년 후라는 병원 날짜들을 잡아놓고 있습니다. 하지만 감사하게도 제가 받은 은혜가 한 가지 있습니다. 어린 자녀들이 사실은 부모의 집인데도 마치 자기들의 집인 양 어디 갔다 오면 "엄마 문 열어", "아빠 문 열어"라고 당당하게 소리칩니다. 아버지의 집이 이렇게 좋은 것입니다. 저도 언젠가는 "주님 문 열어 주십시오.

제가 왔습니다!" 라고 아뢸 것입니다. 그 생각을 하니 얼마나 기쁜지요! 달란트 비유를 생각해봤습니다. 내가 은혜로 다섯 달란트이든 두 달란트이든 잘 남겨서 주님께 바칠 때 주님께서 얼마나 기뻐하실까? 주님 제가 왔습니다. 이것이 노년기의 축복이니 얼마나 중요합니까? 우리가 젊을 때에 내가 무엇을 성취한다는 그런 생각을 하며 살지 말고, 나는 약한 존재요 주님의 도움이 아니면 나는 아무 것도 할 수 없다는 자세로 충성하다가 마지막 날에 제가 전적으로 주님의 도우심으로 사역을 마치고 왔습니다, 라고 고백해야 하겠습니다. 남은 생을 그러한 심정으로 주님의 은혜를 되새기고 감사하면서 산다면 100세를 살아도 복되지 않겠습니까? 이렇게 생각하면 여러분의 젊은 시절이 대단히 중요합니다.

III. 에스겔의 신앙

예수님의 특별한 선택을 받은 제자들이 나가서 전도할 때 뭐라고 했습니까? 우리가 하늘에서 불을 내리게 해서 다 태워 버릴까요, 라고 의기양양하게 말했지요. 주님은 그 말을 매우 못마땅해 하셨습니다. 에스겔서에도 여호와의 간절한 마음이 어떠한지를 분명히 알려 주셨습니다. "너희는 너희가 범한 모든 죄악을 버리고 마음과 영을 새롭게 할지어다 이스라엘 족속아 너희가 어찌하여 죽고자 하느냐 … 죽을 자가 죽는 것도 내가 기뻐하지 아니하노니 너희는 스스로 돌이키고 살지니라"(18:31-32; 33:11). 주님의 사역자는 이러한 주님의 마음을 가져야 되는데 자기 힘으로 할 수 없지요. 주님이 능력을 주셔야 되는 것입니다. C. S. 루이스가 이런 말을 했습니다. "썩은 계란으로는 좋은 오므라이스를 만들 수 없다". 신학생 때부터 썩으면 끝장이지요. 그대로 졸업하면 뭐합니까? 우리가 주님의 일을 한다는 것은 나무의 성장과 같다고 생각합니다. 나무에는 뿌리가 많은데 그것들이 균형을 맞추기가 힘듭니다. 그런데 자신의 유익을 챙기는 뿌리, 사람을 의식하는 뿌리 등의 합당치 못한 뿌리들로부터 진액을 섭취하면 어떤 열매가 맺게 될 것인가를 생각하면 두렵기 그지없습니다. 그러므로 내가 무엇을 이루어 주님께 바친다는 생각이 얼마나 그릇된 것인가를 깨달았습니다. 진정으로 주님의 은혜로 사역의 열매를 우리가 바치는 것이 아닌가요? 항상 우리는 주님이 강하게 해주시는 은혜를 간구하며 사역해야 하겠습니다.

에스겔서에서 구약의 '남은 자' 사상의 꽃이 만발한 것을 봅니다. 포로민 중에서 42,360명을 본국에 보내 제2성전을 짓고, 앞으로 메시야가 오셔서 자기 몸을 십자가에서 산 제물로 드려 구속 사역을 완성하시고 주님의 교회를 세울 것을 하나님이 계획하셨는데, 에스겔은 이것을 알았습니다. 에스겔 11장 13절, "이에 내가 예언할 때에 브나야의 아들 블라댜가 죽기로 내가 엎드려 큰 소리로 부르짖어 이르되 오호라 주 여호와여 이스라엘의 남은 자를 다 멸절하고자하시나이까" 라는 말씀은, 이 지도자가 죽으면 남은 자의 그 약속이 어떻게 되겠느냐는 것입니다. 그러나 34장 23절에 "내가 한 목자를 그들 위에 세워 먹이게 하리니 그는 내 종 다윗이라. 그가 그들을 먹이고 그들의 목자가 되리라" 라는 회복의 말씀으로 에스겔을 강하게 하셨습니다.

제가 함께했던 합신의 초창기를 생각해 봅니다. 자칫 우리 합신은 대단했다고 생각할 수 있습니다. 후원 교회, 이사회, 교수회, 학우회와 직원, 모두 똘똘 뭉쳐 희생 봉사했습니다. 개인 집도 은행에 담보로 잡히고, 직원들과 학생들까지도 헌금을 했으니 말입니다. 이 얼마나 대단한 것 같습니까! 하지만 이제 와서 보니 그게 아니라 합신은 너무나 약했습니다. 지금도 우리는 약합니다. 그래서 우리가 주님만 의지할 수밖에 없었던 것입니다. 우리를 돕는 큰 교단이나 기업인들이 있었던 것이 아니고, 또한 합신이 세워지는 것을 좋아하지 않는 이들이 없지 않았습니다. 우리가 학생들을 뽑을 때 그들의 등록금으로 학교를 운영하려고 한 것이 아니었습니다. 무감독 제도는 학생들을 하나님의 부름을 받은 종으로 귀하게 대하는 것입니다. 학우회 총회로 모일 때에도 전혀 감시하지 않고, 학생들을 신뢰하여 인격적으로 대한 것입니다. 학교는 여러분이 많은 후원자들과 학교 선배들의 후원으로 공부하니 여러분도 그분들의 뒤를 이을 학교의 후원자들이라고 굳게 믿고 있는 것입니다. 앞으로도 합신은 주인 되신 주님께서 합신을 강하게 해주셔야 사명을 감당할 수 있다는 에스겔적 신앙이 필요합니다.

박윤선 목사님 글을 읽다가 하나님의 이름을 헛되이 부르는 것에 대한 말씀을 접했습니다. ① 믿음이 없는 형식적인 기도 ② 자기 자신을 높이기 위한 설교 ③ 하나님을 위해 한다고 하면서 직업적으로 움직이는 교역 생활 ④ 형식적 예배 행위 ⑤ 거룩한 종교적 서약을 지키지 아니함이 그것입니다. 역시 박 목사님은 여기에서도 기도의 중요성을 제일 먼저 강조하셨습니다. 그분이 왜 모든 시간은 기도를 위해 있다고 하셨겠습니까? 저는 그분이 그 누구보다도 자신의 연약함을 아셨기 때문이라고 이해합니다. 그래서 그분은 "엘리야는 천성적으로 강한 힘이 있어서 기도한 것이 아니라, 자기의 연약 때문에 하나님의 도우심의 필요를 느껴서 기도하게 된 것이다"라고 말한 적이 있습니다. 그분은 에스겔처럼 하나님이 강하게 해주시지 않으면 자신은 주의 일을 전혀 할 수 없음을 아셨던 것입니다.

제가 경험한 바를 전해드리고 마치겠습니다. 오래 전에 어느 교역자 세미나에서 '에스겔의 하나님'이라는 주제로 강의를 하게 되었습니다. 저는 많아야 300명 참석할 것으로 예측하고 단상에 올라 보니 1,000명 이상의 교역자들이 1층을 가득 메운 것이 아니겠습니까! 처음으로 제 두 다리가 떨리는 것을 느꼈습니다. 전에는 3층까지 꽉 찼어도 평안한 마음으로 설교를 했었는데 말입니다. 그래서 강대상 앞에 서서 강의를 시작하기 전에 에스겔의 하나님, 저를 강하게 해주옵소서라고 기도를 드린 후에야 무난히 마칠 수가 있었습니다. 늘 설교하던 강단이지만 예측이 빗나갈 때에는 여지없이 나약해지는 것이 인간입니다. 그러나 약한 가운데서 주님을 의지할 수 있다는 것이 우리의 복입니다. 언제나 자신은 주님의 도움이 있어야만 되는 약한 자임을 인정하고, 그 자리에서 계속 주님을 의지하면서 사는 합신과 합신의 사람들이 되기를 바랍니다.

새 힘을 얻으리니

사도행전 40장 27절-31절

성주진 (구약학)

"오직 여호와를 앙망하는 자는 새 힘을 얻으리니 독수리가 날개 치며 올라감 같을 것이요 달음박질하여도 곤비하지 아니하겠고 걸어가도 피곤하지 아니하리로다."(31절)

이 말씀은 어떤 조사에서 '좋아하는 성경구절' 4위에 오를 만큼 유명한 말씀입니다. 잘 아시는 대로 이사야 40장은 이사야서를 두 부분으로 나눌 때 두 번째 부분을 여는 첫 장입니다. 40장부터 시작해서 66장까지 이사야는 하나님이 유대 백성을 바벨론 포로에서 돌이키실 것이라는 회복과 구원의 메시지를 선포하고 있습니다. 따라서 40-66장에는 소망을 주는 감격적인 표현들이 많이 나타납니다. 본문에서도 하나님이 포로로 잡혀간 자기 백성에게 힘과 능력을 주실 것이라는 사실을 힘찬 어조로 거듭해서 강조하고 있습니다(28, 29, 31절). 그러면서도 이러한 은혜의 말씀 이면에는 아직 예언의 성취를 맛보지 못한 유대 백성들의 무력감이 자리하고 있음을 교차적으로 보여주고 있습니다(27, 29, 30절). 당시 하나님의 백성이 느꼈던 무력감은 그들만의 것이 아닙니다. 오늘날 그리스도인들도 매일의 삶에서 드물지 않게 경험하는 느낌입니다.

I. 하나님의 백성의 무력감

여러분은 무력감을 언제 경험합니까? 무력감은 보통 개인적으로 할 수 있는 것이 아무 것도 없다고 느낄 때 나타날 수 있습니다. 또한 질병이나 실직처럼 내 힘으로는 어찌할 수 없는 상황에서 나타나기도 합니다. 나아가서 사회적으로도 원치 않는 일이 통제되지 않고 일어날 때 우리는 집단적인 무력감을 경험하기도 합니다. 무력감은 교회에서도 나타날 수 있습니다. 교회가 문제가 있기는 한데 그것이 정확하게 무엇인지 알 수 없거나, 그 문제를 어떻게 개선해야 할지 그 방법을 모르거나, 혹은 개선의 가능성이 전혀 없어 보일 때 교인들의 무력감이 나타날 수 있습니다. 당시 유대 민족도 포로 생활을 통하여 심각한 무력감을 경험하고 있었습니다. 오늘 본문은 하나님의 백성의 이러한 무력감에 대하여 세 가지 사실을 분명하게 드러내고 있습니다.

첫째, 피곤하고 곤비한 하나님의 백성의 무력감을 그대로 드러내고 있습니다(27, 29, 30절).

본문에는 바벨론에 포로로 잡혀간 이스라엘 사람들의 무력한 상황이 잘 나타나 있습니다(27절). 그들은 이국땅에서 포로생활로 인해 지치고 피곤해졌습니다. 희망과는 달리 포로 생활이 길어지자 그들은 견디기 힘들어 했습니다. 하나님께 대한 기대가 불평과 불만으로 바뀌었습니다. 이 불만이 "내 길은 여호와께 감춰졌다"(27a)는 말로 나타납니다. 여호와는 감찰하시는 하나님, 언제나 자기 백성을 돌보시는 분이신데, 막상 내가 하고 있는 일, 내가 처한 형편과 처지를 못 본 체하신다, 아예 모른 체하신다는 것입니다. 또 그들의 불평이 '내 길(사정)은 여호와께 숨겨졌다'(27b)는 언사에도 나타나 있습니다. 하나님은 의로우신 재판장이 틀림이 없는데, 정작 내 정당한 권리, 내 억울한 사정을 모른 체하신다는 것이죠. 이제 그들은 하나님의 약속에 대해 회의가 들고 새로운 변화의 가능성을 포기한 셈입니다. 하나님의 백성이 미래의 소망을 잃어버리고, 집단 무력증에 빠진 것입니다.

그러면 이러한 무력감의 원인은 무엇입니까? 먼저, 하나님 백성의 무력감은 하나님과 그 능력을 잘 알지 못하는 데서 나옵니다. 사실, 그들은 머리로는 하나님의 행사를 알고 있었습니다. 그러나 실상 하나님이 어떤 분이신지는 잘 모르고 있었습니다. 그래서 선지자는 반문합니다. '너는 알지 못하였느냐, 듣지 못하였느냐?'(28절) 그들은 하나님을 지식적으로는 알고 있었지만, 막상 곤고한 상황에 처하자 하나님에 대하여 잘못된 인식, 왜곡된 이미지를 가지게 되었습니다. "하나님은 가해자 내지 방관자이다. 나는 억울한 피해자이다." 이렇게 그들은 자기연민에 빠져 온통 자기 자신에게만 주의를 집중시키고 있습니다. "내 송사(원통한 것)는 내 하나님에게서 벗어난다"는 말도 마찬가지입니다. 하나님은 명철이 한이 없으신 분이십니다(28절). 우리들의 상황을 너무나도 잘 알고 계시는 분이십니다. 영원하신 창조의 하나님으로, 전혀 피곤하지 않으신 분이십니다. 그분은 무한한 능력과 지혜의 하나님으로 우리를 위하여 가장 좋은 것을 베풀어주실 것입니다. 아마 포로민이 가장 견디기 어려웠던 것은 그들을 그런 처지에 빠뜨린 것은 바로 그들의 하나님 여호와라는 사실이었을 것입니다. 자신들이 죄에 대한 벌로 포로로 잡혀갔다는 현실이 견디기 힘들었을 것입니다. 이사야는 이런 백성에게 하나님이 어떤 분이신지 다시 일깨워 주고 있습니다.

하나님의 백성이 피곤한 경우는 이것만이 아닙니다. 우리는 하나님의 일을 사람의 힘과 지혜로 감당하려고 할 때 쉽게 지치고 피곤합니다. 하나님의 일은 하나님의 능력으로 일하는 것이 하나님의 방식입니다. 따라서 인간적인 방법과 수단을 사용하여 하나님의 능력과 지혜를 제한할 때 우리가 지치고 피곤해 지는 것은 당연하다고 하겠습니다. 예를 들어 독수리는 날개로 날아갑니다. 그런데 그 날개로 하늘을 날지 않고 땅바닥을 기어간다면 어떻게 되겠습니까? 당연히 힘이 듭니다. 우리는 또한 자신의 역량과 자기 일의 한계를 인정하지 않을 때에도 피곤합니다. 생각한 만큼의 성과가 나지 않을 때 무력감을 느낍니다. 열심히 공부했는데, 성적이 기대한 만큼 오르지 않을 때 무력해지는 것과 마찬가지입니다. 맡은 일에 최선을 다했는데 사역현장이 생각만큼 변하지 않을 때도 마찬가지입니다. 우리는 자신의 능력과 한계를 인정할 필요가 있습니다.

II. 하나님의 약속

둘째, 하나님이 무력감에 빠진 자기 백성에게 새로운 능력을 주실 것이라고 약속하고 있습니다(28, 29, 31절).

하나님은 어떤 사람에게 능력을 주십니까? 다름 아닌 피곤하고 곤비한 자에게 주십니다(28-29절). 여기에서 우리는 하나님의 긍휼하심을 발견할 수 있습니다. 하나님은 무력한 자를 버리지 않으시고 그들에게 힘을 주어 사용하시는 분입니다. 하나님은 피곤한 분, 피곤케 하시는 분이 아니라, 오히려 피곤한 자에게 힘을 주시는 분입니다. 약하고 지친 자에게 비교할 수 없는 능력과 지혜를 나누어주는 것이 하나님의 자비로우신 뜻입니다(29절). 이런 사람들을 통하여 하나님의 나라를 세우는 것이 하나님의 변치 않는 목적입니다. 반면 하나님은 스스로 힘 있다고 나서는 사람들을 통해서는 당신의 나라를 세우기를 원치 않으십니다. 이들은 자기 능력을 의지함으로 스스로 지치고 피곤해집니다. 그러나 창조의 하나님은 영원하고 무한하신 능력의 근원입니다. 지치고 피곤한 자에게 새 힘을 주실 뿐만 아니라, 여호와 자신이 새 힘의 근원이 되어주십니다.

하나님이 무력한 자들에게 새 힘을 주신다는 말씀은 무슨 뜻입니까? 그것은 마치 옛 옷을 벗고, 새 옷을 입는 것과 같습니다. 나의 약한 것을 벗고 하나님의 강한 것으로 갈아입는 것이지요. 예를 들면, 삼손은 머리를 깎였지만 그의 머리는 다시 자라납니다. 이것은 하나님의 은혜로 삼손이 회개함으로써 그에게 새로운 힘이 주어지는 것을 의미합니다. 마찬가지로 이사야를 통해서 약속된 새 힘은 향상된 인간적 능력이 아니라 새로운 차원의 능력을 가리킵니다. 인간적으로 팔팔한 소년이라도 피곤하며 곤비하며 기운이 넘치는 장정이라도 넘어지며 쓰러집니다. 이들은 힘 있는 사람들입니다. 그러나 그들은 언젠가 지치고 곤비해집니다. 그들을 부러워할 필요가 없습니다. 그러나 지치고 피곤한 자가 겸비하게 자신의 연약함을 인정하고 하나님께 은혜를 구하면 하나님이 새로운 능력의 옷을 입혀 주십니다. 하나님은 약한 자에게 인간적 힘을 강화시키기는 것이 아니라 그에게 하나님의 능력, 성령의 능력을 덧입혀 주시는 것입니다.

이렇게 하나님이 새 힘을 주신 결과(31b)는 세 가지 이미지로 제시됩니다. 독수리, 경주자, 보행자가 그것입니다. 보행자가 걸을 때는 일상생활을 할 때를 의미합니다, 경주자가 달릴 때는 진격이 필요할 때를 의미합니다. 독수리가 솟구칠 때는 하늘로 솟구칠 수밖에 없을 때를 의미합니다. 이렇게 하나님의 백성이 삶의 다양한 정황에 부닥칠 때 하나님은 그들에게 필요한 힘을 주십니다. 하나님이 주시는 능력을 힘입을 때 연약하고 무력한 삶이 활력이 넘치는 삶으로 바뀔 수 있습니다. 이것은 바울의 간증이기도 합니다. "내 은혜가 네게 족하도다 이는 내 능력이 약한 데서 온전하여짐이라 하신지라 그러므로 도리어 크게 기뻐함으로 나의 여러 약한 것들에 대하여 자랑하리니 이는 그리스도의 능력이 내게 머물게 하려 함이라"(고후 12:9).

III. 여호와를 앙망하는 자

셋째로, 하나님이 약속하신 새 힘을 여호와를 앙망하는 자에게 주실 것이라고 확약하고 있습니다(31절).

그러면 여호와를 앙망하는 것은 무엇입니까? 이것은 곧 그분을 진심으로 소망하는 것입니다. 그저 막연하게 원하고 바라는 것이 아닙니다. '되면 좋고 아니면 말고' 식의 요행을 바라는 것도 아닙니다. 하나님만을 간절히 바라보며 기다리는 것입니다. 기다림은 수동이나 피동이 아닙니다. 적극적인 능동입니다. 마치 농부가 씨를 뿌리고 물을 주고 나서 열매가 익을 때를 기다리는 것과 같습니다.

여호와를 앙망하는 것은 하나님을 바라보는 것이지 자신을 들여다보거나 환경을 둘러보는 것이 아닙니다. 하나님만 바라보면서 끝까지 포기하지 않는 것입니다. 우리는 문제가 생기면 본능적으로 먼저 자신과 환경을 바라보기 일쑤입니다. 따라서 하나님만 바라보기 위해서는 시선에 변화가 있어야 합니다. 이전에 내 길(사정), 내 송사(억울한 일), 그리고 열강을 바라보았던 시선을 거두어야 합니다. 이제 눈을 돌려 하나님만을 바라보아야 합니다.

여호와를 앙망할 때 우리는 우리 하나님이 영원하신 하나님이심을 알게 됩니다. 이 땅에 영원한 것은 없습니다. 그러나 하나님은 영원하십니다. 그렇기 때문에 그분의 언약도, 약속도, 말씀도, 나라도 영원합니다. 그분의 백성도 영원합니다. 이스라엘이 하나님이 자기들을 버렸다는 생각에 빠져들 때마다 그들은 이러한 사실을 기억해야 했습니다. 신학적인 무력감은 신학적으로야 극복할 수 있습니다. 영원하신 하나님의 언약적 신실함이 죄책감 때문에 무력감에 빠진 백성들을 건져낼 수 있을 것입니다. 이런 하나님을 바라볼 때 새로운 힘을 덧입게 되는 것입니다. 또한 여호와를 바라볼 때 우리는 하나님을 창조의 하나님으로 새롭게 만나게 됩니다. 인간은 흙으로 만들어진 피조물로 쉽게 지치고 피곤합니다. 그러나 창조의 하나님은 모든 힘의 원천이

시므로, 피곤한 법이 없습니다. 어떤 경우에도 전능하신 하나님은 힘이 소진되는 경우가 없습니다. 우리 하나님은 능력을 주시는 분입니다. 백성들은 우리가 피곤한 것은, '하나님이 무관심하시기 때문' 이라고 불평하고 있습니다. 그러나 하나님의 진단은 다릅니다. 하나님은 '너희가 피곤한 것은 나를, 내 능력을 의지하지 않기 때문' 이라고 하십니다. 바벨론에 포로로 잡혀간 것도 하나님의 무능 때문이 아니라고 하십니다. 그들의 죄를 징계하신 하나님이 그들을 창조의 능력으로 귀환하게 하실 것을 약속하십니다. 하나님의 능력이 자기백성의 무력함을 회복시키시는 것입니다. 나아가서 여호와를 앙망할 때 우리는 하나님은 명철이 한이 없으신 분이신 것을 알게 됩니다. 하나님은 우리의 체질을 하시고 상황을 아시고 세상만사를 다 아시고 분별하십니다. 포로된 백성들은, 우리는 바벨론보다 선한데 바벨론을 통해서 우리를 처벌하시는가 하고 억울해 하고 있습니다. 그러나 하나님은 공의로 심판하시는 분이요, 한없는 지혜로 온 세상을 다스리시는 분입니다. 이렇게 하나님은 지혜와 능력으로 자기 백성을 도우시는 분입니다.

IV. 믿음은 기다림의 싸움

여호와를 앙망하는 것은 여호와를 기다리는 것입니다. 이 기다림은 위기가 넘어가기까지 시간을 죽이는 것이 아닙니다. 심심풀이 땅콩을 먹으면서 기차여행을 하거나 시간을 죽이기 위하여 텔레비전을 시청하는 것이 아닙니다. 여호와께만 소망을 두고 순간순간을 믿음으로 치열하게 살아가는 것을 의미합니다. 현대는 인스턴트 시대라고 합니다. 기다릴 생각은 하지 않고 즉각적인 응답만을 기대합니다. 현대인은 기다리는 법을 잊어버렸습니다. 지금 당장 내 뜻대로 되지 않으면 다시는 기회가 없을 것처럼 조급하게 생각합니다. 기도 응답이 당장 없으면 무언가 잘못된 것으로 생각하기까지 합니다. 우리나라 사람은, 다른 나라 사람들과 비교해 볼 때 확실히 성격이 급한 편입니다. 아마 세계적으로 가장 잘 알려진 한국말은 '빨리빨리' 일 것입니다.

그러나 영원한 천국에는 '빨리빨리' 가 없습니다. 하나님이 때로 우리로 기다리게 하시는 것은, 어떤 사람의 말과 같이 하나님의 성격이 이상해서가 아닙니다. 우리의 신앙적, 영적 성숙을 위해서입니다. 우리를 위하여 천국 곳간에서 가장 좋은 것을 내오시기 위해서입니다. 어떤 의미에서 믿음은 기다림의 싸움이라고 하겠습니다. 보통 라면은, 10분이면 충분합니다. 컵라면은 더 빨리 먹을 수 있습니다. 그러나 고급 요리는 시간이 오래 걸립니다. 우리는 하나님이 원하시는 목사가 되어야 할 사람들입니다. 이러한 고귀하고 영광스러운 소명이 하루아침에 이루어지지 않는다는 것은 너무나 자명합니다. 평생이 걸려도 이상할 것이 없습니다. 아니 평생이 걸려도 부족할 것입니다. 감사한 것은 하나님은 이 여정에서 지치고 피곤한 자를 찾아서 능력 주시기를 기뻐하신다는 사실입니다. 따라서 우리 모두는 우리를 지치게 하고 피곤하게 하는 것을 디딤돌 삼아 신앙의 비약과 발전을 이루어야 합니다.

누구나 무력감에 빠질 수 있습니다. 또 자주 그러합니다. 그러나 어떤 상황에서도 여호와를 앙망하는 자가 새 힘을 얻는다는 사실을 잊지 마시기 바랍니다. 6장의 이사야처럼 높이 들린 보좌에 앉으신 여호와를 바라보시기 바랍니다. 하나님을 바라본 그 눈을 가지고 자신을 바라보기 바랍니다. 내가 하는 일을 바라보고, 내 사역을 바라보기 바랍니다. 그렇게 여호와를 앙망함으로 새 힘을 얻는 저와 여러분이 되시기를 바랍니다.

사역자의 본분

창세기 2장 15절

김진수 (구약학)

우리는 사역자가 어떤 사람인지, 또 사역자가 할 일이 무엇인지에 대해서 지금까지 많은 이야기를 들어왔습니다. 이번 학기에도 수업 시간을 통해서, 이 채플 시간을 통해서 사역자로 어떻게 준비되어져야 할지 수많은, 정말 주옥과 같은 그런 말씀들을 우리가 듣고 배웠습니다. 이 시간에는 그런 말씀들을 되새기면서 오늘 이 시간에 창세기 2장 15절의 말씀을 통해서 사역자가 어떤 사람이고 또 어떤 일을 해야 하는지에 대해서 다시 한 번 상고하고자 합니다.

I. 아담을 에덴에 "두신" 하나님

오늘 본문은 여호와 하나님이 "그 사람" 즉 아담을 이끌어서 에덴 동산에 두셨다고 말씀합니다. 그런데 창세기 2장을 읽어가다 보면 2장 8절에 비슷한 말씀이 한 번 더 나타나는 것을 볼 수가 있습니다. "여호와 하나님이 동방의 에덴에 동산을 창설하시고 그 지으신 사람을 거기 두시니라" 그랬습니다. 그런데 본문을 살펴보면 두 본문 사이에, 8절과 15절 사이에는 중요한 차이가 있습니다. 그것은 8절에 사용된 동사 "두다"와 15절에 사용된 동사 "두다"가 서로 다르다고 하는 것입니다. 8절에서는 물건이나 사람을 어떤 장소에 둘 때 흔히 사용되는 동사 "심"(שׂים)이 사용되었고, 15절에는 독특하게도 "누아흐"(נוח)라는 동사의 히필형이 사용되고 있음을 볼 수 있습니다. "누아흐"의 히필형은 그 기본적인 의미가 "쉬게 하다" 또 "안식을 얻게 하다", "만족하게 하다", "두다" 등의 의미를 갖습니다.

창세기 문맥에서 "누아흐"는 노동의 수고와 고생에서 쉬게 한다는 의미를 갖기도 합니다. 바로 노아의 이름이 여기에서 나왔습니다. 또한 "위험에서 건져서 안전한 곳에 둔다"는 의미도 가집니다. 신명기와 여호수아에서 이 단어는 이스라엘 백성이 광야 생활의 고생에서 벗어나서 약속의 땅에서 편히 살게 되는 것을 가리키는 말로서 사용되기도 합니다. 또한 출애굽기 20장 11절에서 이 단어는 하나님께서 6일간 창조의 일을 하신 후 안식하신 것을 묘사하는 말로 사용되는 것을 볼 수가 있습니다.

"누아흐"의 이런 용례들을 고려할 때 하나님께서 사람을 에덴동산에 두신 것은 그로 하여금 안식을 누리며 만족스러운 삶을 살게 하기 위해서였다는 것을 알 수가 있습니다. 여기서 인간을 지으신 하나님의 선하신 뜻이 드러납니다. 하나님은 인간이 수고하며 고생하도록 지으시지 않으셨습니다. 인간이 무거운 짐을 진 듯 수고하고 고생하는 것은 원래 하나님의 뜻이 아니다, 그런 얘기가 되는 것이지요. 하나님은 인간이 안식과 평안과 만족을 누리도록 그렇게 살도록 하나님께서 인간을 지으셨다 하는 것입니다.

이러한 인간관은 고대 근동 세계의 인간관과 근본적으로 다릅니다. 고대 근동 사람은 인간을 다만 신들의 노동 부담을 덜어주기 위해 지어진 존재로 그렇게 보았습니다. 바벨론의 창조신화가 그 대표적인 예입니다. 바벨론 창조신화에 따르면 신들 세계에도 위계질서가 있고 하위에 있는 신들이 소위 높은 신들을 위해서 노동을 해야 했다고 말합니다. 그런데 날마다 중노동에 시달린 신들이 불만을 품고 반란을 일으키게 되었습니다. 그러자 이들의 불만을 잠재우기 위해서 그들의 수고를 대신해줄 인간을 지었다 하는 것입니다. 보시는 바와 같이 여기에는 인간에 대한 그 어떤 배려나 존중이 없습니다. 인간은 그저 신들의 안락함을 위한 수단이나 소모품일 뿐입니다.

이에 비하면 성경이 가르치는 인간관은 얼마나 놀라운 것입니까? 성경은 인간이 평안과 만족을 누리도록 지어졌다고 가르칩니다. 인간의 수고와 고생은 죄의 결과라는 것이 성경의 가르침이라는 것이지요. 인간이 범죄하여 타락한 후 하나님은 하와에게 "내가 네게 잉태하는 고통을 크게 더하리니 네가 수고하고 자식을 낳을 것이요" 했습니다. 그리고 아담에게는 "땅은 너로 인하여 저주를 받고 너는 종신토록 수고하여야 그 소산을 먹을 것이다." 이렇게 말씀하셨습니다.

흥미롭게도 여호수아는 가나안 점령을 안식 개념과 연결하는 것을 볼 수가 있습니다. 여호수아 1장 13절에서 여호수아는 이스라엘 자손들에게 "너희의 하나님 여호와께서 너희에게 안식을 주시며 이 땅을 너희에게 주시리라"고 하였습니다. 그런데 여기서 "안식을 주시며"라는 말은 창세기 2장 15절에 "두다"와 정확하게 같은 말입니다. 그러니까 여호수아는 이스라엘 자손이 가나안엔 들어가는 것을 아담이 에덴동산에 들어간 것과 마찬가지로 안식의 관점에서 이해하고 있다는 것을 우리가 알 수 있습니다.

그런데 이스라엘 자손들이 가나안 땅에서 안식과 평안을 누렸습니까? 그렇지 못했습니다. 아담과 하와가 에덴동산을 잃어버렸듯이 이스라엘 자손들 또한 가나안 땅을 잃어버리고 말았던 것입니다. 왜 그렇습니까? 그들 또한 아담과 하와처럼 범죄 하였기 때문입니다. 사사기나 열왕기를 읽어보면 이스라엘 자손들이 가나안 땅에서 어떻게 범죄 하였는지를 우리는 잘 알 수가 있습니다. 여기서 우리는 인간의 수고와 고생이 범죄의 결과라는 것을 다시금 확인하게 됩니다. 물론 인간이 힘써 일하는 모든 것을 다 범죄의 결과로 보는 것은 잘못일 것입니다. 그러나 인간이 고통 가운데 일하고 고생스럽게 사는 것은 분명히 죄의 결과인 것입니다. 하나님이 인간을 지으신 목적은 결단코 그것이 아닙니다. 자유와 기쁨과 평안을 누리는 것 그것이 인간을 향한 하나님의 원래 의도였다 하는 것입니다. 이것을 생각할 때에 사역자들이 해야 할 일이 무엇인지도 분명합니다. 그것은 사람들을 참된 안식으로 이끄는 일입니다. 사역자들이 어떤 일을 해야 되는가? 그것은 바로 사람들을 참된 안식으로 이끄는 그 일이 바로 사역자들이 해야 될 일이라는 것이지요.

그런데 불행하게도 사역자들이 이 일에 관심을 갖기보다도 다른 데 관심을 보이는 경우가 참 많이 있습니다. 그리고 사람들에게 안식을 얻게 하기보다 사람들에게 무거운 짐을 지우고 고통을 주는 경우가 생각보다 많은 것이 우리의 현실이 아닌가 생각합니다. 바로 그렇기 때문에 사람들이 교회에 정착하지 못하고 떠나가는 안타까운 일이 많이 일어나고 있는 것입니다. 사람들이 교회에서 자유와 기쁨을 얻고 평안과 만족을 맛본다면 그런 일이 일어나지 않겠지요. 그러므로 사람들이 교회에서 안식을 얻는 것은 대단히 중요한 문제입니다. 먼저 그것은 하나님이 인생을 지으신 뜻이기 때문입니다.

어떻게 사람들이 교회에 나와서 안식을 얻을 수 있을까요? 각종 생활고에 찌든 사람들은 쉼을 갈구하고 있습니다. 그래서 각종 오락에 빠지거나, 산과 들을 찾거나, 심지어 사찰을 찾아가서 그곳에서 템플스테이를 하기도 하는 것입니다. 이 모든 것은 안식을 찾으려는 처절한 몸부림입니다. 교회가 존재하는 것은 바로 그들에게 참된 안식을 되찾아 주기 위함인 것입니다. 저와 여러분들이 사역자로 부름을 받은 것도 바로 이 일을 위해서입니다. 과연 우리가 이 일을 잘 할 수 있을까요? 우리 스스로의 힘으로는 할 수 없는 일이지만 그러나 길이 있습니다. 그것도 아주 좋은 길이 있습니다. 마태복음 11장 28절을 보십시오. 그곳에서 예수님은 "수고하고 무거운 짐 진 자들아 다 내게로 오라 내가 너희를 쉬게 하리라" 하고 우리 예수님께서 말씀하셨습니다. 예수님께로 가면 사람들이 쉼을 얻게 된다는 것이지요.

구약의 연장선상에서 이해하자면 예수님께로 가는 것이 곧 에덴동산에 들어가는 것이요 가나안 땅에 들어가는 것이라 그런 얘기가 됩니다. 즉 예수님 안에서 인생들이 평안과 만족의 삶을 얻게 된다는 것이지요. 그 이유는 너무도 자명합니다. 예수께서 인생으로부터 안식을 앗아가 버린 죄의 문제를 해결해 주셨기 때문입니다. 그러므로 사람들을 예수님께로 인도하는 것이 중요한 것입니다. 예수님이 누구신지, 예수님이 어떤 일을 하셨는지, 그 예수님이 앞으로 어떤 일을 하실 것인지, 이런 것들을 신구약 전체 성경에 기록된 말씀에 근거하여서 자세히 풀어 가르쳐야 하는 것입니다. 무엇보다도 우리 사역자들 스스로가 예수님 안에서 기뻐하며 평안을 누리는 것을 직접 보여주어야 합니다.

여러분들, 머리카락 없는 사람이 발모제를 선전하면 누가 약을 믿고 사겠습니까? 마찬가지로 예수님께 안식이 있다고 말하면서 불평불만, 근심 걱정이 가득한 모습을 한다면 누가 그런 사역자의 모습을 믿고 따르겠습니까? 그러므로 사역자는 늘 예수님 안에서 평안을 누리는 법을 잘 체득하여야 합니다. 이것이 쉬운 일은 아닙니다마는 그러나 우리가 하나님 앞에 말씀 안에서 기도하고 애씀으로써 우리는 어떤 상황에서든지 하나님 안에서 예수님 안에서 평안을 누리는 법을 우리가 잘 익히고 체득을 해야 합니다.

II. 기쁨의 동산, 에덴

이제 다시 창세기 2장 15절로 돌아가 보겠습니다. 하나님은 아담에게 안식의 삶을 얻게 하기 위해서 그를 에덴동산에 두셨습니다. 자 그렇다면 에덴동산이 어떤 곳이기에 그곳에서 그런 복된 삶이 가능하였을까요? 우선 동산의 이름이 "에덴"(עֵדֶן)이라는데 주목해야 합니다. 사전적으로 에덴은 "행복의 땅" 또는 "기쁨의 땅"을 의미합니다. 이사야 51장 3절 말씀도 이것을 지지해줍니다: "나 여호와가 시온의 모든 황폐한 곳들을 위로하여 그 사막을 에덴 같게, 그 광야를 여호와의 동산 같게 하였나니 그 가운데에 기뻐함과 즐거워함과 감사함과 창화하는 소리가 있으리라." 여기에 에덴이라는 말이 나타나고, 동시에 기뻐함과 즐거워함과 감사함이 같이 나타나고 있습니다. 에덴은 바로 그런 곳이라는 의미지요.

그런데 창세기 2장 8절부터 14절의 말씀을 살펴보면 그곳이 왜 기쁨의 땅인지를 알 수가 있습니다. 그곳에는 인간의 육체적 정신적 영적 필요를 채워주는 것이 그곳에 다 있기 때문에 그렇습니다. "먹기에 좋은 나무"란 말이 암시하듯이 그곳은 아무도 굶주리지 않고 맛있는 실과를 먹으며 즐거움을 나눌 수 있는 곳이었습니다. 또한 "아름다운"이라는 형용사와 각종 보석이 나타내는 것처럼 그곳은 온갖 보기에 아름답고 귀한 것들로 가득한 곳입니다. 게다가 그곳은 풍성한 강물과 생명나무가 있는 곳으로서 생명이 충만한 곳입니다. 그러기에 에덴은 무엇 하나 부족하거나 일그러짐이 없는 기쁨의 땅, 곧 낙원이라 불리기에 손색이 없었던 그런 곳이었습니다.

무엇보다 중요한 것은 그곳에 하나님께서 계셨다는 사실입니다. 비록 심판의 맥락이긴 합니다만 창세기 3장 8절은 동산에 거니시는 하나님에 대해서 말씀합니다. 이는 하나님께서 동산에 두루 임재하고 계셨다는 사실을 우리에게 알려줍니다. 에덴이 "기쁨의 땅"이였던 이유는 이처럼 그곳에 하나님께서 계셨기 때문입니다. 여러분들,

하나님이 계시지 않았다면 에덴은 아무리 좋은 것이 많이 있었다 할지라도 기쁨의 장소는 결코 될 수가 없었습니다. 하나님이 계시지 않으면 좋은 그것들이, 오히려 좋은 그것들 때문에, 사람들이 어떻게 됩니까? 좋은 그것들 때문에 수고하게 되고, 불행하게 되고, 또 슬픔과 고통을 겪게 된다는 사실을 우리는 잘 알고 있습니다.

그러므로 하나님과 함께 할 때만이 완전한 기쁨이 있습니다. 시편 16편 11절에서 우리가 이것을 알 수가 있습니다. "주의 앞에는 충만한 기쁨이 있고 주의 오른쪽에는 영원한 즐거움이 있나이다." 하나님께 참된 기쁨과 즐거움이 있다고 시인은 노래하고 있는 것입니다. 하나님은 기쁨을 주시는 분이십니다. 찬송가 가사처럼 우리 하나님은 기쁨의 근원이 되시는 분이신 것입니다. 에덴동산이 기쁨의 장소였던 것은 기쁨의 근원이신 하나님께서 그곳에 계셨기 때문인 것입니다. 이처럼 하나님께서 아담을 에덴에 두신 것은 그로 하여금 하나님과 함께하는 하나님과 더불어 함께하는 기쁨을 누리게 하기 위함이었던 것입니다. 이것이 인간을 지으신 궁극적인 목적이었습니다. 하나님이 없이 쉼을 얻고 기쁨을 누리는 것은 인간의 목적이 아닙니다. 그리고 그것은 가능한 일도 아닌 것입니다. 오직 하나님 안에서 쉼을 얻고 기쁨을 얻는 것이 인간의 본래 목적이자 근본 목적이었다는 것을 우리는 창세기 2장 15절을 통해서 배우게 됩니다.

그러므로 사역자가 해야 할 일도 바로 그것입니다. 사역자들은 사람들이 하나님 안에서 쉼을 얻고 기쁨을 누리도록 이끌어야 합니다. 어떤 인간적인 수단이나 방법으로 사람들을 만족시키고자 해서는 안 됩니다. 그것들은 결국 공허한 것이 되고 맙니다. 물론 인간의 필요는 다양합니다. 가난한 사람들에게는 경제적 지원이 필요하고, 병든 사람들에게는 치료가 필요할 것입니다. 교회는 이런 일에도 관심을 기울이는 것이 마땅합니다. 그러나 인간을 영원토록 만족하게 하실 분은 오직 하나님 한 분 밖에 없습니다. 그러므로 사람들이 예수 그리스도를 통해서 하나님 안에서 쉼을 얻고 기쁨을 누리도록 그렇게 인도해야 합니다. 그것이 바로 사역자가 진정으로 기억하고 힘써야 할 일이 된다는 것이지요.

에덴동산에 대해서 생각해야 될 것이 더 있습니다. 하나님께서 아담으로 하여금 에덴동산에서 안식을 얻도록 하신 것은 그곳이 동산이기 때문입니다. 동산 "간"(גַּן)이라는 말은 원래 "울타리를 치다", "보호하다"를 의미하는 히브리어 동사 "가난"(גָּנַן)에서 온 말입니다. 그러므로 동산의 기본적 의미는 "울타리를 친 곳", "보호받는 곳", 그런 곳이라고 할 수가 있습니다. 이렇게 보면 에덴동산은 울타리를 친 듯 안전하게 보호받는 기쁨의 장소였다는 것을 알 수가 있습니다. 울타리를 친 듯 안전하게 보호받는 곳, 그곳이 바로 에덴동산이었다는 것이죠. 에덴동산이 안전하게 보호 받는 곳이었다는 말은 그곳이 지형적으로 안전한 곳이었다는 의미도 될 것입니다. 그곳이 네 강의 근원지였다는 것을 고려할 때 그곳은 다른 지형에 비해 높은 곳에 위치했다고 볼 수 있습니다. 물은 높은 곳에서 낮은 곳으로 흐르지 않습니까? 이런 지형적 특성은 에덴동산이 안전한 곳이었다는 것을 나타냅니다.

이사야 33장 16절은 에데 동산의 모습을 생각나게 하는 방식으로 안전하게 거하는 것에 대해서 말씀합니다: "그는" – 여기서 그는 신실한 하나님의 백성을 가리키는 말입니다 - "그는 높은 곳에 거하리니 견고한 바위가 그의 요새가 되며 그의 양식은 공급되고 그의 물은 끊어지지 아니하리라." 어떻습니까? 여기에 "높은 곳"이란 말이 나타나죠. 그 다음에 "견고한 바위"라는 말이 나옵니다. "그의 양식", "그의 물"이라는 말이 나옵니다. 에덴동산에 묘사된 내용과 흡사하지 않습니까?

그런데 구약 성경에 보면 특별히 하나님께서 높은 곳에 계시는 분으로 묘사됩니다. 방금 인용한 이사야 구절 바로 앞에도 이런 말씀이 나옵니다: "여호와께서는 지극히 존귀하시니 그는 높은 곳에 거하심이요 정의와 공의를 시온에 충만하게 하심이라." 이런 말씀이 나오고 있습니다. 하나님께서 높은 곳에 거하신다는 것이지요. 이런 말씀에 비추어 보면 높은 곳에 위치한 에덴동산은 특별히 하나님께서 거하시는 장소였다는 사실이 드러나게 됩니다.

이것은 또한 우리로 하여금 에덴동산이 왜 안전하게 보호받는 장소였는지를 더 분명하게 알게 해줍니다. 에덴동산은 하나님이 거하시며 하나님께서 보호하시는 곳이었기에 안전한 것입니다. 말하자면 에덴동산은 하나님께서 그 거주자를 눈동자와 같이 지키시는 곳이었고, 졸지도 않으시고 주무시지도 않으시며 돌보시는 곳이었고, 목자가 양들을 보살핌과 같이 그 거주자들을 보살피는 곳, 그곳이 바로 에덴동산이었다는 것입니다. 다른 말로 설명하자면 에덴동산은 하나님께서 통치하시는 하나님의 나라와도 같은 곳이었던 것입니다. 강력한 왕이 통치하는 곳은 언제나 그 백성이 안전하게 보호받습니다. 그처럼 에덴동산도 안전한 곳이었습니다. 만왕의 왕이신 하나님께서 그곳의 주인이셨기 때문입니다. 인간을 이와 같이 놀라운 축복의 자리로 이끄는 것이 바로 하나님의 원래 의도이셨습니다. 하나님은 인생들이 하나님의 통치를 받으며 하나님의 통치 안에서 보호 받도록 뜻하셨습니다.

그런데 우리 하나님께서는 말씀으로 통치하십니다. 첫 사람 아담도 말씀으로 하나님의 통치를 받았습니다. 선악을 알게 하는 나무의 실과를 먹지 말라는 말씀이 바로 그것이었습니다. 이스라엘 백성들도 하나님의 말씀으로 통치를 받았습니다. 십계명이 대표하는 언약의 말씀이 바로 그것이었습니다. 이것은 사역자 된 저와 여러분들이 힘써야 될 일이 무엇인지를 밝히 보여주는 것입니다. 그것은 신구약 성경에 기록된 하나님의 말씀을 잘 풀어서 사람들에게 설명하고 가르치는 일인 것입니다. 그럴 때 사람들은 비로소 하나님의 통치를 받게 되는 놀라운 역사가 일어나게 되는 것입니다. 우리가 "나라이 임하옵시며"라고 기도하는데 말씀을 읽고 듣고 깨달아 순종하는 일을 통하지 않고는 결코 그 나라의 축복에 참여하는 그 영광이 주어지지 않는 것입니다. 말씀이 주장하는 곳에 하나님의 나라가 임한다는 사실을 잊지 말고 기억해야 하겠습니다.

Ⅲ. 아담에게 주어진 "경작" 과 "지킴" 의 임무

지금까지 에덴동산에서 안식을 누린다는 것의 의미를 사역자의 사명과 관련해서 살펴보았습니다. 끝으로 생각해볼 문제는 에덴동산에서 인간에게 주어진 과제, 그 과제에 대한 것입니다. 오늘 본문을 보면 하나님께서 아담으로 하여금 에덴에서 안식을 얻게 하셨다는 것은 그에게 아무 임무가 주어지지 않았다는 것을 의미하지 않는다는 것을 알 수 있습니다.

여기서 우리가 분명히 해야 될 것이 하나 있습니다. 아담에게 임무가 주어졌다고 해서 그 임무가 아담에게 안식의 기쁨과 만족을 감소시키는 것이 아닐까? 라고 생각해서는 안 됩니다. 그렇게 생각하면 그것은 분명히 오해입니다. 본문을 보면 안식을 얻는 것과 임무를 수행하는 것이 하나로 연결되어 있습니다. 이것은 아담이 자신에게 주어진 임무를 잘 수행할 때 안식의 기쁨과 만족이 유지되고 확장된다는 의미일 것입니다. 이처럼 안식과 임무는 처음부터 하나로 연결되어 있었던 것입니다. 아무 일도 안하는 것이 안식이란 개념은 성경 그 어디에도 나타나지 않습니다.

본문에 따르면 아담은 에덴동산에서 그것을 경작하며 지키는 임무를 받았습니다. 개역 한글 성경은 "경작하고 지키는"이란 표현 대신에 "다스리며 지키는"이란 표현을 사용합니다. 그러나 "경작하다"가 원문에 더 충실한 번역입니다. "경작"이라 함은 일차적으로 땅을 개간하고, 채소나 곡식을 심으며, 뜰을 가꾸는 일을 가리킨다고 볼 수가 있습니다. 그러나 단순히 농사나 정원사 일만 생각할 필요는 없다고 봅니다. 이 일은 넓게는 기술과 학문을 발전시키고 예술을 이루어내는 등 하나님이 지으신 세상을 그분이 보시기에 선하고 아름답게 유지시키고 발전시키는 모든 일을 다 포함하는 일이라고 볼 수가 있습니다. 아담은 그런 일, 즉 문화사명이라고 부르는 일을 하도록 임무를 부여 받았던 것입니다. 따라서 사람이 다방면에서 세상이 선하고 아름답게 되도록 노력할 때, 그렇게 노력할 때, 인간에게 주어진 그 본연의 임무를 다한다고 말할 수 있습니다.

그런데 이것이 전부는 아닙니다. 이 "경작하다"는 히브리어 동사 "아바드"(עָבַד)라는 말을 번역한 말입니다. 그런데 사실 "아바드"는 "경작하다"는 의미 이외에도 "섬기다"라는 의미를 가지고, 또 이 단어가 하나님과 관련하여 사용될 때는 "예배하다"는 의미를 갖기도 합니다, 또한 "아바드"는 성전에서 하나님을 섬기는 제사장의 일을 묘사할 때도 사용되는 말입니다. 자, 이런 점들을 고려할 때 아담에게 주어진 그 경작의 임무는 단순히 육체의 일로 그치지 않고 그것은 더 높은 차원에서 하나님을 섬기는 그런 일이었다는 사실을 우리가 알 수 있는 것입니다. 즉 아담은 땅을 경작함으로써 하나님을 섬기는 일을 하도록 되어 있었다 하는 것이지요. 그러므로 에덴동산의 아담을 가리켜서 하나님을 섬기는 제사장이었다, 이렇게 불러도 조금도 틀리는 말이 아닙니다.

이것은 인간이 하는 일들의 성격이 어떠하며 어떠해야 하는지를 우리에게 가르쳐 줍니다. 사람들이 어떤 일에 종사하든지 그것이 세상을 선하게 아름답게 하는 일이라면 하나님을 섬기는 제사장적인 일입니다. 어떤 일을 하든지 세상을 아름답게 만들고, 세상을 복되게 만들고, 세상을 선하게 하는 일이라고 한다면, 그것은 바로 하나님을 섬기는 제사장적인 일이 된다는 것이지요. 따라서 사람들은 어떻게 해야 합니까? 사람들은 그런 일을 함에 있어서 무엇보다도 어떤 마음을 가져야 됩니까? 무엇보다도 하나님을 기쁘시게 하고 하나님을 영화롭게 하고자 하는 그 마음 자세를 가져야 합니다. 사람이 보기에 아무리 좋은 일을 한다 할지라도, 심지어 사역자가 목회를 하고 선교를 해도 그 일을 통해서 자신의 행복과 명예만을 추구한다면 그것은 하나님을 섬기는 제사장적인 일이 될 수가 없습니다. 그러므로 사역자로 나서고자 하는 우리들은 먼저 이 문제에 있어서 스스로 조심하지 않으면 안 됩니다.

우리는 우리의 헌신을 통해서 하나님 한분만을 섬기며 하나님을 기쁘시게 한다고 하는 그 목표의식, 그 목표의식을 우리의 마음속에 분명히 가져야 합니다. 내가 왜 사역을 하는가? 내가 사역을 통해서 무엇을 하고자 하는가? 우리는 정말 그 일을 통해서 하나님만을 섬겨야 되겠다, 그 일을 통해서 정말 하나님만을 기쁘시게 해야 되겠다, 그 마음을 우리는 날마다 새롭게 하고 날마다 다지고 그렇게 하는 것이 매우 중요하다는 것이지요. 그렇게 한 다음 우리가 섬기는 사람들 또한 그들의 삶을 통해서 그들이 하는 모든 일들을 통해서 궁극적으로 하나님을 섬기고 하나님을 기쁘시게 하도록 그렇게 인도를 해야 합니다.

그런데 오늘 본문에는 땅을 경작하는 일과 그것을 지키는 일이 나란히 언급되고 있습니다. "경작하다"는 말과 마찬가지로 이 "지키다"는 말도 제사장들이 성소에서 하는 일을 묘사할 때에 자주 사용되는 말입니다. 제사장들은 성소의 기물들을 거룩하게 보존하고 그것에 속된 것이 침투하지 못하도록 지키는 일을 해야 했던 것입니다. 아담이 에덴동산을 지키는 일을 한 것도 같은 성격의 일이었다고 볼 수가 있습니다.

많은 사람들이 창세기 2장 8절로 14절에 묘사된 이 에덴동산의 모습이 성전의 모습과 대단히 유사하다는 점을 지적합니다. 특히 에스겔서가 소개하는 성전의 환상은 에덴동산이 성전의 원형에 해당한다는 사실을 강하게 뒷받침해줍니다. 에스겔서 47장에는 에덴에서 강물이 흘러 나가듯이 성전의 문지방에서 강물이 흘러나오며, 에덴동산에 먹기에 좋은 나무가 있듯이 성전에서 시작되는 강 좌우에 날마다 새 열매를 맺는 나무들이 자라는 것으로 묘사됩니다. 특히 에덴동산에 있는 순금을 비롯한 보석은 성전의 성소와 지성소 그리고 성전의 기물들이 순금으로 도금되거나 장식되는 것을 우리에게 연상시켜 줍니다. 이렇게 볼 때 성전은 에덴동산을 상징하는 것이 분명합니다. 그러므로 아담이 에덴동산을 지키는 일을 한 것은 제사장이 성전을 지키는 일을 한 것과 다를 바 없는 것이지요. 아담은 동산을 잘 지켜서 그곳에 어떤 불손한 것이 침투해 들어오지 못하도록 그런 임무를 해야 했습니다.

IV. 제사장적 사명

창세기 3장에서 보게 되는 바와 같이, 하나님을 대적하는 악한 세력이 뱀을 통해 에덴동산에 침투해 들어왔습니다. 이 사실은 아담의 지키는 직무가 왜 필요했는지를 우리에게 가르쳐 줍니다. 그러나 불행하게도 아담은 그 직무를 잘 수행하지 못하였습니다. 그는 거룩하신 하나님만을 모셔야 할 에덴동산에 악의 세력이 발을 들여놓도록 허용하고 말았습니다. 하나님만이 계셔야 할 그 동산에, 세상의 악의 세력이 들어오도록 그것을 아담이 허용하고 말았다는 것이지요.

여러분들, 이것은 에스겔 시대에도 마찬가지였습니다. 당시 이스라엘 백성은 성전에 온갖 가증한 것들을 다 끌어들였습니다. 그 결과 온갖 부도덕한 일들이 성전에서 자행되었고 가장 끔찍한 우상 숭배 행위까지 성전에서 보란 듯이 이루어졌습니다. 이것은 하나님의 영광이 더 이상 성전에 머물지 못하고 떠나가는 비극으로 이어졌습니다. 이 비극의 가시적인 결과가 성전의 파괴로 나타났다는 것을 저와 여러분은 너무나도 잘 압니다. 에덴동산을 지키지 못하고 악의 세력을 용인한 아담이 에덴 성전을 잃어버렸듯이 예루살렘 성전을 거룩하게 지켜내지 못한 이스라엘 백성들에게서 성전의 영광은 박탈당하고 말았던 것입니다.

사랑하는 학우 여러분, 이것은 오늘 저와 여러분들에게 매우 중요한 교훈이 됩니다. 아담과 마찬가지로 우리들 또한 지키는 자로 부름을 받았습니다. 아담이 에덴 성전을 지켜야 했듯이 우리들 또한 우리의 성전을 지켜내야 합니다. 불행하게도 한국 교회에 많은 목회자들과 성도들은 이 성전을 지키는 일에 실패하고 말았습니다.

성전이 무엇이냐고요? 아시는 바와 같이 하나님을 모신 곳이면 그 어디나 다 성전입니다. 내 마음도 내 가정도 내 교회도 모두가 다 성전인 것은 그곳에서 우리가 한 하나님을 모시고 한 하나님을 섬기기 때문입니다. 그런데 한국 교회는 바로 이 성전을 잘 지키지 못했기 때문에 에스겔 시대처럼 하나님의 영광이 성전에서 떠난 것과 같은 그런 안타까운 일이 일어나고 만 것입니다. 어떻게 해야 이 일을 되돌릴 수 있겠습니까? 어떻게 하면 하나님의 영광이 교회에 다시 돌아올 수 있을까요?

대답은 성전을 지키는 일을 다시금 새롭게 시작해야 한다는 것입니다. 성전을 지키는 일을 우리가 다시 새롭게 회개하며 하나님 앞에 시작해야 한다는 것이지요. 무엇보다 중요한 것은 먼저 우리의 마음의 성소를 지키는 것입니다. 마음의 성소에 각종 우상들이나 온갖 부도덕한 것들이 침투해 들어오는 것을 방치하면 그 결과가 어떻게 될 것은 빤한 일입니다. 사역도 교회도 모두 황폐하게 무너지고 말게 되는 것입니다. 그러므로 저와 여러분들은 다른 무엇을 하기 이전에 먼저 마음의 성소부터 지켜내는 그 일을 해야 합니다.

마음의 성소를 지키기 위해서 우리는 경계를 강화하고 그것을 지켜내기 위해 배수진을 치고 그것을 지켜내기 위해 필사의 각오로 싸워야 합니다. 우리 스스로 할 수 없으므로 우리는 어떻게 해야 됩니까? 우리 스스로 이 일을 할 수 없으므로 우리의 구주 되시는 예수 그리스도를 날마다 바라보며 하나님 앞에 기도해야 됩니다. "하나님이여, 그리스도 예수 안에서 우리가 우리 자신들을 지킬 수 있게 해 주옵소서. 하나님이여, 그리스도께서 베푸신 그 은혜 안에서 우리가 먼저 우리 마음의 성소를 거룩하게 지키는 일을 감당할 수 있도록 해주옵소서." 이렇게 기도해야 될 것입니다. 그래서 우리의 마음 동산에 오직 하나님만이 거하시며, 마음의 성소에 오직 하나님만이 거니시도록, 그 일에 우리가 성공한다면 우리의 성소는 회복되어질 것입니다. 이것이 급선무입니다.

이것이 이루지게 되면 다른 모든 것, 우리의 가정이나 우리의 교회나 또 우리가 살고 있는 이 사회나 국가를 넘어서서 온 세계가 우리를 통해서 다시 회복되는 그런 역사가 일어나게 될 것입니다. 하나님의 영광이 우리 안에 되돌아올 뿐만 아니라 마침내 한국교회에 하나님의 영광이 충만하게 머무는 그런 날이 오게 될 것입니다. 먼저 무엇을 해야 합니까? 우리 마음의 성소를 지키는 일을 해야 합니다. 아담이 그 일을 실패했지만은 그러나 둘째 아담으로 오신 예수 그리스도께서 우리를 위해서 그것을 이루셨습니다. 우리는 이 믿음을 가지고 우리가 날마다 우리 마음의 성소를 지키고 우리의 가정을 지키고 우리의 교회를 지키는 이런 제사장적 사명을 잘 감당할 수 있도록 해야 합니다.

이제 졸업을 앞둔 3학년 학우들과 우리 재학생들 모두 이런 영광스러운 사명을 하도록 부름 받으신 분들입니다. 이 귀한 사명을 잘 감당하시는 여러분들 되시기 바랍니다.

한 사람에 대한 배려

빌레몬서 1장 8절-19절

박형용 (명예교수)

오늘 본문은 빌레몬서에서 잡았고 그리고 제목을 한 사람에 대한 배려, 한 사람의 중요성으로 정했습니다. 특별히 교회에서 사역을 할 때, 목회를 할 때 한 사람이 얼마나 중요하다는 사실을 같이 생각을 했으면 좋겠습니다. 우선 하나님의 말씀인 누가복음 15장 10절에 보면 "내가 너희에게 이르노니 이와 같이 죄인 한 사람이 회개하면 하나님의 사자들 앞에 기쁨이 되느니라"고 말씀하심으로 한 사람의 구원받음이 중요하다고 강조하십니다. 또 탕자의 비유에서, 누가복음 15장 32절에 보면 "이 네 동생은 죽었다가 살아났으며 내가 잃었다가 얻었기로 우리가 즐거워하고 기뻐하는 것이 마땅하다"라고 말합니다. 또한 마태복음 18장 6절에 보면 "누구든지 나를 믿는 이 작은 자 중 하나를 실족하게 하면 차라리 연자맷돌이 그 목에 달려서 깊은 바다에 빠뜨려지는 것이 나으리라"고 말합니다. 이 말씀은 확실히 죽으라는 뜻입니다. 아무도 연자맷돌을 목에다 걸고 바다에 빠졌는데 살아날 사람 없기 때문입니다. 그리고 또 예수님께서 마태복음 18장 12절 이하에 보면 "너희 생각에는 어떠하냐? 만일 어떤 사람이 양 백 마리가 있는데 그 중의 하나가 길을 잃었으면 그 아흔아홉 마리를 산에 두고 가서 길 잃은 양을 찾지 않겠느냐 진실로 너희에게 이르노니 만일 찾으면 길을 잃지 아니한 아흔아홉 마리보다 이것을 더 기뻐하리라"고 말씀하십니다. 이 말씀은 아흔아홉 마리가 귀하지 않다는 뜻이 아니요, 아흔아홉도 귀하지만 잃은 자 한 마리가 귀하다는 사실을 여기서 말씀하고 있습니다.

I. 한 사람의 중요성

한 사람의 중요성은 정치하는 사람에게도 적용됩니다. 정치하는 사람들에게는 한 표가 굉장히 중요합니다. 역사적으로 볼 때 한 표 때문에 역사의 방향이 완전히 달라진 경우들을 보게 됩니다.

 1776년 미국이 독일어를 쓰느냐, 영어를 쓰느냐 투표를 했는데 한 표 차이로 영어를 쓰게 되었다고 합니다. 만약 이 한 표가 반대쪽으로 갔더라면 우리들은 영어보다는 독일어를 배우려고 열심을 다했을 것입니다. 그리고 1845년 지금 미국의 큰 주로 알려진 텍사스 주가 미국 연방에 속하느냐 속하지 않느냐를 결정할 때도 한 표차이로 미국 연방에 들어가게 된 것입니다. 그리고 또 재미있는 것은 아돌프 히틀러(Adolf Hitler)가 나치당에 당수로 뽑힐 때도 한 표 차이로 됐습니다. 만약 그 때 한 표가 부족했더라면 혹시 2차 대전이 우리가 지금 알고 있는 그런 대전으로 이어지지 않았을 수도 있습니다. 또 1941년 일본이 미국 하와이 주의 진주만을 먼저 공격했습니다. 그런데 그 공격을 받기 얼마 전에 미국은 "국민 의무 병역제도"(selective service)에서, 즉 한국처럼 연령이 차면 군대에 무조건 가야 하는 제도에서, 지원병 제도로 즉 본인이 원하면 군대에 가는 제도로, 바꾸느냐 안 바꾸느냐를 투표로 결정을 했는데, 한 표 차이로 "국민 의무 병역제도"를 그대로 유지하기로 했습니다. 만약 그 때 한 표 차이로 지원병 제도로 만들었더라면 일본하고 싸울 때 아마 미국이 상당히 곤란해졌을 수 있었겠구나, 라는 그런 생각을 해봅니다. 또 한 가지 한 표와 관련하여 합신대학원과 직접 관련이 있는 재미있는 역사적 사실이 있습니다. 제가 1990년대 초에 잠실 지역에 위치한 예원교회를 교수하면서 목회를 할 수밖에 없었습니다. 교회의 형편상 할 수 없이 3년 동안 목회를 했습니다. 지금 여기 안 계시는 것 같은데 김병훈 교수님이 그 때 전도사였습니다. 그 때 김병훈 전도사와 제가 약속을 했습니다. 제가 "당신은 유학을 가서 공부를 더 많이 하여 다른 차원에서 한국 교회를 섬기도록 하시오"라고 권면을 했습니다. 담임목사인 저하고 김 전도사하고 그렇게 약속을 했고 또 그렇게 하기로 했습니다. 그런데 3년 동안 교수와 목회를 동시에 하다 보니 교수도, 목회도 지장을 받아 양쪽 다 재미가 없다는 것을 발견했습니다. 교수도 풀타임이 안 되고 목회도 풀타임이 안 되는 것을 발견한 것입니다. 그래서 3년이 지난 다음에 목회를 정리하려고 마음먹었습니다. 담임목사로 목회 사역에 들어갈 때는 아주 쉽게 들어갔는데, 목회를 떠날 때는 대단히 힘들었습니다. 후임 목회자를 정하려고 하는데 그 때 2년 이상 동안 김병훈 전도사님과 같이 사역을 해본 교인들 일부가 김 전도사님을 박 목사의 후임으로 모시자, 이런 분위기가 형성이 됐습니다. 그리고 또 저의 느낌으로 김병훈 전도사도 약간 마음에 흔들림이 있었던 것 같았습니다. 교회를 사랑하는 김 전도사이기에 유학가기보다 목회를 하고 싶은 생각이 있었던 것으로 생각되었습니다. 예원교회가 그 때 재미있게 성장하고 있었습니다. 한 100여명쯤 됐는데 후임 문제로 약간의 흔들림이 있었습니다. 그래서 김병훈 전도사를 대상으로 후임 사역자 투표를 했는데 한 표 차이로 안됐습니다. 이 사실은 한 표가 상당히 중요하다는 것을 말해 줍니다. 그 때 김병훈 전도사가 예원교회 담임 사역자가 되었더라면 현재 합동신학대학원에서 교수로 봉사하고 있을까 생각을 해 봅니다.

하나님이 한 사람을 중요하게 여기듯이 교회 내에서 우리들 목회자들도 한 사람을 중요하게 생각해야 합니다. 목회자는 교회당 한 구석에서 외롭게 예배하는 그 성도, 많은 사람의 관심 밖에 있는 그 한 사람을 마음속 깊이 배려하고 중요하게 생각해야 됩니다. 교회당 앞에 앉아서 활동하고, 장로로서, 집사로서 또 권사로서 활동하는 사람은 물론이거니와 숨어서 어쩌면 이름도 없이 다른 사람들이 관심 가져주지 않는 그 사람에 대한 배려의 마음을 목회자들은 항상 가져야 된다는 말씀입니다.

II. 로마 감옥에서 쓴 바울의 편지

오늘 우리들이 빌레몬서를 일부만 읽었지만 사실은 빌레몬서 전체가 25절밖에 되지 않기 때문에, 전체의 내용을 연관해서 생각을 해야 할 줄 압니다. 물론 우리가 아는 대로 저자는 바울입니다. 1절과 9절과 19절에서 바울이 스스로 자신이 저자라고 밝히고 있습니다. 바울은 빌레몬서를 감옥 안에서 썼다고 계속 밝히고 있습니다. "갇힌 자 된 나," "갇힌 중에서 낳은 아들," 등의 표현은 바울이 지금 이 편지를 감옥 속에서 쓰고 있다는 것을 분명히 밝히고 있습니다. 그런데 사도행전에 보면 바울 사도가 감옥에 갇힌 경험이 3번 명시적으로 언급되어 있습니다. 첫 번째가 빌립보에서, 두 번째가 가이사랴에서, 세 번째는 로마에서 두 번 갇혔습니다. 그러면 바울 사도가 "갇힌 자 된 나"라고 말했을 때 어느 감옥에 갇혔을 때 빌레몬서를 기록했느냐를 밝혀야 합니다. 빌립보에서 갇혔을 때도 그렇고 가이사랴에서 갇혔을 때도 그 정황을 연구를 해보면 빌레몬서를 썼다고 할 수 있는 강한 증빙 자료가 없습니다. 반면에 1, 2, 3차 전도여행 마치고 복음 때문에 죄수가 된 바울이 로마에 가서 사도행전 28장 30절과 31절에 보면 거기 2년 동안 갇혀 있었습니다. 우리가 아는 대로 바로 이 때에 소위 옥중 서신인 골로새서, 에베소서, 빌립보서, 빌레몬서, 이 네 서신을 쓴 것이 분명합니다. 왜냐하면 에베소서와 골로새서, 빌레몬서를 두기고 편에 전달한 것으로 성경이 기록합니다. 에베소서 6장 21절에 "진실한 일꾼인 두기고가 모든 일을 너희에게 알리리라"는 기록이 있고, 또 골로새서 4장 7절에도 "두기고가 내 사정을 다 너희에게 알려주리니"라는 기록이 있습니다. 그렇게 두기고의 역할을 언급하고, 두 절 다음에 골로새서 4장 9절에서 무슨 말씀을 했느냐 하면 "신실하고 사랑을 받는 형제 오네시모를 함께 보내노니 그는 너희에게서 온 사람이라 그들이 여기 일을 다 너희에게 알려 주리라"고 말합니다. 그러니까 두기고가 에베소서를 에베소 교회에 전하고, 골로새서를 골로새 교회에 전하는데 그 때 빌레몬서를 골로새 교회의 성도인 빌레몬에게 전했을 것임에 틀림이 없습니다. 그래서 바울이 로마 감옥에 1차 감금되었을 때 빌레몬서를 썼다고 말할 수 있습니다. 또 한 가지 이유는 골로새서에 안부를 전하는 명단이 나옵니다, 누가 안부 전한다 할 때에 그 안부를 전하는 사람이 에바브라, 마가, 아리스다고, 데마, 누가 이렇게 다섯 사람이 언급되어 있습니다. 그런데 빌레몬서에 안부하는 사람의 이름이 에바브라, 마가, 아리스다고, 데마, 누가 이렇게 똑같은 사람들이 안부를 전합니다. 이 말씀은 1차 로마 감옥에 갇혔을 때 바울이 골로새서도 썼고 에베소서도 썼으며, 빌레몬서와 골로새서에서 똑같은 사람들이 안부를 전하는 것으로 봐서 빌레몬서도 역시 로마 감옥에 1차로 감금되었을 때 썼다고 생각을 할 수가 있습니다.

빌레몬서는 바울이 감옥에서 썼습니다. 그런데 이 편지를 쓸 때 바울의 심정을 한번 생각해 보십시요. 우리가 아는 대로 바울은 13개 서신을 썼습니다. 바울은 로마서에서부터 빌레몬서까지 13개 서신을 쓴 것입니다. 그런데 우리 성경의 로마서에서부터 빌레몬서까지의 배열은 부피로 그 순서를 정한 것입니다. 무슨 중요성이나 혹은 로마서가 이신칭의를 강조했으니까 먼저 배열된 것이 아닙니다. 부피 때문에 그렇게 정해졌습니다. 바울 서신 13개가 쓰여진 순서는 배열의 순서와 다릅니다. 그런데 바울의 13개 서신 중에 개인에게 쓴 서신은 소위 우리가 목회서신이라고 부르는 디모데전서, 디모데후서, 디도서와 그리고 빌레몬서입니다. 그러나 사실 목회서신은 개인에게 쓴 서신이라고 말을 하지만 내용으로 봐서 어떤 개인을 위해서 쓴 서신은 아닙니다. 바울은 목회서신이라고 불리는 세 서신에서 제자들에게 교회를 섬길 때 어떻게 섬기는 것이 좋겠다고 가르칩니다. 그런데 빌레몬서는 오네시모 한 사람을 위해서 썼습니다. 그것도 별 볼 것이 없는 존재, 그 때 사회에서 짐승 취급해도 되고, 물건 취급해도 되고, 그냥 죽여도 되는 그런 노예, 그 노예가 예수 믿고 바울을 알게 되어 이제는 하나님의 자녀가 된 오네시모 한 사람을 생각하면서 썼다는 말씀입니다. 바울이 쓴 13개 서신 중에서 한 서신이 오네시모 한 사람을 생각하면서 기록한 것입니다. 우리가 바울의 이런 심정을 좀 배우기를 원합니다. 사람이 많으면 좋지요. 그러나 하나님의 마음속에 한 사람에 대한 배려의 심정이 있음을 이해하고, 한 사람이 회개하면 천국에서 기뻐하신다는 이 말씀의 뜻을 이해한다면 우리는 얼마나 더 한 사람을 중요하게 생각해야 하겠습니까? 아흔아홉 마리도 중요하지만, 길 잃은 이 한 사람이 중요하지 않습니까? 우리 모두가 이런 심정을 가진 목회자들이 다 되었으면 좋겠습니다. 이런 심정을 가진 사역자들이 다 됐으면 좋겠습니다. 우리들은 그냥 북적북적 거리고 많은 사람들 속에서 활동을 하다 보니까 나도 모르는 사이에 우리의 관심이 그 외롭고, 힘들고, 어려운 상황 속에서 신앙생활 하는 사람들에 대해서 별로 신경을 쓰지 않을 수도 있습니다. 그런데 하나님의 심정은 그것이 아니라는 말씀입니다. 또 바울의 심정도 그것이 아닙니다. 그래서 바울 사도가 오네시모 한 사람 때문에 이 빌레몬서를 쓰면서 처음서부터 끝까지 이 오네시모를 어떻게 해서든지 주인 된 그 빌레몬의 마음을 감동시켜서 이 사람을 바른 위치에 서게 해서 하나님의 백성으로 활동하고 생활하고 교회에 유익하게 되게 하기를 원하는 심정으로 이 편지를 썼습니다.

III. 오네시모에 대한 바울의 진정어린 배려

바울은 빌레몬서에서 사도라는 말을 쓰지 않습니다. 사도라는 말이 안 나오는 서신이 빌립보서와 데살로니가전후서, 빌레몬서입니다. 빌립보서는 "감사하라, 기뻐하라"는 말을 많이 하는데 "내가 사도이다, 사도이니까 감사하라"고 말하는 것은 개념적으로 맞지 않습니다. 그래서 바울은 빌립보서에서 사도라는 말 안 썼습니다. 그리고 데살로니가전후서에서는 지금 핍박 중에 있는 성도들에게 편지하면서 "내가 사도이다, 사도이니"라고 말할 필요가 없는 것입니다. 또 빌레몬서에서는 "지금 사도의 권위로 내가 명하노니 뭣을 해라"고 강제하지 않았습니다. 친구가 친구에게 하듯이 형제가 형제에게 하듯이 마음과 마음으로 기독교 복음의 사랑의 정신으로 빌레몬에게 "네가 비록 사회적으로나 모든 면에서 받을 수 없는 노예인 오네시모이지만 그리고 도망 나갔기 때문에 더더구나 큰 처형을 할 수밖에 없는 대상이지만, 그러나 이 오네시모를 그리스도의 사랑으로 받아들였으면 좋겠다고 말한 것입니다. 그래서 바울은 사도란 말을 쓰지 않았습니다. 그리고 바울 사도는 늘상 하는 말처럼 진정어린 마음으로 내가 그리스도 안에서 아주 담대하게 네게 마땅한 일로 명할 수도 있지만 그러지 않는다고 말합니다.

바울은 이 오네시모가 나이가 많은 상황 속에서 믿음으로 얻은 아들이요, 형제라고 말합니다. 바울은 그 때 당시에 꽤 늙었습니다. 머피 오코너(Murphy-O'Connor)가 계산한 바로는 바울 사도가 거의 예수님하고 동시대 사람이라고 합니다. 그는 바울이 B.C. 6년에 태어난 것으로 제안을 합니다. 우리가 정확하게는 알 수 없지만 어쨌든 그걸 근거로 얘기한다면 1차 감옥에 있을 때 바울 사도는 대략 69세였습니다. 그러니까 바울은 상당히 늙게 보였을 것입니다. 바울 사도는 약 40세쯤 되었을 때 부활하신 예수님을 만난 것으로 계산이 됩니다.

그런데 바울 사도는 그때로부터 69세까지 한 30년 동안 고생과 고생을 거듭했지 않습니까? 바울 사도는 엄청 고생했으니까 보통 69세 사람보다 더 늙게 보였을 수도 있습니다. 그래서 바울은 "나이 많은 나 바울이 얻은 이 오네시모를 네가 받아줬으면 좋겠다"고 말하고 있습니다. 그런데 빌레몬서 전체가 25절밖에 되지 않은데, 이 짧은 한 장밖에 되지 않는 서신에서 한 사람 오네시모를 생각하면서 쓰고 있는데 그 오네시모의 이름이 10절에 가서야 등장을 하는 이유는 무엇이겠습니까? 이 상황은 바울이 빌레몬의 마음을 다 준비시켜 놓고 오네시모를 언급한 것이라고 생각합니다.

제가 이 설교를 준비하면서 "뜸 들인다"라는 말을 사전에서 찾아봤습니다. 국어사전에서 뭐라 그랬냐면 "무엇을 흠씬 찌거나 삶은 다음 얼마 동안 그대로 두어 제풀에 속속들이 푹 익게 하는 일"이라고 정의했습니다. 어쩌면요 바울 사도가 오네시모의 이름을 언급하기 전에 빌레몬의 마음을 받을 수 있도록 뜸을 들였는지도 모릅니다. 분위기를 잘 조성하기 위해서 뜸을 들였는지도 모릅니다. 빌레몬이 호의적인 마음을 갖도록 하기 위해서 말입니다. 그래서 "갇힌 중에 낳은 아들"이다, 또 "유용하다," "쓸모 있다"는 말을 한 것입니다. 사실 그 때 당시에 노예에게는 인권이라는 것을 언급할 수 있는 그런 상황이 아니었습니다. 그런데 바울 사도가 "무익하였으나"(아크레스톤)와 "유익하므로"(유크레스톤)를 비교하고 있습니다. "유"는 "유앙게리온" 할 때 좋다는 뜻의 "유"입니다. 유크레스톤, 아크레스톤을 비교해서 오네시모를 칭찬합니다. 오네시모가 옛날에는 무익했으나 그러나 지금은 유익하다고 말합니다. 그리고 계속해서 비교를 하는

데 너한테서 잠시 도망 나온 것과 영원히 유익한 것을 비교합니다. 오네시모가 잠시 도망 나왔는데 사실은 그렇게 도망 나온 것이 하나님의 섭리로 영원히 너와의 관계를 유지할 수 있도록 만든 것이라고 합니다. 바울은 오네시모가 종이었지만 이제는 형제로 받으라고 말합니다. 이것은 폭탄적인 요청이고 선언입니다. 노예를 가진 주인에게 노예를 형제로 생각하라는 말입니다. 이 말은 그 때 당시의 사회에 폭탄적인 선언입니다. 바울은 오네시모가 "내 신복이다, 갇힌 중에서 낳았다, 그를 받아들여라, 사랑받는 형제로 둘 자다"라는 말로 빌레몬을 설득합니다. 저는 이런 표현들을 참 좋아합니다. 바울 사도는 지금 감옥에서 아무것도 없습니다. 죄수인데 무슨 쓸 것이 있겠습니까? 그런데 바울은 아무것도 없으면서 하는 말이 "그가 만일 네게 불의를 하였거나 네게 빚진 것이 있으면 그것을 내 앞으로 계산하라"고 당당하게 말합니다. 참으로 멋이 있습니다. 바울은 오네시모를 살리기 위해서 사실 아무것도 없는데, 그런데 만약 오네시모가 너한테 빚진 것이 있으면 그 빚을 내가 갚아주마, 라고 말하고 있습니다.

우리는 여기서 바울의 재치를 봅니다. 바울의 재치가 얼마나 좋은지요. 바울은 오네시모의 빚을 대신 갚아주겠다고 18절에서 말을 하고, 다음 절인 19절에서 뭐라고 말했느냐면 "나 바울이 친필로 쓰노니 내가 갚으려니와"라고 말합니다. 이 말은 어떤 서류에 공증을 해 놓은 것과 같습니다. 빚 갚겠다는 공증을 해서 보내면서 내가 이렇게 갚을 테니 혹시 오네시모가 빚진 것 있으면 내 앞으로 달아 두어라고 말하는 것입니다. 바울이 그렇게 확실하게 보증하고 있는 것입니다. 내가 "친필로 쓰노니"라는 말씀이 바로 그런 뜻입니다. 바울은 "형제여 나로 주 안에서 너로 말미암아 기쁨을 얻게 하고 내 마음이 그리스도 안에서 평안하게 하라 나는 네가 순종할 것을 확신하므로 네게 썼노니 네가 내가 말한 것보다 더 행할 줄을 아노라"는 말로 빌레몬에게 신뢰를 보냅니다. 그런 다음에 바울은 내가 그냥 편지로만 쓰는 것이 아니고 너를 방문해서 너와 대화하고 너에게 감사를 표현할 것이라고 자신의 약속의 확실함을 보여 줍니다. 그래서 바울은 22절에서 "너는 나를 위하여 숙소를 마련하라 너희 기도로 내가 너희에게 나아갈 수 있기를 바라노라"라고 씁니다.

빌레몬서는 1장밖에 안 되는 서신이지만, 바울이 한 사람 그것도 노예를 위해서 이런 배려를 했습니다. 헨드릭슨(Hendriksen)은 이런 표현을 했습니다. "재치는 확실히 덕목이다. 비록 때로 탁월할 정도로 세상 사람들 사이의 재치의 존재는 부인할 수 없지만(눅 16:8 참조), 재치의 가장 고상한 형식은 특별한 은혜의 산물이다. 재치의 부모는 사랑과 지혜이다"라고 말하고, 계속해서 바울이 선교사로서 믿기 어려울 만큼 성공할 수 있었던 이유는 그가 사람들을 대할 때 재치있게 행동했기 때문이라고 합니다. 바울이 "내가 여러 사람에게 여러 모습이 된 것은"(all things to all men)이라고 말한 것(고전 9:22)은 그가 사람을 대할 때 얼마나 지혜롭게 대했는지를 가늠하게 해줍니다.

한 사람을 위해서 편지를 쓰면서도 바울은 그냥 보통으로 쓰지 않고 깊은 배려를 가지고 편지를 썼습니다. 바울 사도는 빌레몬에게 믿음을 갖게 하는데 매개 역할을 한 사도이니까 얼마든지 간단하게 "야 빌레몬아, 오네시모가 예수 믿었으니 이제는 딴 생각하지 하지 말고 형제로 받아"라고 쓰고 끝냈을 수도 있었습니다. 그런데 바울은 그렇게 하지 않았습니다. 바울은 자상하고 섬세하게 배려를 했습니다. 우리가 살아가는데 이런 바울의 배려의 마음을 목회할 때나 생활할 때 좀 본받았으면 좋겠습니다.

IV. 실천적인 배려의 예

제가 합동신학대학원대학교 학생들에게, 이 설교를 듣는 사람들에게 구체적인 배려를 두고 어떤 얘기를 할 수 있을까 생각을 해 보았습니다. 여러분, 화장실에 들어가면 들어갈 때 깨끗하기를 원하지요, 그런데 나올 때 엉망으로 해놓고 나오면 다음 사람을 배려하는 마음이 없는 것입니다. 오늘 아침에 제가 2층 화장실에 갔습니다. 그런데 화장실에 종이가 너절하게 널려 있었습니다. 밖에서 보면 대단히 지저분하게 보였습니다. 영 재미없는 상황이었습니다. 그래서 제가 일을 끝내고 흩어진 휴지들을 주워 쓰레기통에 집어넣었습니다. 별로 하기 싫은 일입니다. 그러나 다음 사람을 배려하는 마음으로 그렇게 한 것입니다.

또 다른 배려의 마음을 실천할 곳이 있습니다. 본관 2층에는 화장실에 손 닦는 종이가 없지만 도서관 화장실에 가면 화장지가 있습니다. 호텔이나 고속도로 휴게소 화장실에도 화장지가 있습니다. 그런데 요즈음 젊은 사람들의 행동을 관찰해 보면, 손 씻은 후 생각 없이 화장지를 한 3번쯤 뽑은 후 엉성하게 손을 닦고 엉성한 상태로 쓰레기통에 버립니다. 그런 식으로 화장지를 버리면 쓰레기통이 금방 차게 되고 청소하는 아주머니가 여러 차례 쓰레기통을 비워야 합니다. 저는 가끔씩 엉성하게 차 있는 쓰레기통을 발로 밟아서 눌러 놓기도

합니다. 그런데 손 닦는데 왜 3장의 화장지가 필요하냔 말입니다. 한 장만 딱 뽑아서 손을 닦으면 손에 약간 물기가 남습니다. 피부에 약간의 물기가 남아 있는 것은 피부에 좋다고 합니다. 그리고 그렇게 닦으면 화장지가 포도알 정도의 크기로 변합니다. 난 항상 그렇게 하니까 잘 압니다. 포도 알 정도의 크기라면 아마 300명이 넣어도 그 쓰레기통이 다 차지 않을 것입니다.

그렇게 하면 작게는 우선 경제적으로 합동신학대학원을 돕는 것이요, 또 청소 아줌마가 수고를 덜하게 하는 것입니다. 그리고 크게는 대한민국 산림을 푸르게 보존하는데 일익을 감당하는 것입니다. 그리고 주차할 때도 조그만 배려가 필요합니다. 합동신학대학원은 주차 공간이 넉넉하니 문제가 없습니다. 하지만 다른 곳에서 주차할 때 어떤 사람은 두 칸의 주차 공간을 다 차지하는 식으로 주차하는 사람도 있습니다. 주차를 삐딱하게 한다든지, 또는 줄이 있는데 한쪽 선에 바퀴가 걸리게 주차하여 다음 사람이 주차하는데 아주 힘들게 만들어 놓는 경우들도 있습니다. 배려의 마음을 가진 사람은 내가 주차를 하고 다음 사람이 주차를 할 때 편리하게 주차할 수 있도록 하는 사람입니다. 그렇게 해도 손해 안 납니다. 교회 생활할 때도 작은 배려를 해야 할 경우가 너무너무 많습니다. 목사가 솔선수범해서 배려를 하면 성도들도 기분 좋아지고 서로 만날 때 기분이 좋아집니다. 그런데 배려가 없으면 재미가 없습니다. 제가 재미있다, 재미없다는 말을 자주 쓰는데 배려가 없으면 진정으로 재미가 없습니다.

이제 한 예를 들고 말씀을 마치려고 합니다. 우리는 명화 중에 밀레의 "만종"을 다 압니다. 밀레의 만종이 나오게 된 경위를 보면 친구의 배려가 얼마나 중요한지를 알게 됩니다. 밀레는 데오도르 루소 (Theodore Rousseau)라는 친구를 두고 있었습니다. 밀레와 루소는 친구였는데 밀레가 아직 초년병 시절 그림을 그려도 팔리지가 않았습니다. 그림이 팔리지 않으니까 밀레의 생활이 아주 힘들었습니다. 그런 상황을 알고 루소가 밀레를 찾아왔습니다. 루소가 밀레를 찾아와서 격려를 했습니다. "이보게 친구, 내가 자네 그림 얘기를 했더니, 그랬더니 자네 그림을 사겠다는 그런 사람이 나타났네. 300프랑을 나한테 주면서 그 그림을 사달라고 해서 내가 이 돈을 가져 왔네"라고 말하면서 300프랑을 밀레에게 건넸습니다. 밀레는 크게 격려를 받았습니다. 밀레는 이제 생활이 안정되니까 더 정진해서 그림을 그렸습니다. 아니나 다를까 밀레의 그림이 인정을 받아서 많은 사람들이 사기 시작했고 이제는 넉넉한 삶을 살 수 있게 되었습니다. 그래서 이제 친구 집에 가서 감사해야 하겠다고 생각하고 친구인 루소의 집을 찾아갔습니다. 친구인 루소의 집의 거실에 딱 들어가니까 몇 년 전에 300프랑을 건네고 가져간 그 그림이 그의 거실 벽에 걸려 있는 것입니다. 어려운 형편에 있는 친구의 자존심을 상하지 않게 하고 그를 돕기 위한 루소의 깊은 배려, 그 배려 때문에 결국은 밀레가 "만종"이라는 그런 훌륭한 그림도 그릴 수 있었고, 인정을 받는 화가가 되었습니다. 작은 배려, 한 사람에 대한 배려가 사람을 살립니다. 목회자가 자칫 잘못하면 이런 배려의 기회를 놓치기 쉽습니다. 바라기는 우리 합동신학대학원대학교 졸업을 하고 목회 현장에서 목회를 할 때 늘 이 사실을 기억하실 수 있기 바라고, 그리고 빌레몬서를 읽을 때마다 우리의 부족을 다시 한 번 뉘우치고, 다시 한 번 옷깃을 여미면서 각오하는 우리가 될 수 있기를 소원합니다.

흔들리지 않는 절대적인 믿음

다니엘 3장 7절-18절

유영기 (신약학 · 은퇴교수)

오늘 읽은 본문을 중심으로 "흔들리지 않는 절대적인 믿음"이라는 제목으로 말씀을 나누려 합니다. 이 본문의 내용은 신학생이라면 너무도 잘 아는 본문일 것입니다. 그래서 이 본문을 소개하지 않고 먼저 내가 어떻게 이 본문을 만나게 됐는가? 하는 그 부분을 말씀드리고, 다음으로 다니엘의 세 친구가 어떻게 그런 흔들리지 않는 믿음을 갖게 됐는가를 살펴보겠습니다. 마지막으로 우리는 다니엘의 세 친구처럼 풀무 불에 들어가는 일은 없을 것입니다. 그렇다면 우리는 언제 어떻게 우리의 흔들리지 않는 절대적인 믿음을 내보일 것인가에 대하여 말씀 드리면서 결론을 맺으려고 생각합니다.

I. 모태(못해) 신앙의 한계

나는 1961년 고등학교 2학년 2학기 첫 주일날 이 본문을 만났습니다. 그 때 박윤선 목사님이 이 본문을 가지고 설교를 했습니다. 설교를 들으면서 내가 완전히 쪼다(형편없는 병신 같은 자)가 되어버린 느낌을 받았습니다. 왜 그랬냐면 나는 그 때까지 하나님의 존재에 대한 분명한 확신이 없었습니다. 어려서부터 교회를 다녔지만 어떤 때는 하나님이 있는 것도 같고 없는 것 같았습니다. 나는 그 때까지 하나님의 존재(being)에 대한 흔들리지 않은 절대적인 믿음이 없었습니다. 또한 예수님이 나를 위해 십자가에 죽었다는 사실(doing)에 대해서도 동일하였습니다. 예수님이 나를 위하여 죽으셨다고 하는데 내가 그것을 본 바도 없고(환상으로라도), 예수님이 직접 나한테 너 위해서 내가 죽었다는 그런 말을 한 바도 없었습니다. 박윤선 목사님의 설교를 듣기 전까지는 어떤 때는 예수님이 나를 위하여 죽은 것도 같고 또 죽지 않은 것도 같다는 생각을 하였습니다. 동시에 천국에 대한 것도 마찬가지였습니다. 천국이 있는 것도 같고 없는 것도 같았습니다.

그러면서도 나는 초등학교 시절에는 거의 빠짐이 없이 주일학교에 출석했습니다. 주일 저녁 수요일 저녁 역시 어머니를 따라 3km 정도 떨어진 예배당에 주일학교에 출석하는 것처럼 가서 예배를 드렸습니다. 중학교에 들어가면서부터 주일날 교회 가는 나의 태도는 달라지기 시작했습니다. 토요일 날 집에 오는 경우 주일날 중학교가 있는 곳으로 돌아가야 한다는 핑계로 주일날 예배에 참석하지 않는 경우가 늘어나기 시작했습니다. 고등학교 때는 한걸음 더 멀리 교회를 떠나게 되었습니다. 집에서 멀리 떨어진 서울에서 다니다보니 중학교 때보다 주일날 예배를 참석하지 않는 경우가 더욱 많아졌습니다. 그래서 누구 말대로 박 목사님을 만나가 전까지 나는 모태(못해) 신앙을 갖고 사는 자였습니다. 만일 천국이 있고 예수님이 나를 위하여 십자가에 죽으셨다면 하는 생각 속에 교회를 들락날락하는 그런 모태(못해) 신앙의 소유자가 되었습니다. 말하자면 이러지도 저러지도 못하는 모태(못해) 신앙 가운데 교회를 다니는 그런 자였습니다.

그런데 박 목사님이 시무하셨던 동산교회를 처음 들었던 설교의 본문이 바로 오늘 나의 설교 본문입니다. 박 목사님의 설교 내용은 생생하게 기억하지만 설교 제목은 분명하게 기억이 나지 않습니다. 아마 "그리하지 아니하실지라도"가 아닌가 하는 생각이 듭니다. 박 목사님이 전한 다니엘의 세 친구는 나와 전혀 다른 믿음의 소유자들이었습니다. 따라서 그들의 삶 역시도 나와는 전혀 다른 삶이었습니다. 나는 이것을 믿는 것도 아니요 그렇다고 분명히 안 믿는 것도 아닌 상태에 있었기 때문에 삶 역시도 이러지도 저러지도 못하는 삶을 살고 있었습니다.

내가 고등학교 일학년이었을 때가 4.19 혁명이 일어났던 1960년 이었습니다. 설명하자면 길기 때문에 그 이유는 말할 수 없지만 당시 나는 죽고 싶은 생각이 많았습니다. 나는 그때에 죽지 않았기 때문에 지금까지 살아 있는 것입니다. 누가 제발 죽지 말라 해서 살아 있는 것이 아닙니다. 만일 그때에 누가 제발 너 죽어도 상관없으니 염려 말고 죽어라고 했어도 죽지 못했을 것입니다. 죽고는 싶은데 죽으라고 하면 못 죽는 자가 나였습니다. 아마 그때가 조금 늦게 온 나의 사춘기였던 것 같았습니다.

그런데 박 목사님이 소개하는 다니엘의 세 친구는 나와는 전혀 다른 자들이었습니다. 나는 설교를 들으면서 나와 같은 나이를 먹은 저들이 왜 나와는 전혀 다른 자들이 되었을까 하는 생각이 들었습니다.

다니엘의 세 친구는 우리가 왜 죽습니까? 우리는 안 죽습니다. 그런데 그 다음에 그들이 말하는 것은 죽어도 좋다는 것이었습니다. 정말 그들은 나하고 정반대의 자들이었습니다. 아! 나와는 정반대의 생각을 가지고 사는 자도 있구나 하는 생각을 하고 있는데, 박 목사님은 "왜"라는 질문을 던졌습니다. 그들이 왜 그런 자들이 되었느냐는 것이었습니다. 그들이 그렇게 된 것은 그들이 "그리 아니하실지라도"라는 믿음을 갖고 있었기 때문이라고 결론을 내렸습니다. 그렇게 말씀하시던 박 목사님의 모습과 음성이 생생하게 기억됩니다. 그 말씀을 하실 때 박 목사님의 입이 삐뚤어지면서 그 까랑까랑한 한 옥타브 올라간 목소리로 "그리 아니하실지라도!"라고 외치셨습니다. 나는 그의 특유의 모습과 목소리를 흉내 낼 수가 없습니다. 좌우간 그의 "그리 아니하실지라도"는 내 가슴을 내리쳤습니다. 나는 내가 이러지도 저러지도 못하는 그런 자로 살아서는 안 된다는 생각이 들었습니다. 동시에 바로 그 순간 나도 다니엘의 세 친구들처럼, "그리 아니하실지라도"의 믿음, 다시 말하자면 "흔들리지 않는 절대적인 믿음"을 갖고 싶다는 마음이 생기게 되었습니다.

나는 당시 박 목사님이 고려신학교 교장을 지내셨다는 말을 들었지만 내가 그의 설교를 들으면서 그의 확신에 찬 모습과 목소리를 듣는 순간에는 무식한 사람이 성령의 은혜를 받아서 목사가 되었구나 하는 그런 느낌이었습니다. 무슨 지식이 있는 분의 설교라기보다는 무식한 분이 정말로 성령의 감동을 받아서 저런 설교를 하신다는 그런 마음이 들었습니다. 정말 박 목사님은 성령에 붙들린 분이셨습니다. 특히 그의 설교를 듣고 있을 때는 더욱 그러했습니다. 그런 그의 설교를 듣다보니 어느 순간에 성경의 모든 것이 믿어지게 되었습니다. 하나님이 살아 계신다는 것도 믿어지고, 예수님이 나를 위해 십자가에 죽었다는 것도 믿어지게 되었습니다.

II. 다니엘과 친구들의 흔들리지 않는 믿음

이제 다니엘의 세 친구들이 어떻게 이런 흔들리지 않는 절대적인 믿음을 갖게 되었는가에 대하여 살펴보도록 하겠습니다. 만일 내가 여러분들에게 그게 누구이겠느냐고 묻는다면 대부분은 마치 그것도 모르느냐는 듯이 다니엘이라고 대답할 것입니다. 그렇다면 다니엘이 어떻게 흔들리지 않은 절대적인 믿음을 갖게 되었는가를 살펴보아야 할 것입니다.

다니엘은 도대체 어떤 사람입니까? 다니엘은 바벨론으로 포로 되어 온 자였습니다. 그가 바벨론으로 끌려오면서 무슨 생각을 하였으며, 끌려온 뒤에는 무슨 생각을 하였을까요? 만일 내가 다니엘이라면 나는 어떻게 하든지 이 바벨론에서 출세를 한번 해보겠다고 했을 것입니다. 내가 미국에 첫 번째 가서는 정말 나도 미국 사람처럼 되고 싶었습니다. 그 다음 두 번째, 유대인이 세운 드랍시 대학에 가서 1년을 지낼 때는 히브리어를 막 냅다 내깔기는 교수는 그만두고 강의를 듣는 학생들처럼 되고 싶었습니다. 이사야서 강의를 듣는데 동료 학생들은 교수의 강의를 알아듣는데 나는 멍청하게 앉아 있으면서 나는 교수는 아니더라도 저 학생들이라고 좀 되고 싶다, 그런 생각을 했습니다. 영국에 가서도 마찬가지예요. 독일에 가서 조금 물을 먹었는데 튜빙겐 대학에서 몇 달 먹었습니다. 그 때도 야! 나도 독일 사람처럼 되면 얼마나 좋겠는가? 또 예루살렘 히브리 대학에 가서도 어떻게 하면 난 유대인들처럼 히브리어 강의를 듣고 말할 수 있을까? 한 번도 내 마음 속에 나는 한국 사람이야. 너희들이 어떠하든지 간에 나는 한국 사람이야 하는 그런 마음을 갖지 못했습니다.

상상의 날개를 펴보았습니다. 복잡한 상상은 그만두고 만일 다니엘이 나 같은 자였다면, 그 역시 바벨론에서 한 번 출세해 보겠다고 하였을 것입니다. 그것은 무엇보다도 어떻게 해서든 바벨론 사람처럼 되는 것이 아니겠습니까? 그 길은 바벨론 사람들처럼 생각하고 그들처럼 사는 것일 겁니다. 그러나 다니엘은 정반대이었습니다. 도대체 다니엘은 어떻게 그런 자가 되었을까요? 영화 벤허가 떠올랐습니다. 벤허와 같이 끌려갔던 다른 사람들은 혹독한 고난 속에서 죽어갔습니다. 그러나 벤허를 죽지 않았습니다. 아니 죽을 수가 없었습니다. 아니 더욱 건장하게 되어 갔습니다. 그는 그의 혹독한 현재를 과거와 미래를 연관시켜 바라보았기 때문이었습니다. 벤허가 끌려가면서 수많은 어려움 중에도 결코 버리지 않은 것은 왜 끌려가게 되었는가에 대한 것이었습니다. 그 다음 생각은 반듯이 출세하여 꼭 자신을 포로로 끌려가게 한 자에게 복수하겠다는 결심이었습니다.

그렇다면 다니엘은 포로로 끌려가면서 무슨 생각을 하였을까요? 홍해를 건느게 하신 하나님을 믿는 백성이 하나님을 믿지 않는 백성에게 끌려간다니 어떻게 된 일인가? 출애굽은 지어낸 이야기란 말인가? 만일 출애굽 이야기가 사실이라면 도대체 이 어찌된 일인가?

다니엘이 어떤 사람 같습니까? 다니엘서 9장에 보면 그 사람은 책의 사람이었습니다. 책의 사람! 그는 책을 통해 "여호와께서 말씀으로 선지자 예레미야에게 알려주신 그 연수를 깨달아 예루살렘의 황폐함이 칠십 년 만에 그치리라"는 것을 믿게 되었습니다(단 9:2). 그뿐만 아니라 6장 10절에 보면 예루살렘을 향하여 창문을 열어 놓고 하루에 세 번씩 무릎을 꿇고 기도한 것을 알 수 있습니다. 그가 읽었는지 안 읽었는지는 모르지만 어떻든지 간에 역대하 6장에 보면 솔로몬이 거기 거창하게 기도한 기록이 있습니다. 그 기도 내용 중에 먼 곳에 가서 포로 된 사람이 돌아올 수가 없어서 이 예루살렘을 향하여 기도하면 하나님 들어주실 것을 간구하는 기도를 드렸습니다(대하 6:36-39). 솔로몬의 기도에 대한 하나님의 응답은 "내 이름으로 일컫는 내 백성이 그들의 악한 길에서 떠나 스스로 낮추고 기도하여 내 얼굴을 찾으면 내가 하늘에서 듣고 그들의 죄를 사하고 그들의 땅을 고칠지라"였습니다. 위의 사실들에 근거하여 추론하여 본다면, 예레미야의 글도 알고, 솔로몬의 기도의 내용을 알고 있었던 다니엘이 모세의 글은 모를 수가 없을 것입니다. 그가 모세의 글을 알고 있었다는 것은 지극히 당연하다 하겠습니다. 그래서 모세의 글을 한번 생각해 보도록 하겠습니다.

　신명기 30장입니다. 전체 장을 읽어도 참 좋은 말씀인데 1-8절까지만 우리 합독하시겠습니다. "내가 네게 진술한 모든 복과 저주가 네게 임하므로 네가 네 하나님 여호와로부터 쫓겨 간 모든 나라 가운데서 이 일이 마음에서 기억이 나거든 너와 네 자손이 네 하나님 여호와께로 돌아와 내가 오늘 네게 명령한 것을 온전히 따라 마음을 다하고 뜻을 다하여 여호와의 말씀을 청종하면 네 하나님 여호와께서 마음을 돌이키시고 너를 긍휼히 여기사 포로에서 돌아오게 하시되 네 하나님 여호와께서 흩으신 그 모든 백성 중에서 너를 모으시리니 네 쫓겨간 자들이 하늘가에 있을지라도 네 하나님 여호와께서 거기서 너를 모으실 것이며 거기서부터 너를 이끄실 것이라 네 하나님 여호와께서 너를 네 조상들이 차지한 땅으로 돌아오게 하사 네게 다시 그것을 차지하게 하실 것이며 여호와께서 또 네게 선을 행하여 너를 네 조상들보다 더 번성하게 하실 것이며 네 하나님 여호와께서 네 마음과 네 자손의 마음에 할례를 베풀어 너로 마음을 다하며 뜻을 다하여 네 하나님 여호와를 사랑하게 하사 너로 생명을 얻게 하실 것이며 네 하나님 여호와께서 네 적군과 너를 미워하고 핍박하던 자에게 이 모든 저주를 내리게 하시리니 너는 돌아와 다시 여호와의 말씀을 청종하고 내가 오늘 네게 명령하는 그 모든 명령을 행할 것이라."

이제 17절부터는 내가 좀 읽겠습니다. "그러나 네가 만일 마음을 돌이켜 듣지 아니하고 유혹을 받아 다른 신들에게 절하고 그를 섬기면 내가 오늘 너희에게 선언하노니 너희가 반드시 망할 것이라 너희가 요단을 건너가서 차지할 땅에서 너희의 날이 길지 못할 것이라 내가 오늘 하늘과 땅을 불러 너희에게 증거를 삼노라 내가 생명과 사망과 복과 저주를 네 앞에 두었은즉 너와 네 자손이 살기 위하여 생명을 택하고 네 하나님 여호와를 사랑하고 그의 말씀을 청종하며 또 그를 의지하라 그는 네 생명이시요 네 장수이시니 여호와께서 네 조상 아브라함과 이삭과 야곱에게 주리라고 맹세하신 땅에 네가 거주하리라"

나는 천국에 가서 다니엘을 만난다면 물어 보고 싶습니다. 그것은 내가 이렇게 설교했는데 이게 맞는 겁니까? 아니면 틀리는 겁니까? 다니엘이 내 설교가 틀렸다고 하면 그 때 여러분을 불러모아놓고 죄송하다고 할 수는 없다는 것을 알면서도 궁금한 것이 하나 더 있습니다. 내가 당신 다니엘이었다면, 바벨론으로 포로 되어 가면서 정말 우리가 믿는 하나님이 살아 계신가? 살아 계신다면 우리가 이렇게 끌려가야 하냐? 홍해를 육지같이 건넜다고 그러는데 그때는 하나님이 젊었을 때고 이젠 나이가 많아서 힘이 빠져서 못하시는 것 아닌가? 아니면 누구 말마따나 다니엘의 조상이 건넌 것은 홍해가 아니고 갈대밭이었기 때문이라고 말할 수 있겠습니까?

III. 지식과 참된 믿음 사이에서

지어낸 이야기인지는 몰라도 이런 이야기가 있습니다. 독일 한 도시 공원에서 한 청년이 책을 읽다가 갑자기 일어나 손을 번쩍 들면서 "할렐루야"를 두세 번 한 후 다시 앉아 책을 막 다시 읽으려 하는데 마침 그 때에 안경 낀 노신사가 그곳을 지나가다가 그 광경을 보고 "아니, 무슨 할렐루야를 그렇게 연발하는가?" 그 청년이 지극히 당연하다는 듯이 아니 홍해를 육지와 같이 통과한 것을 읽고 난 후의 행동인 것을 알려주었습니다. 그 말을 들은 대학교수 철학자가, 아니 그들이 건넌 곳은 홍해가 아니고 갈대밭이라고 정정해 주었습니다. 그 말을 들은 청년은 할렐루야라고 외친 것을 멋쩍어 하는 것 같아 보였습니다. 그것을 본 노신사는 유유히 자기 갈 길을 향해 갔습니다. 그런데 그 교수가 몇 발작을 가기도 전에 지난번보다 더 큰 "할렐루야!" 소리가 들려왔습니다. 그 신사가 가던 길을 멈추고 뒤돌아보니 바로 그 청년이었습니다. 아니 이번에는 왜 또? 묻는 그 노신사에게 그 청년은 이번에는 당당하게 "유대인들은 그 갈대밭을 잘 지나갔는데 애굽 군대는 그 갈대밭에서 죽었다는 사실이 너무나도 놀라워서 할렐루야! 라고 하였습니다." 그 노신사는 청년의 말에 아무런 대꾸도 못하고 그 자리를 떠났습니다.

　다니엘이 믿는 하나님은 살아 계실 뿐만 아니라 어제나 오늘이나 영원토록 동일하신 분이십니다. 그렇다면 다니엘의 질문은 뭣 때문에 하나님을 믿는 우리가 하나님을 믿지 않는 이방인에게 포로 되어 간 단 말인가, 일 것입니다. 다니엘은 이에 대답을 방금 읽은 모세의 말을 통해서 얻었을 것입니다. 그들이 포로 되어 바벨론으로 끌려가는 것은 하나님에게 문제가 있어서가 아니었습니다. 문제는 그들의 조상과 자신들이 하나님을 잘못 믿었기 때문이라는 것입니다. 하나님에게 문제가 있다면 되돌아간다는 것은 불가능한 일 같지만 문제가 그들에게 있기 때문에 모세를 통하여 말씀하신 대로 지금이라도 돌이켜 하나님에게로 돌아와 하나님의 말씀을 청종하면 하나님이 기업으로 주신 땅에 돌아갈 수 있다는 것입니다(신 30:1-3). 또한 이미 말한 대로 다니엘은 예레미야를 통해 주신 말씀을 알고 있었습니다. 문제는 하나님께서 모세나 예레미야를 통하여 주신 말씀에 대한 흔들리지 않는 절대적인 믿음이 있느냐에 달려 있었습니다. 억지 같은데 내가 신약을 공부한 자로 조금 억지를 부려봅니다. 다니엘의 모든 처사의 기반은 바로 여기 모세와 선지자들을 통해 말씀하신 하나님에 대한 흔들리지 않은 절대적인 믿음에 있었습니다.

　그렇다면 우리 역시도 다니엘이나 다니엘의 세 친구와 같은 믿음이 있다고 말하기는 쉬울 것입니다. 그런데 문제는 이런 믿음이 나의 실제가 되느냐에 있습니다. 어떤 목사님이 나에게 해준 말입니다. 누가 자기한테 물어보더래요. 목사님 한 영혼이 천하보다 귀하다는 걸 믿습니까? 그래서 자기가 속으로 내가 목사여! 그거 안 믿고 이 길 갈

놈이 세상 천지에 어디 있겠어? "아! 믿지요"라고 힘주어 대답했답니다. 그렇게 힘주어 대답하니까, 아, 그래요? 그러면 한 영혼이 천하보다 귀하다는 것을 믿고 이 길에 들어섰다면, 한 영혼만 데리고 일생 동안 스트레스 안 받고 목회할 수 있겠습니까? 그 질문에는 답을 못하겠더랍니다. 그런데 그걸 아는지 모르는지 묻는 분이, 다시 한 번 더 묻겠습니다. 한 영혼이 천하보다 귀하다는 걸 믿습니까? 그래서 그분이 뜸을 드리다가 힘을 풀고 천천히 "믿어어야야지요"라고 대답했답니다. 그러니까 그분이 하는 말이 목사님 착각하지 마십시오. 그게 어떻게 믿는 겁니까? 그건 믿는 것이 아니고 그냥 알기만 하는 거지요. 아는 것 하고 믿는 것은 같지가 않습니다. 정말 목사님이 한 영혼이 천하보다 귀하다는 것을 믿었는데도 아무 일이 안 일어난다면 그게 기적이지요. 정말로 한 영혼이 천하보다 귀하다는 걸 목사님이 믿고 당신의 일생을 바친다고 한다면 어찌 하나님께서 당신에게 한 생명만 맡기시겠습니까? 그 때 "믿어어야야지요"라고 대답한 목사님의 등에서 뭐가 풀리더랍니다.

제가 영국에서 돌아와서 박윤선 목사님 사모님을 만났습니다. 사모님은 나를 옛날에는 유 선생이라고 불렀습니다. 목사 안수 받은 뒤에는 유 목사라고 불렀습니다. 사모님이 그래요. 유 목사, 내가 박 목사님한테 못된 짓을 했어. 사모님이 무슨 못된 짓을 했어요? 글쎄 말이야. 박 목사님이 병원에 안 갈라고 하더라고. 안 가면 뭣 하시려고요? 했더니 기도원에 가서 주님 만날 준비를 하겠다고 그러더라고. 그런데 그 때 그 녀석 성은이가 왔잖아. 그 때 성은이가 와가지고 연세대학교 세브란스 병원에서 뭐 조금 했는데, 내가 의사인데 아버지를 그렇게 할 수 없다고 억지를 부려서 할 수 없이 세브란스에 입원시켰지. 글쎄 열어놓고 보니까 간이 흐믈흐믈 해서 손도 못써 보고 그냥 덮었지 뭐야! 박 목사님에게 너무나 죄송스러워서, 그럴 줄 알았으면 박 목사님 말씀대로 기도원에 가서 주님 만날 준비를 하시도록 할 텐데. 나는 사모님의 말씀을 들으면서, 박 목사님은 흔들리지 않는 절대적인 믿음을 가지셨을 뿐 아니라, 그게 삶의 실제가 되신 분이셨던 분이심을 확신하게 되었습니다.

여러분, 나는 남해에 가서 농사를 짓고 살고 있습니다. 농사짓는 사람들 중에는 농사꾼이 있고 농업인이 있습니다. 300평 이상을 가지면 농업인이 될 수 있습니다. 농업인은 농협에서 1년에 2%, 1.5% 융자를 받을 수 있습니다. 나는 아직 그렇게 못됐습니다. 그런 땅이 없기 때문이죠. 그래서 나는 농사꾼입니다. 여러분들, 교회에 돌아가면 유영기가 학교에 와서 경건회 설교를 하면서 선배 목사님들한테 사과를 하더라고 그렇게 얘기를 해주세요. 내가 성경신학을 좀 많이 강의를 했습니다. 나의 전공분야는 신약인데 강의는 구약부터 시작했습니다. 창세기부터 시작을 해가지고 출애굽기 2장 23-25절에 보면 애굽 왕은 죽었고 여러 해 후에, 그 핍박 가운데 이스라엘 백성이 고통중에 부르짖는 소리를 듣고 하나님이 아브라함과 이삭과 야곱과 맺은 언약을 기억하사 그들을 권념하셨다는 그런 기록이 있잖아요. 그러면서 내가 정말로 침이 튀도록 한 말은 뭐냐 하면 하나님은 준비하시는 하나님이시라는 것이었습니다. 그 증거가 뭐냐? 얼마든 들 수 있지요. 모세도 하나님이 미리 준비하시고, 출애굽기 1장 7절에 보면 하나님께서 아브라함의 자손을 심히 창대하고 번성하고 어쩌고저쩌고 하면서 준비하시는 하나님을 강조했는데 남해에 가서 살다보니 내가 강의한 내용이 나에게는 실제가 안 되었다는 것을 깨닫게 되었습니다.

자! 예를 들어서 왜 하나님께서 당신을 안 쓰지? 하고 묻는다면, 대부분의 대답은 그거야 내가 준비가 안 돼서 그렇지요, 라고 할 것입니다. 그거야 당연하지요, 준비가 되지 않았는데 쓰겠습니까? 그런데 하나님은 나 밖에서 나를 위해서 준비하고 계신다는 점에 대해서는 나를 준비하신다는 것만큼 실제가 되지 않았음을 깨달았습니다. 하나님이 이스라엘 백성을 위해서 준비한다고 내가 말은 했지만 그 하나님이 나를 위해서 준비한다는 말을 못했다 이 말입니다. 왜? 그것이 나의 실제가 되지 않았기 때문이었습니다.

자, 여러분 다니엘의 세 친구가 흔들리지 않는 절대적인 믿음을 가졌다고 한다면 우리도 그런 믿음을 가져야 합니까? 안 가져도 괜찮습니까? 물론 가져야죠. 왜 가져야 합니까? 왜 가져야 해요? 우리도 그들처럼은 아니지만 죽음 앞에 설 수밖에 없기 때문입니다. 다니엘과 그의 세 친구는 모세의 글을 통해서 흔들리지 않는 절대적인 그런 믿음을 가졌습니다. 그래서 모세의 글은 그들뿐만 아니라 우리에게도 흔들리지 않는 절대적인 믿음을 가지는데 절대적으로 필요한 말씀입니다. 그것은 약속의 말씀이고, 모형적인 말씀입니다. 그러나 한 걸음 더 나아가 우리는 무엇을 가지고 있습니까? 실제를 가지고 있잖아요. 나를 믿는 자는 죽어도 살겠고 살아서 믿는 자는 영원히 죽지 않는다는 것을 믿는다면 둘째 사망을 당하지 않습니다. 우리가 이 진리를 믿는다고 한다면 아는 것이 아니고 믿는다고 하면, 다니엘과 그의 세 친구들 아니 우리의 스승이신 박윤선 목사님처럼 그렇게 되어야 할 것 아니겠습니까?

IV. 실제적인 굳건한 믿음

설교 전에 학우가 기도했던 것처럼 나에게 문제는 뭐냐면 정말 그 예수가 내 속에 들어와 살아 계신다는 그 부분에 대해서 너무나 미약했다는 거예요. 이제 세상 얘기를 통해서 약간 설명을 해보겠습니다. 어떤 동네에 나이가 좀 든 분이 있었는데 그 동네에 어린 아이가 있었습니다. 그런데 그 아이가 신장병, 신장결석으로 신장 이식을 받지 않으면 죽게 되었는데, 이분이 마음에 감동이 있어서 그 아이에게 자기 신장을 하나 이식해 주었답니다. 이식을 시키고 나서 그 아이를 보면 그 아이가 누구예요? 누구 신장을 가졌습니까? 그 어른 신장을 가지고 살잖아요? 그 아이가 빨리 죽어야겠습니까? 오래 살아야겠습니까? 오래 살아야지요. 뭔가 도와주고 싶지 않습니까? 그 아이에 대한 생각이 180도로 달라지더라는 거예요. 그 아이만 보면 힘이 나고 그 아이가 오래 살아야 하고 그 아이가 잘 돼야 하고 그러더라는 말이에요. 예수님이 우리에게 그의 신장을 떼어준 것이 아니라 그의 생명을 줬다 이거에요. 우리 안에 예수님의 생명이 있다 이거에요. 그러면 우리가 어떻게 살아야 되겠냐 이 말이에요. 또 우리를 보면 하나님은 얼마나 감동하겠냐는 말입니다. 예수님이 얼마나 감동하겠냐 이 말이에요. 엠마오로 가는 두 제자, 그들의 마음이 뜨겁다 그러지 않았습니까? 물론 여기 밑에 보면 그들의 마음이 "탄다"라고 그랬지요. 뭐 휘

발유를 부었습니까? 왜 탄다고 그랬습니까? 그러면 그들이 엠마오로 떠나기 전에는 예수가 살았다는 말을 못 들었습니까?

왜 그들의 마음이 뜨거워지게 되었느냐고 묻는다면 무어라고 대답하시겠습니까? 그야 "모세와 모든 선지자의 글로 시작하여 성경에 쓴 바 자기에 대한 모든 것을 설명" 하였기 때문이라 할 것입니다. 그러겠죠(눅 24:27). 그건 50점짜리 대답입니다. 왜냐하면 그 정도 가지고는 속이 탈 수 없기 때문입니다. 그들은 이미 예수님이 부활했다는 말을 들었습니다. 그 말을 들었을 때 속이 탔습니까? 왜 그렇습니까? 그 예수가 다른 사람을 위하여 죽었다가 살아났는지는 몰라도 나를 위해서 죽었다가 살아났다는 것을 알지 못하는 정도의 소식이었기 때문입니다. 그런데 길 가는 그 나그네(예수님)의 설명은 바로 그 예수님이 너를 위해서 죽었다가 살아나셨다는 겁니다. 예를 들자면, 꼭 죽어야 할 당신 대신에 내가 당신을 위해 죽었다가 다시 살아나 지금 경남 남해라는 곳에 있는데, 당신을 거기서 기다리고 있다는 말을 들었다고 합시다. 그 말은 들은 여러분은 남해가 어디에 붙어 있는지 모른다 할지라도 찾아서라도 남해 올 거요, 안 올 거요? 가슴이 벌렁벌렁 하지 않겠습니까? 정말 그럴 것 같습니까? 여러분의 가슴이 벌렁벌렁 합니까? 심각하게 생각해 보세요.

최근에 내가 더욱 절실하게 깨달은 것이 뭐냐 하면 하나님은 감동으로 역사하시는 분이시라는 거예요. 감동! 감동! 하나님은 감동하시는 분이에요. 하나님은 감동을 막 주는 분이에요. 하나님은 감동을 막 받는 분이에요. 나는 그걸 몰랐습니다. 감사, 감격, 감동. 여러분은 아마 하나님, 제가 언제 감동 안 시킨 적이 있습니까? 늘 감동시켰다고 그럴 겁니다. 좋습니다. 그러나 더 좋은 것은 나는 감동시킨 적이 없다고 고백할 때, 하나님께서 아니야 너는 나를 감동케 했어! 하는 사역자들이 되기 바랍니다. 아브라함, 다윗, 다니엘과 그의 세 친구, 바울과 베드로, 그들을 다 보세요. 감동이라고 하는 돋보기를 가지고 성경 전체를 보세요. 그 돋보기를 통해 그 사건들을 한번 보세요. 놀랄 거예요. 정말 이제부터 여러분은 감동을 받고 감동을 주는 그런 사람으로서 흔들리지 않는 절대적인 믿음으로 사시는 저와 여러분이 되시기를 바랍니다.

우리의 흔들리지 않는 절대적인 믿음은 어디에서 실제로 나타나겠습니까? 죽음 앞에서 나타나는 거 아니겠습니까? 이 믿음은 종국적으로 부활 신앙과 직결되어 있습니다. 부활 신앙의 중요 요소는 나를 사랑하여 십자가에 죽었다가 다시 사신 주님을 만난다는 사실에 있습니다. 그 때에 주님께서 주님을 사랑하는 모든 자들을 땅 끝에서라도 불러 모을 것입니다(참조 신 30:3-4). 그러기에 부활 신앙이 실제가 되신 우리의 스승 박윤선 목사님은 죽음 앞에서, 마치 신랑을 맞이하려고 자신을 단장하는 신부처럼, 부활의 주님을 맞이하기 위하여 병원이 아닌 기도원에 가시기를 원하셨던 것입니다.

다니엘의 세 친구는 다니엘을 통해서 흔들리지 않은 절대적인 믿음을 가져야 한다는 것을 알았을 뿐 아니라 자신들이 실제로 그 믿음의 실제를 보여 주는 삶을 살았던 것처럼 우리 역시도 우리의 스승 박윤선 목사님을 통하여 흔들리지 않은 절대적인 믿음이 무엇인지를 보고 듣고 알았으니 우리의 스승처럼 믿음의 실제를 보여 주고 전하는 자들이 되기를 소원합니다.

네가 형통하리라

여호수아 1장 1절-9절

이복우 (신약학)

I. 형통의 원리

오늘 본문은 이스라엘의 위대한 지도자 모세가 죽은 후에 가나안 정복을 준비하는 여호수아에게 하나님이 처음 주신 말씀입니다. 이제 곧 엄청난 정복 전쟁이 벌어질 것입니다. 바로 이 때 하나님께서는 이스라엘의 지도자 여호수아에게 "강하고 담대하라"고 명령하셨습니다.

이 명령은 6, 7, 9절에서 반복되는데 이러한 삼중적인 반복은 매우 강한 강조를 의미합니다. 먼저 6절에서 강하고 담대하라고 말씀합니다. 이어 7절에서는 6절과 달리 "오직"(רק)이라는 말과 "극히"(מאד)라는 말을 첨가함으로써 강조의 정도를 점점 더하고(점층법) 있습니다

다. 나아가서 9절에서 다시 강하고 담대하라고 말씀합니다. 그런데 이 명령은 이스라엘 백성들에 의해서 다시 한 번 여호수아에게 반복되고 있습니다(18절).

이렇게 하나님은 여호수아에게 여러 차례 반복하고 강조하여 "강하고 담대하라"고 말씀하는데, 도대체 무엇을 위하여 강하고 담대하라는 것입니까? "이제 곧 엄청난 전쟁이 시작된다. 그러니 너는 겁먹지 말고 마음을 강하고 담대하게 하여 용감하게 싸우라"는 말입니까? 다시 말해 전쟁을 위하여 강하고 담대하라는 것입니까?

7절을 보겠습니다. "오직 강하고 극히 담대하여 나의 종 모세가 네게 명령한 그 율법을 다 지켜 행하고 우로나 좌로나 치우치지 말라 그리하면 어디로 가든지 형통하리니"라고 말씀합니다. 따라서 강하고 담대하라는 말씀은 율법을 다 지켜 행하기 위하여 강하고 담대하라는 것입니다. 이어서 "우로나 좌로나 치우치지 말라"고 말씀합니다. 이 말 앞에는 원래 "그것으로부터"(ממנה)라는 말이 있습니다. 따라서 "그것으로부터 우로나 좌로나 치우치지 말라"는 말씀이 되는데, 여기서 "그것"은 율법을 가리킵니다. 그러므로 7절을 풀어서 쓰면 "율법을 다 지켜 행하기 위하여 오직 강하고 극히 담대하라. 그 율법으로부터 우로나 좌로 치우치지 말라. 그리하면 형통하게 될 것이다"라는 말씀이 됩니다.

큰 전쟁을 눈앞에 둔 이스라엘에게 정말 필요한 것은 전쟁에 사용할 무기와 적에 대한 정보와 그에 따른 군사 작전과 각종 군사 보급품 등일 것입니다. 그런데도 하나님은 이런 것들에 대해 알려 주시기는커녕 오직 하나, 하나님의 말씀을 철저히 지키고 그것에서 조금도 벗어나지 말라고 명령하십니다. 그 앞에서 메뚜기로 느껴질 수밖에 없는 크고 강력한 가나안 용사들과의 전쟁을 직전에 둔 이스라엘 백성들에게 하나님은 전쟁 준비를 철저히 하고 용기를 내어 싸우라고 말씀하시지는 않고, 오히려 하나님의 말씀을 주야로 묵상하여 그 안에 기록된 대로 다 지켜 행하라고 말씀하십니다.

이것은 "너희가 이 전쟁에서 이기고 지는 것은, 너희가 가나안 땅을 정복하느냐 못하느냐 하는 것은 너희의 수의 많고 적음과 작전과 무기와 힘과 능력에 달린 것이 아니라 오직 너희가 하나님의 말씀을 지켜 행하느냐 아니냐에 달려 있다"는 것입니다. 이 말씀은 이스라엘이 맞서 싸워야 할 진정한 적은 가나안에 살고 있는 여러 족속들이 아니라 이스라엘 자신 안에 있는 "하나님의 말씀을 거역하려는 죄악이다"라는 것을 가르쳐 주시는 것입니다. 하나님의 백성이 정말 경계하고 깨어 대적해야 할 궁극적인 적은 그들 밖에 있는 것이 아니라 그 자신들 안에 있습니다. 그리고 그 적은 바로 하나님의 말씀에 불순종하려는 부패한 본성입니다.

실제로 이스라엘이 하나님의 말씀에서 치우치지(סור, qal. impf. 2.m.s) 않았을 때, 그 말씀을 떠나지 않았을 때, 그 말씀을 버리지 않았을 때, 그들은 전쟁에서 승리하는 평탄한 길과 형통한 삶을 살 수 있었습니다. 그러나 그들이 하나님의 말씀에서 떠났을 때는 전쟁에서 패배하고 멸망의 길을 갔습니다. 여호수아서는 바로 이 사실을, 이 진리를 확증하고 확인시키고 있습니다. 이것이 여호수아서의 주된 메시지입니다. 이제 여호수아서의 몇 가지 사건들을 통해 이 사실을 확인해 보겠습니다.

II. 요단강 도하(3장)와 할례(5장)

여호수아 3장에 보면 싯딤에서 출발한 이스라엘이 요단강 앞에 도착했습니다(수 3:1). 그런데 그들 앞을 가로막고 있는 요단강은 건너기가 결코 만만치 않았습니다. 요단강의 물의 속도와 양이 대단했기 때문입니다. 요단강의 물의 속도는 매우 급하고 빨랐습니다(급경사). 게다가 강물의 양도 심각하게 많았습니다. 이때는 곡식을 거두는 시기로 항상 물이 언덕에 넘쳤다고 말씀합니다(수 3:15).

이때에는 북쪽에 있는 헬몬산의 눈이 녹을 뿐만 아니라 또한 봄비가 내리기 때문에 갈릴리 호수는 최고 수위에 오르게 되고 요단 강물은 불어 그 깊이는 3-4m가 되고 그 넓이는 30m이상이 되어 제방이 범람했습니다. 이처럼 큰물에다 그 흐르는 속도까지 매우 빠르니 처자식과 가축을 거느린 이스라엘 백성이 일반적인 방법으로 그 강을 건넌다는 것은 엄두도 못 낼 일입니다. 자칫하다가는 약속의 땅에 발도 한번 들여놓지 못하고 모두 물에 수장되어 고기밥이 될 판입니다. 그런데도 하나님은 "지금"(צַתָּה now) 그 강을 건너라고 말씀하십니다(수 1:2). 그러면서 하신 말씀이 제사장들이 언약궤를 메고 맨 앞에 서고 나머지는 그 뒤를 따르라는 것입니다. 그리고 언약궤를 멘 제사장들의 발바닥이 요단 물을 밟고 멈추면 급한 속도로 흐르는 엄청난 양의 요단강 물이 끊어지고 한 곳에 쌓여 설 것이라고 말씀하셨습니다(수 3:13, cf. 15, 16).

여러분, 물이 멈춰 선다는 겁니다! 이것은 인간의 경험과 상식으로는 도저히 납득이 되지 않습니다. 여러분, 이스라엘이 이 강을 건너기 위해 몇 년을 기다렸습니까? 40년을 기다렸습니다. 그렇다면 물이 줄어들 때까지 며칠 더 기다린다고 해서 무엇이 문제가 되겠습니까? 오히려 안전하게 건너는 것이 더 중요하지 않겠습니까? 그래서 여호수아와 이스라엘 백성들은 물이 줄어들 때까지 며칠 더 기다렸다가 안전하게 건너겠다고 하나님께 말씀드릴 수 있었습니다. 그런데도 여호수아는 하나님의 이 명령에 이의를 달지 않고 그대로 순종합니다.

궤를 멘 제사장들이 산더미처럼 쏟아져 내려오는 요단강 물에 첫발을 내딛습니다(수 3:15-16). 그리고 그들의 발이 물가에 잠기자 어떻게 되었나요? 놀랍게도 하나님이 말씀하신 대로 위에서부터 흘러내리던 물이 곧 그쳐서 사르단에 가까운 매우 멀리 있는 아담 성읍 변두리에 일어나 한 곳에 쌓이고 사해로 흘러가는 물은 온전히 끊어졌습니다(16절). 그리고 이스라엘 백성들은 여리고 앞으로 마른 땅을 밟고 건너갔습니다(17절). 이것은 무엇을 보여 주는 것입니까? 인간의 경험과 생각에 매이지 않고 오히려 강하고 담대하여 하나님의 말씀에서 치우치지 않고 그대로 지켜 행하였더니 평탄케 되고 형통케 되었다는 것을 보여 주는 것입니다.

또한 여호수아 5장에 가면 이스라엘 백성은 요단강을 건너 무사히 길갈에 도착했습니다. 그러나 갈수록 태산입니다. 왜냐하면 하나님께서 더욱 이해할 수 없는 일을 명하셨기 때문입니다. 하나님은 그곳에서 이스라엘 자손들에게 할례를 행하라고 말씀하십니다(수 5:2). 여러분, 지금 이스라엘 백성이 도착한 곳이 어딥니까? 그들이 도착한 곳은 요단강 동편이 아닙니다. 그들은 이미 요단강을 건너왔습니다.

그러므로 그들의 목전에는 막강한 적들이 버티고 있습니다. 그들은 중무장한 적들이 우글거리는 적진에 들어가 있는 것입니다. 그런데도 하나님은 언제 들이닥칠지 모르는 적 앞에서 할례를 행하라고 말씀하십니다. 이것이야말로 위험천만한 일입니다. 왜냐하면 할례를 행하면 전쟁을 해야 하는 남자들은 한동안 거동을 할 수 없으므로 적들이 쳐들어오는 날에는 전쟁은커녕 앉은자리에서 손도 한 번 못 써보고 다 죽임을 당할 수밖에 없기 때문입니다.

창세기 34장에 보면, 이스라엘 역사에서 실제로 이런 일이 있었습니다. 그런데도 하나님은 지금 그곳에서 할례를 행하라고 명령하신 것입니다. 이것은 시퍼렇게 무장한 적군 앞에서 무장해제를 하고 가만히 앉아 죽기를 기다리라는 말과 다름이 없습니다. 전쟁을 해서 땅을 빼앗으라는 것인지 아니면 그 적들의 칼에 다 죽임을 당하라는 것인지 이해가 되지 않습니다.

광야 40년 동안 행하지 못한 할례입니다(수 5:7). 그렇다면 좀 더 기다렸다가 한다 해도 무엇이 문제이겠습니까? 여호수아는 좀 더 안전한 때에 할례를 행하겠다고 하나님께 말씀드릴 수 있었습니다. 하지만 여호수아는 할례를 행하라는 하나님의 말씀에 아무런 이유도 달지 않고 온 백성에게 할례를 행하였고(수 5:3) 백성은 진중 각 처소에 머물며 낫기를 기다렸습니다(수 5:8). "행하라 하시매 … 행하니라"(수 5:2-3). 여기에는 어떤 갈등이나 아무런 망설임도 없습니다.

여러분, 만일 이 때에 적이 쳐들어왔다면 어떻게 되었을까요? 하지만 이스라엘은 위험천만한 상황에서도 하나님의 말씀에서 우로나 좌로 치우치지 않고 순종했습니다. 그리고 아무 일도 없었습니다. 위험한 상황을 핑계대지 않고, 구실로 삼지 않고 오직 하나님의 말씀에서 우로나 좌로 치우치지 않고 순종한 이스라엘을 하나님이 함께 하셔서 지키시고 형통케 하신 것입니다(수 1:7).

III. 여리고 성 전투의 승리(6장)와 아이 성 전투의 패배(7장)

나아가서 6장에 보면 드디어 이스라엘 백성은 여리고에 도착했습니다. 여리고 성은 가나안 땅에 들어가는 관문입니다. 따라서 가나안 땅을 정복하기 위해서는 반드시 이 성을 무너뜨려야만 합니다. 고고학자들이 발굴한 결과에 의하면 이 성은 견고하기가 이루 말할 수 없었다고 합니다. 성 위로는 마차가 지나다닐 정도로 그 성은 넓고 크고 튼튼했습니다. 그런데 하나님은 이 성을 무너뜨리기 위해서 땅굴을 파라든가 또는 사다리를 타고 올라가라고 말씀하시지 않았습니다. 대신 법궤를 메고 온 백성이 입을 꼭 다문 채 하루에 한 번씩 엿새 동안 그 성을 돌라고 하셨습니다. 그리고 마지막 칠 일째는 성을 일곱 번 돌고, 그 때에 제사장들은 나팔을 불고 백성들은 다 큰 소리로 외치라고 하셨습니다. 그리하면 그 성벽이 무너져 내린다는 것입니다(수 6:5).

여러분, 이것이 이해가 됩니까? 이거야말로 비상식적이고 비과학적이며 이해가 되지 않는 말씀입니다. 그 크고 견고한 성이 사람들이 몇 바퀴 돌고 소리를 지르면 무너진다니요? 또한 성을 따라 돌고 있는 동안 적들이 공격이라도 한다면, 돌을 굴리고 창을 던지고, 뜨거운 물을 쏟아 붓기라도 하면 어떻게 되겠습니까? 그러므로 여호수아는 하나님께 이것은 위험천만한 일이니 다른 방법으로 하시지요, 라고 하면서 매우 정중히 거절할 수 있었습니다. 또한 그렇게 크고 견고한 성이 그렇게 그냥 돈다고, 소리 지른다고 무너지겠냐고 하면서 아주 합리적인 이유로 거절할 수 있었습니다.

하지만 여호수아는 이 말씀에 아무런 반론을 하지 않고 다 지켜 행하였습니다. "하시매 … 하고"(수 6:5-6). 이 둘 사이에 어떤 갈등의 틈도 없습니다. 그랬더니 말씀대로 성벽이 무너져 내렸습니다(수 6:20). 우로나 좌로 치우치지 말라는 하나님의 말씀에 대한 순종이 인간의 상식과 이해와 과학을 뛰어넘어 형통의 길을 연 것입니다.

그런데 이런 형통의 경험과는 달리 7장에 가면 우리는 전혀 다른 매우 당황스러운 보고를 접하게 됩니다. 그것은 이스라엘이 아이 성 전투에서 패배했다는 보고입니다. 여리고 성을 정복한 여호수아는 아이로 올라가기 위해 사람들을 보내서 정탐하게 했습니다. 정탐꾼들이 정탐을 마치고 돌아와서는 "백성을 다 올라가게 말고 2, 3천명만 올라가서 아이를 치게 하소서 그들은 소수이니 모든 백성을 그리로 보내어 수고롭게 하지 마소서"(수 7:3)라고 보고했습니다. 그만큼 아이 성은 이스라엘의 상대가 되지 못했습니다. 그러나 전쟁의 결과는 어땠습니까? 오히려 이스라엘이 대패하여 아이 사람 앞에서 도망해야만 했습니다.

그러면 이스라엘이 이렇게 패한 이유가 무엇입니까? 그들의 군사가 적어서입니까? 적의 수효를 잘못 알았기 때문입니까? 아닙니다. 그들이 패한 유일한 원인은 이스라엘이 하나님의 언약(말씀을 의미.

6:18; 7:1. 말씀에서 치우쳤음)을 어겼기 때문입니다(수 7:11, 15). 그들이 범죄하고 망령된 일을 행하였기 때문입니다. 누가 봐도 뻔히 이길 수밖에 없었던(수 7:3) 전투에서 그들이 패한 것은 아간이 하나님의 말씀을 지키지 않았기 때문입니다(6:18; 7:1, 11). 하나님의 말씀에서 치우쳤기 때문입니다. 하나님의 말씀에 대한 불순종과 하나님의 말씀에서 치우침이 형통이 아닌 패망을 안겨 준 것입니다.

IV. 형통한 삶을 위한 비결

여러분, 승리하는 인생이 되기를 원하십니까? 형통한 삶을 살기를 원하십니까? 성경은 그 비결이 무엇이라고 말씀하셨습니까? 그것은 담대하여 하나님의 말씀에서 우로나 좌로 치우치지 않는 것입니다. 그러면 어떻게 해야 그리할 수 있습니까? 우리가 형통하기 위해서는 무엇보다 먼저 하나님의 말씀이 우리 안에 풍성하게 거하도록 해야 합니다. 하나님의 말씀을 우리의 입에서 떠나지 않게 해야 하고(8a), 그 말씀을 밤낮으로 묵상하고 연구해야 합니다(8b). 그리해야만 그 말씀이 우리의 심비에 새겨져 지워지지 않고 달려가면서도 읽을 수 있습니다(합 2:2).

그러나 여기서 그치면 안 됩니다. 하나님의 말씀을 모르는 것도 문제이지만 그것을 아는 것과 지켜 행하는 것은 별개의 것일 수 있기 때문입니다. 말씀을 안다고 해서 그것이 자동으로 지켜지는 것은 아닙니다. 이것이 우리의 숙제입니다. 우리가 하나님의 말씀에서 치우치지 않고 그것을 다 지켜 행하기 위해서는 오직 강하고 매우 담대해야 합니다. 말씀을 지키면 손해를 보고 어려움을 당하며 세상에서 버림을 받고 심지어 목숨까지도 잃을 수 있는 상황에 처할 수도 있습니다. 또한 말씀의 요구가 우리의 경험과 너무 멀며 비현실적인 것으로 생각될 때도 많습니다. 그래서 이 모든 상황과 경험과 생각을 뛰어넘어 말씀대로 살려고 할 때에는 정말 놀라움과 두려움이 있을 수밖에 없습니다. 그렇기 때문에 말씀을 따라 살려는 우리에게는 담대함과 강함이 절대적으로 요구되는 것입니다.

그러나 이 강함과 담대함은 그냥 생기는 것이 아닙니다. 말씀을 지키는 강함과 담대함은 믿음이 있을 때에야 가능한 일입니다. 히브리서는 "믿음으로 7일 동안 여리고를 두루 다니매 성이 무너졌다"(히 11:30)고 말씀합니다. 이것이 바로 여호수아가 형통한 비결이었습니다. 믿음이 없이는 하나님의 말씀을 지키는 강함과 담대함도 없습니다. 믿음이 견고할 때 강하고 담대하여 연약함을 극복하고 말씀을 준행할 수 있습니다. 그러면 이 믿음은 어떤 믿음입니까? 그것은 바로 하나님의 약속에 대한 믿음입니다. 이 약속에 대하여는 오늘 본문에서 두 가지를 말씀합니다.

첫째, 하나님께서 나와 함께 하신다는 임마누엘의 약속입니다. 본문은 이 약속을 특별히 강조하고 있습니다. 5절에서 하나님은 여호수아에게 모세와 함께 있었던 것 같이 그와 함께 있을 것이며 그를 떠나지도 아니하고 버리지도 아니하시겠다고 약속하십니다. 이 약속에 이어서 강하고 담대히 하라는 말씀을 6, 7, 9a에서 세 번 반복하십니다. 그런 다음 9b에서 다시 "네가 어디로 가든지 네 하나님 나 여호와가 너와 함께 하느니라"고 약속하고 있습니다.

따라서 5절에서 하신 임마누엘의 약속을 9절에서 다시 반복하고 있는 것입니다. 이것은 하나님이 함께 하신다는 임마누엘의 약속이 강하고 담대하라는 세 번의 명령을 양쪽에서 앞뒤를 꽉 붙잡고 있는 모양이 되는 것입니다(5b→6,7,9a←9b). 이것은 일종의 그림 언어입니다. 여기서 우리는 하나님께서 함께 하신다는 약속에 대한 믿음이 위험과 유혹 앞에서도 하나님의 말씀을 지키게 하는 강하고 담대함의 비결이라는 것을 알 수 있습니다. 우리가 강하고 담대하여 하나님의 말씀에서 치우치지 않고 그것을 지켜 행하기 위해서는 이와 같이 하나님이 나와 함께 하신다는 사실을 믿어야 합니다. 이 믿음이 우리가 하나님의 말씀을 버리는 것을 막는 능력이요 힘이요 비결입니다.

우리의 믿음을 위한 두 번째 약속은 하나님이 이기게 하신다는 승리의 약속입니다. 6절에서 하나님은 "강하고 담대하라"고 말씀하신 뒤, 그 이유(כִּי)를 설명하는데, 그것은 하나님께서 약속하신 땅을 얻게 하신다는 것입니다(cf. 2, 3). 이것은 하나님이 친히 가나안에 있는 여러 족속들과 싸워 이기시고 승리하실 것에 대한 약속입니다. 그리고 하나님은 실제로 이 약속대로 행하셨습니다. 그래서 여호수아는 23장 3절에서 "너희의 하나님 여호와 그는 너희를 위하여 싸우신 이시니라"고 말씀합니다. 또한 그는 23장 9절에서 "이는 여호와께서 강대한 나라들을 너희의 앞에서 쫓아 내셨으므로 오늘날까지 너희에게 맞선 자가 하나도 없었느니라"(cf. 수 1:5)고 말씀하며, 21장 44-45절에서는 "이는 여호와께서 그들의 모든 원수들을 그들의 손에 넘겨 주셨음이니라 여호와께서 이스라엘 족속에게 말씀하신 선한 말씀이 하나도 남음이 없이 다 응하였더라"고 말씀합니다.

그러므로 우리는 하나님이 언제나 나와 함께 하시며 또한 나를 위해 싸우시고 이기게 하신다는 이 약속을 믿고 의지해야 합니다. 그리할 때에야 우리는 강하고 담대해져서 손해와 두려움과 염려를 이기고 말씀에서 치우치지 않고 다 지켜 행할 수 있습니다. 하나님이 함께 하심이 신자의 능력이요 진정한 힘입니다. 또한 함께 하시는 그 하나님께서 반드시 승리를 주실 것을 믿는 이 믿음이 말씀을 준행하게 하는 원동력입니다.

가나안 정복을 시작하는 여호수아에게 하나님이 하신 명령은 율법을 다 지켜 행하고 우로나 좌로나 치우치지 말라는 것이었습니다. 여호수아는 하나님이 함께 하심과 이기게 하심을 믿고 이 명령을 철저히 순종하여 그에게 주어진 사명을 다 이루는 형통한 삶을 살았습니다. 그런 그가 나이 많아 늙게 되었을 때 이스라엘 지도자들에게 마지막으로 한 말이 무엇입니까?(수 23:1-2). "너희는 크게 힘써 모세의 율법 책에 기록된 것을 다 지켜 행하라 이것을 떠나 우로나 좌로나 치우치지 말라"(23:6)는 것이었습니다. 그렇습니다. 가나안 정복을 앞둔 여호수아에게 하나님이 하신 바로 그 말씀을 여호수아는 지금 자신의 생애 마지막에 그의 후손들에게 똑같이 반복하고 있습니다.

여호수아는 지금 이렇게 말씀하는 것입니다. "가나안 정복을 앞둔 나에게 하나님께서 율법에서 치우치지 않고 다 지켜 행하면 평탄하게 되고 형통할 것이라고 말씀하셨다. 그런데 나는 가나안 땅을 정복하는 오랜 과정을 통해서 이 말씀이 진리라는 것을 확인하였다. 그러므로 나도 너희에게 동일하게 권면한다. 하나님의 말씀에서 치우치지 말고 다 지켜 행하라. 그리하면 형통할 것이다." 오랜 세월 모진 풍파를 겪으면서 가나안 땅을 정복하고 한평생을 살아보니 하나님이 하신 그 말씀이 진리이며, 그 말씀을 지키고 따르는 것이 곧 형통의 비결이었다는 것입니다.

우리가 형통하기 위해서, 다시 말해서 우리가 사명을 다 이루며 살기 위해서 우리에게 필요한 것은 빛나는 졸업장이나 많은 재물이나 높은 권세와 같은 것들이 아닙니다. 사명을 이루는 형통의 삶을 위해 우리에게 필요한 것은 오직 하나님의 말씀을 떠나지 않고 다 지켜 행하는 것입니다. 이를 위해서는 극히 강함과 담대함이 있어야 하는데 이것은 하나님이 나와 함께 하시며 또한 나를 위해 싸우시며 이기게 하신다는 약속을 굳게 믿고 의지하는 것입니다.

사명자의 길을 가는 우리는 세상의 논리에 속지 말아야 합니다. 모든 사람이 다 옳다고 해도 하나님이 아니라고 하면 아닌 줄 알고 말씀에서 치우치지 않는 강함과 담대함을 길러야 합니다. 말씀대로 살려고 하면 손해 볼 일이 너무나도 많습니다. 하지만 모른 척하고 눈 한 번 감으면 많은 이익과 명예를 얻을 수도 있습니다. 이럴 때 우리는 어찌해야 합니까? 세상은 그럴듯한 구실로 우리의 불순종을 괜찮다고, 현실이 어렵다고, 세상 사람들이 다 그렇게 한다고, 그럴 수 있다고 두둔합니다.

그러나 이것에 속으면 안 됩니다. 우리는 유혹과 위기 앞에서 두려워하고 놀라며 짐짓 약해질 때, 우리는 하나님이 나와 함께 계시고 나를 떠나지 아니하시며 결코 나를 버리지도 않으시며 결국에는 이기게 하실 것이라는 이 약속을 믿고 담대하고 강해져서 말씀을 버리지 않아야 합니다. 결론은 믿음입니다. 하나님의 약속을 끝까지 붙드는 믿음이 우리를 강하게 만들며 말씀에서 벗어나지 않게 합니다. 이 믿음으로 우리 모두가 하나님이 주신 사명을 다 감당하는 형통의 은혜를 풍성히 누리시기를 바랍니다.

그는 흥하여야 하리라

요한복음 3장 22절-30절

송인규 (조직신학 · 은퇴교수)

나이가 들면 인생을 돌아보며 안쓰러운 생각, 후회스런 마음을 갖습니다. 저도 예외가 아닙니다. 그 가운데 대표적인 것이 다른 사역자에 대해 올바르지 않은 자세를 견지하는 일이었습니다. 자기보다 부족하고 연약한 사역자에 대해서는 교만과 무시의 태도를 나타내는가 하면, 반대로 자기보다 뛰어나고 더 크게 쓰임 받는 사역자에 대해서는 질투와 헐뜯기의 모습을 연출했다는 말입니다. 이제 과거를 뼈아프게 회고하면서 이러한 두 가지 태도를 고치는 것이 얼마나 중요한지를 되뇌곤 합니다.

그런데 오늘의 본문을 통해서는 두 번째 태도와 관련한 성경의 교훈을 받고자 합니다.

I. 세례 요한의 놀라운 반응

세례 요한은 예수 그리스도의 영향력이 점점 더 커지는 반면 자신은 점차 사람들의 기억으로부터 멀어지고 뒷전으로 밀려나는 상황 가운데에서, "그는 흥하여야 하겠고 나는 쇠하여야 하리라"(요 3:30)는 비장의 결의를 표명합니다. 이는 자기보다 뛰어나고 더 영향력 있는 대상에 대해 그의 우수성을 드러내고 자신의 열등성을 인정했다는 점에서, 참으로 위대한 신앙적 자태라고 평가하지 않을 수 없습니다.

사실 "선생님[세례 요한]이 증언하시던 이가 세례를 베풀매 사람이 다 그에게로 가더이다"(26절 하반절)라고 제자들이 보고했을 때, 오직 인간의 시각에서만 본다면 이 때 세례 요한의 심중은 무척 힘든 상태이었을 것입니다. 왜 그토록 힘들었을까요? 최소 두 가지 이유를 댈 수 있습니다.

첫째, 자신의 처지에 대한 안쓰러운 의식 때문입니다. 사람들이 모두 예수 그리스도께로 세례를 받으러 간다는 것이 세례 요한으로서는 다음과 같은 점 때문에 상당히 직면하기 힘든 사태이었을 것입니다. 우선, 세례 사역은 예수 그리스도께서 등장하기 이전부터 요한 자신이 먼저 시작했는데(cf. 눅 3:2-3), 이제 후발 주자가 자신을 앞지른 것이었기 때문입니다. 또, 이렇든 저렇든 세례 요한이 예수 그리스도에 의해 세례를 받은 것이 아니고 오히려 자신이 예수 그리스도에게 세례를 주었다는 사실(마 3:13-15)도 중요합니다. 그리고 어쨌거나 요한은 명색이 "세례" 요한이지 않습니까? [우리는 결코 "세례" 예수라고 하지 않습니다.] 이 모든 것을 보면 분명 세례 요한이 "원조" 격인데, 이제 사람들이 그를 제치고 예수 그리스도에게로 나아가니 속이 쓰리지 않을 수 없었을 것입니다.

둘째, 자신의 열등한 처지가 다른 이들을 통해 알려졌기 때문입니다. 사람은 자신의 초라한 처지가 다른 이에 의해 깨우쳐질 때 더욱 비참하다는 느낌을 갖습니다. 세례 요한의 경우도 자기 스스로의 관찰보다는 제자들의 "시기에 찬" 보고에 의해 상황을 파악한 것으로 나타나 있음(26절)을 볼 때 더욱 더 힘들었을 것이라고 추정이 됩니다.

우리는 자신의 열등한 상황을 혼자 알게 되어도 물론 견디기가 힘들지만, 남들에 의해 귀띔을 받는다면 이것은 이미 다른 사람들도 다 알고 있다는 뜻이 되기 때문에 더욱 더 수치스럽고 굴욕적인 기분에 휩싸이지 않을 수 없습니다. 구약에서 사울이 다윗에 대해 불쾌해 하고 심히 노하게 된 계기가 여인들이 드러내어 "사울이 죽인 자는 천천이요 다윗은 만만이로다"(삼상 18:7)라고 노래한 때부터였음은 이 점을 뒷받침합니다. 오늘날에도 "부목사님이 설교하니까 자리가 꽉 차더라고요"라는 반응을 전해 들을 때 담임 목회자의 안색이 바뀌는 것이나 "학생들이 모두 새로 온 교수님의 강의를 들으러 갔어요"라는 보고에 접한 고참 교수의 불편한 심사 역시 비슷한 예라고 하겠습니다. 마찬가지로 세례 요한도 제자들의 보고에 의해 자신의 열등한 처지를 파악하게 되었을 때, 마음의 쓰린 정도가 훨씬 심했을 것입니다.

그러나 바로 여기에 세례 요한의 위대한 모습이 돋보입니다. 그토록 어려운 실정에서도 세례 요한은 뜻하지 않게, "그는 흥하여야 하겠고 나는 쇠하여야 하리라"(요 3:30)고 자신의 마음 상태를 밝힌 것입니다. 우리는 그의 반응이 워낙 예상 밖이라 입이 떡 벌어집니다. 심지어 "혹시 세례 요한은 이를 악물고 억지로 이런 말을 하는 것은 아닐까?"라는 생각이 들 정도입니다. 그러나 그렇지 않은 것은 바로 이 대답 전에 신랑의 들러리로서 갖는 '기쁨' — "크게 기뻐함," "기쁨으로 충만함"(29절) — 을 이야기하고 있기 때문입니다. 믿기지 않을지 모르지만 세례 요한은 극도의 희열 가운데 30절의 반응을 보이고 있는 것입니다.

II. 놀라운 반응의 비결

도대체 세례 요한은 어떻게 해서 이런 "기막힌" 반응을 할 수 있었을까요? 두 가지 사항을 언급할 수 있을 것입니다. 첫째, 세례 요한은 자기보다 뛰어난 인물과 관련하여 하나님의 주권을 인정했습니다. "만일 하늘에서 수신 바 아니면 사람이 아무 것도 받을 수 없느니라" (27절). 여기에서 "하늘"은 "하나님"에 대한 에두른 표현입니다(cf. 눅 15:18). 사람이 받아 누리는 것은 그것이 무엇이든 — 은사, 건강, 재능, 재물, 생명, 사역 등 — 하나님께서 주신 것입니다. 다시 말해서, 사람이 현재 부여 받고 향유하는 모든 항목은 하나님의 주권적 의지의 결과요 주권적 섭리의 일환이라는 뜻입니다. 이것을 사역과 연관 지어 말한다면, "하나님께서 어떤 이에게 주권적으로 역사하시기 때문에 그가 그런 활동이나 사역을 펼치는 것이다"라고 할 수 있겠지요.

이 원리는 모세, 다니엘, 예수, 세례 요한, 그리고 모든 그리스도인에게 적용되지만, 이 경우에는 특히 예수 그리스도에게 해당이 됩니다. 사람들이 다 예수께로 세례를 받으러 가고, 또 예수께서 그런 역량을 발휘하며 사역을 할 수 있는 것은 모두 하나님께서 그런 것들을 주권적으로 허락하셨기 때문입니다. 마찬가지로 오늘날 어떤 이가 나보다 더 뛰어난 역량을 발휘하고 더 많은 은사를 활용하며 더 커다란 활동을 벌이는 것 — 그리하여 나보다 더 큰 영향력을 행사하고 나보다 더 높은 인지도를 나타내는 것 — 은 하나님께서 미리 정하시고 그 사람에게 그런 은택을 베풀어 주셨기 때문입니다.

그러면 왜 하나님께서는 나보다 더 탁월한 이들을 허락하시고 그들로 하여금 더 활발한 사역과 활동을 벌이도록 하시는 것일까요? 가장 중요한 이유는, 그런 이들로 말미암아 공동체가 더욱 풍성해지고 사람들에게 더 많은 유익이 끼쳐지도록 하기 위함입니다. 만일 공동체 내에 나보다 뛰어난 이들이 없다면 그만큼 공동체는 더 피폐해지고 사람들은 그만큼 더 도움을 받지 못하게 되며 더 유익을 누리지 못하게 될 것입니다.

아니 할 말로 예수 그리스도 없이 세례 요한만 있었다면, 세례 요한은 자기 생애 내내 높은 자리를 차지하고서 떵떵거렸을지 모릅니다. 그러나 그랬을 경우 구약 시대만 영속되고, 인류의 구속은 불가능했을 것이며, 신약적 의미에서의 교회는 설립되지 않았을 것입니다. 또 사울만 있고 다윗이 없었다면, 어떻게 이방 국가들을 줄줄이 정복하며, 어떻게 이스라엘의 통일을 성취했겠습니까? 이렇듯 나보다 뛰어난 이들의 출현과 활약은 공동체를 더욱 풍성히 하기 위한 하나님의 주권적 역사입니다! 세례 요한은 이 점을 알았기 때문에 자신의 열등한 처지에 아랑곳하지 않고 "그는 흥하여야 하리라"고 말한 것입니다.

둘째, 세례 요한은 자신의 위치와 역할을 명료히 파악하고 있었습니다. 세례 요한이 자신의 열등한 처지에도 불구하고 그토록 놀라운 반응을 한 또 한 가지 이유는, 그가 자기 자신이 누구인지를 절감하고 있었기 때문입니다. "나는 그리스도가 아니요 그의 앞에 보내심을 받은 자다"(28절). 그는 자신이 누구인지를 명확히 알고 있었기 때문에 자기보다 뛰어난 이들을 기꺼이 인정할 수 있었던 것입니다.

그런데 세례 요한이 밝히는 자신의 신원은 두 부분으로 구성이 되어 있습니다. 먼저 소극적으로는 "나는 ~이 아니다"로서 "나는 그리스도가 아니라"라는 것입니다. 사람들은 그가 메시야이기를 기대하면서 묻기도 했으나 그는 그것을 완강히 부인했습니다(눅 1:15; 요 1:20). 더욱 중요하게도 그는 적극적 형태로서 "나는 ~이다"라고 밝힙니다. 그는 자신이 주의 길을 예비하기 위해 메시야 앞에 보냄을 받은 인물로서, 좀 더 정확히 하자면 "광야에서 외치는 자의 소리" (요 1:23; cf. 마 3:3; 막 1:3; 눅 3:4)라는 것이었습니다.

이 두 가지를 합쳐 보면 세례 요한의 답변처럼 "나는 ~이 아니고 ~이다"라는 자아 묘사(self-description)의 공식이 드러납니다. 이처럼 나 자신이 누구인지를 명확히 아는 것이야말로 나보다 탁월한 사역자들을 진심으로 인정해 줄 수 있는 관건이 됩니다. 내가 어떤 사람이라는 것, 나의 역량은 이 정도 되고 은사는 이러이러한 것들이며 나의 강점과 약점은 어떠하다는 것을 소상히 파악하는 것, 나는 ~한 존재로서 더도 아니고 덜도 아닌 누구라는 것을 철두철미하게 인식하는 것, 이것이 바로 내가 누구인지 명확히 안다는 말의 의미입니다.

III. '차이'와 '가치'에 대한 올바른 생각

그러나 내가 누구인지를 명확히 안다고 해서 그것이 왜 나보다 뛰어난 이들을 인정하는 데 기여한다는 것일까요? 바로 여기에서 본인은 그리스도인들 사이에 널리 퍼져 있는 오류 혹은 오해 한 가지를 지적하고자 합니다. 대부분의 사람들은 자기보다 은사가 많은 이를 보며

"나는 저 사람과 차이가 나기 때문에 저 사람보다 가치가 낮다"라고 생각합니다. 즉 "저 사람은 나보다 은사도 많고, 활동도 평범한 수준 이상이며, 사람들이 잘 알아 주지도 않는 나와 달리 높은 지명도를 누리고 있고, 영향력 또한 나보다 월등하니까 나는 분명코 저 사람보다 가치가 낮다"는 식으로 생각한다는 말입니다. 이런 생각을 가지고 있는 한 우리는 결코 나보다 뛰어난 이를 자연스레 인정할 심리적 자원을 갖추지 못하게 됩니다.

그런데 이것은 그릇된 생각이며 성경적 사고 방식에 정면으로 배치됩니다. 성경의 가르침에 의하면 오히려 이렇게 진술되어야 합니다. "저 사람은 나보다 은사, 활동, 사역, 영향력 등에서 뛰어나고 그 점에서 분명 나는 저 사람과 차이가 나지만, 그럼에도 불구하고 하나님께서는 나에게 저 사람과 동등한 가치를 부여하신다." 분명 사람들 사이에는 은사, 활동, 사역, 영향력의 면에서 서로 간 차이가 있고, 나보다 뛰어난 이들이 있게 마련입니다. 그러나 우리 각 사람은 모두 하나님께 필요한 인물들이고 결코 다른 사람으로 대치(replace)될 수 없다는 점에서 동등한 가치를 지닙니다.

이 점을 명확히 이해하기 위해 좀 더 자세히 살펴봅시다. 하나님께서는 하나님 나라의 수립과 확장을 위해 우리 모든 그리스도인들을 사용하십니다. 우리 모두는 —그리고 각 사람은— 하나님의 나라가 실현되는 데 꼭 필요한 존재들입니다. (이런 주장의 근거는 고전 12:12-27 같은 본문에 잘 나타나 있습니다). 이렇듯 우리 모두는 하나님의 경륜 가운데 꼭 필요한 존재들이기에, 동시에 우리 각자는 결코 다른 사람—그가 아무리 나보다 뛰어나다 하더라도—에 의해 대치

될 수 없습니다.

예를 들어, 세례 요한이 예수 그리스도와 차이가 있지만 [열등하지만], 예수 그리스도도 세례 요한도 하나님 나라의 실현에 꼭 필요한 존재들입니다. 동시에 세례 요한이 하나님의 경륜 가운데 꼭 필요한 존재이기에 — 비록 예수께서 세례 요한에 비해 월등히 뛰어나지만 — 예수 그리스도는 세례 요한을 대치할 수 없습니다. 사실상 세례 요한은 이제 공생애 사역을 막 시작하시는 예수 그리스도를 그 능력, 활동, 영향력의 면에서 결코 능가할 수 없습니다. 분명 세례 요한은 그런 사항에서 예수 그리스도에 비해 열등하고 커다란 차이를 나타냅니다. 그렇다고 하여 세례 요한이 자신의 가치가 예수 그리스도보다 덜하다고 생각한다면 그것은 큰 오산입니다. 왜냐하면 하나님의 경륜 가운데에는 세례 요한도 꼭 필요한 존재이고 그런 점에서 그는 결코 예수 그리스도에 의해 대치될 수 없기 때문입니다.

바로 이런 면에서 우리 모두는 서로 간의 차이에도 불구하고 하나님으로부터 동등한 가치를 부여 받은 것이고 우리는 하나님 앞에서 동등한 가치를 갖는 것입니다. 동시에 나 나보다 뛰어난 이나 모두 하나님 앞에서 동등한 가치를 갖는다는 것을 인식할 때, 비로소 나는 그 뛰어난 상대방을 인정할 수 있게 되는 것입니다.

본 설교자 역시 한 때 이 문제로 인해 깊은 열등의식과 고뇌에 빠진 적이 있었습니다. 어디든지 주위를 둘러보면 거기에는 나보다 뛰어난 인물이 있는 것이었습니다. 어떤 이는 해외에서 명성을 떨칠 정도로 실력이 쟁쟁했고, 어떤 이는 논문 작성 편수가 월등히 높았는가 하면, 어떤 이는 설교로 인한 인기와 영향이 대단했습니다. 이러한 비교는 현 시대의 인물들에 대해서만 이루어진 것이 아닙니다. 교회 역사를 보면 우리가 아는 많은 뛰어난 인물들이 기라성 같이 진치고 서 있으면서, 나의 은사, 역량, 활동, 사역을 비웃는 것 같았습니다. 나는 이러한 차이에 짓눌려 자신에 대해 아무런 가치를 확신할 수가 없었습니다.

그 때 — 고뇌와 방황 끝에 — 오늘 본문에 설명한 그 내용이 새벽 빛처럼 환하게 떠올랐습니다. 비록 많은 이들이 나보다 뛰어나지만 그렇다고 하여 그들 어느 누구도 나를 대치할 수 없다는 생각 말입니다. 하나님께서 나를 하나님의 나라를 위해 꼭 필요한 존재로 부르셨고 하나님의 경륜 가운데 사용하고자 하시기 때문에, 그 점에서 나는 다른 우월한 이들과 똑같은 가치를 하나님으로부터 부여 받은 것임을 깨닫게 되었습니다. 내가 다른 그 누구에 의해서도 대치될 수 없다는 그 생각이 얼마나 나를 자유롭게 했는지 모릅니다. 나는 이 시대 이곳에서 다른 누구도 대신 수행할 수 없고 다른 누구도 대신 이룰 수 없는 나만의 독특한 사명과 책임을 맡고 있다는 생각이, 나를 과거의 모든 편협하고 자기 질식적인 가해 행위로부터 해방시킨 것입니다!

뿐만 아니라 그 때 이후로는 나보다 뛰어난 이에 대해서도 얼마든지 마음의 여유를 갖고 그의 장점을 인정할 수 있게 되었습니다. 물론 이것이 한 순간에 일어난 것은 아니고 또 조금씩 부침이 있었지만, 어쨌든 이제는 뛰어난 이들을 인정할 수 있는 심리적 자원을 갖추었다는 점에서 크게 달라졌다고 말할 수 있을 것입니다.

IV. 세례 요한이냐 사울이냐

이처럼 세례 요한은 ① 자기보다 뛰어난 인물과 관련하여 하나님의 주권을 인정했고, ② 자신의 위치와 역할을 명료히 파악하고 있었기 때문에, 분명 자신의 열등한 처지에도 불구하고 극한 기쁨 가운데 "그는 흥하여야 하겠고 나는 쇠하여야 하리라"는 고백적 언명을 표명할 수 있었습니다. 우리 모두가 이래야 하지 않겠습니까?

    그런데 만일 세례 요한에게 이러한 두 가지 마음 상태가 준비되지 않았다면 어떻게 되었을까요? 개인의 처지와 역사적 상황은 다르지만, 본인은 세례 요한이 마치 구약의 사울처럼 되지 않았을까 생각해 봅니다. 사울은 자기보다 뛰어난 인물인 다윗(cf. 삼상 15:28; 23:17; 24:20)과 관련하여 결코 하나님의 주권을 인정하려 들지 않았습니다(cf. 삼상 16:1-2; 18:11, 14, 28-29; 20:31). 사울은 또 사무엘로부터 자신의 위치에 대해 분명히 들었음에도 불구하고 자기가 아닌 그 무엇이 되고자 과욕을 부렸습니다(삼상 15:26; 20:31). 그는 결국 다윗에 대해 "그는 쇠하여야 하겠고 나는 흥하여야 하리라"는 식의 마귀적인 악감을 품기 시작했고, 그 이후 갖은 만행을 일삼으며 자신, 가족, 국가를 파멸로 이끌었습니다.

    여러분은 어떠합니까? 나보다 뛰어난 사역자를 어떤 태도로 대하느냐 하는 것은 단순히 '인간 관계에서의 처세술' 문제가 아닙니다. 하나님의 주권을 인정하느냐 거스르느냐 하는 것이요, 하나님의 소명과 사명을 인식하느냐 거부하느냐 하는 중차대한 사안입니다. 이 중요한 문제를 앞에 놓고 여러분은 어떻게 하겠습니까? 세례 요한의 길을 좇겠습니까 아니면 사울처럼 파멸의 길로 치닫겠습니까? 바라기는 우리 모든 사역자들이 부디 세례 요한처럼 되어 "그는 흥하여야 하겠고 나는 쇠하여야 하리라"는 귀한 고백을 했으면 하고 바랄 뿐입니다.

날마다 주의 영광을 보는가

요한복음 17장 20절-26절

이승구 (조직신학)

요한복음 17장에 있는 내용을 우리는 흔히 예수 그리스도의 "대제사장적 기도"라고 표현합니다. 그렇게 표현하는 이유는 5세기경에 알렉산드리아의 클레멘트(Clement of Alexandria)가 이 말씀에 대해서 말하길 이 기도 가운데서 예수님께서는 "우리들의 대제사장으로서 활동하셨다"고 한 일이 있고, 특히 16세기에 David Chytraeus(1530-1600)라는 루터파 신학자가 요한복음 17장을 가리켜서 "예수 그리스도의 대제사장적 기도"라고 이야기한 적이 있어서입니다. 루터파 신조 가운데 굉장히 중요한 신조인 콩코르디아(Concordia) 신조를 만든 루터파 신학자들 가운데 아주 대표적인 신학자인 데이비드 키트래우스를 따라서 많은 사람들이 요한복음 17장에 대해서 이렇게 말하는 것이지요. 우리는 좋은 이야기는 누가 이야기한 것이든지 사용할 수 있는 것이므로, 개혁파 주석가들을 포함하여 요즘 거의 대부분의 사람들이 이 본문을 예수 그리스도의 대제사장적 기도라고 이야기합니다.

이왕 이야기가 나왔으니까 David Chytraeus에 대해서 잠깐 이야기해 보기로 하지요. 옛날에는 대학에 굉장히 일찍 가는 경우가 있었습니다. 개별적으로 공부한 다음에 8살 9살 됐을 때 대학 가는 경우도 있었어요. 그는 튜빙겐 대학에 8살에서 9살에 갔다고 합니다. 대학을 졸업할 때 받는 것을 독일에서는 마기스터(Magister) 학위라고 해요. 그것은 유럽 어디에서든지 가르칠 수 있는 선생님, 즉 마스터(Master)가 되었다는 뜻입니다. David Chytraeus가 마스터가 된 것이 14살 때입니다. 그래서 유럽 각 대학의 법규 가운데 스무 살 되기 이전엔 마스터 학위를 주면 안 된다는 논의가 있을 정도였습니다. 그러므로 그는 그 원칙이 있기 전의 사람입니다. 이 사람은 루터(Martin Luther)에게서 창세기 강의를 열심히 들었고요, 멜랑흐톤(Melanchthon)의 애제자의 한 사람입니다. 이 David Chytraeus는 14살에 마스터가 되어 오랫동안 로스톡(Rostock) 신학교에서 가르쳤습니다.

I. 하나 됨을 위한 기도

오늘 아침에 요한복음 17장 이야기를 다할 수는 없고요, 맨 마지막 예수님께서 20절부터 하시는 말씀에 대해서 생각해 보겠습니다. "내가 비옵는 것은 이 사람들만 위함이 아니요." 예수님께서는 앞부분인

19절까지에서 예수님의 친 제자들을 위해서 기도하십니다. 물론 19절까지 하는 기도, 특별히 6절서부터 시작되는 이 기도와, 20절 이하의 기도를 절대적으로 분리시킬 이유는 없습니다. 왜냐하면 그의 친 제자들에 대해서 했던 기도도 그대로 우리에게 적용되는 기도이기 때문에 여기서 기도하는 것이 다 우리에 관한 기도이기도 합니다.

그런데 특별이 "이 사람들의 말을 인하여 나를 믿는 사람도 위함이니이다"고 하셔서 이것이 오고 오는 세대의 교회 공동체를 위한 기도라는 것을 아주 명백하게 하셨습니다. 예수님께서 이 기도를 하실 때, 물론 인성(人性)으로는 우리를 모르시나 신성(神性)으로는 우리를 아십니다. 예수님께서 그때서부터 우리를 위해서 기도하신 그 기도의 내용이 여기에 기록되어 있습니다. 그 이야기를 이 아침에 다 할 수는 없고, 오늘은 두 가지만을 중심으로 생각해 보겠습니다.

이 기도의 핵심은 무엇입니까? 21절에 이야기하는 것처럼 "아버지여, 아버지께서 내 안에, 내가 아버지 안에 있는 것 같이, 그들도 다 하나가 되어 우리 안에 있게 하사." 예수님의 우리를 위한 기도의 핵심이 이것입니다. 예수 그리스도를 믿게 된 사람들인 우리는 모두 사도들의 말을 통하여서 예수님을 믿게 되었습니다. 물론 사도들의 말을 직접 듣고 예수를 믿게 된 사람은 우리들 가운데는 없습니다. 우리들은 사도들의 말을 기록한 복음서의 말씀을 통하여서 예수님을 믿고, 즉 사도들의 기록을 통하여서 예수님을 믿고 그 이야기를 전하여 준 그것을 통하여서 예수님을 믿게 된 사람들입니다.

그렇게 믿는 것의 목적은 무엇입니까? 예수를 믿게 된 이 모든 사람들은 사도들을 포함해서 다 하나가 되는 것입니다. 그래서 그 자체가 목표가 아니라 "우리 안에 있게 하사," 하나가 되어 우리 안에 있다고 하십니다. 그 "우리"는 누구입니까? "아버지께서 내 안에 내가 아버지 안에 있는 것 같이 저희도 우리 안에 있게" 했으니까 직접적으로는 "성부와 성자 안에"입니다. 그러나 함의상 - 요한복음 전체의 뜻에서나 성경 전체의 뜻으로 봤을 때 - 이것은 삼위일체 하나님 안에 있는 것입니다.

물론 이 때 구별을 해야지요. 성부 성자 성령님께서 삼위일체를 형성한 것과 우리들이 삼위일체 안에 있는 것의 질적인 차이를 생각하며 이야기해야 합니다. 오늘날은 이것을 개방된 삼위일체, 역사 전체를 개방된 삼위일체의 역사라고 보기를 즐겨하는 분위기가 있습니다. 몰트만이 앞장서서 그 일을 하는 것이지요. 삼위일체 하나님, 이 말씀을 근거로 해서 이야기하려고 합니다. 모든 것이 삼위일체 하나님 안에 우리가 들어가서 우리가 그 안에 있는 것이 목표다 이렇게 이야기하려고 합니다. 그 때 구분은 그분들도 하긴 합니다. 그러나 그럴지라도 지금 우리가 강조하는 것만큼 그 절대적인 구분이 희미해져 가는 것이 제일 안타까운 것입니다. 그러므로 여기서 우리는 아주 강하게 이야기해야 합니다. 삼위일체 하나님의 본래적인 그 사귀심, 그 교제하고, 삼위일체 하나님께서 당신님의 이 구속 사역의 완성을 통하여서 우리를 삼위일체 하나님 안에 있게 하는 것 사이에는 질적인 차이가 있다는 것을 아주 명백하게 해야 합니다.

이것과 유사한 차이를 하나 언급하겠습니다. 우리 구주 예수 그리스도를 하나님의 아들이라고 할 때, 그 아드님이심의 의미, 즉 우리가 "존재론적인 아들 됨" 또는 "본체적 아들 됨"(ontological Sonship)

이라고 이야기하는 것과 우리가 예수 그리스도의 구속을 통하여서 성령님께서 우리를 구속을 적용시켜 주심을 통하여서 하나님의 자녀가 되는 하나님의 아들들이 되는 "양자됨"(adoption)의 차이를 생각해 보십시다. 우리들도 하나님의 아들들이 되는 것이지만 이것은 성자의 아들 됨과는 아주 근원적으로 차이가 있다는 것을 생각해야 함과 똑같습니다.

모든 신비주의는 이런 것을 혼동하는 데서 나타나기 시작합니다. 이 본문을 읽다가 상당히 많은 사람들이 "아버지께서 내 안에 내가 아버지 안에 있는 것 같이" 그럴 때 그것이 성부와 성자 사이의 이야기라는 것을 잊어버리고 자기가 그 위치에 있는 것처럼 잘못 생각하여 나간 사람들이 많이 있습니다. 모든 신비주의의 잘못된 형태는 다 그렇게 나아갑니다. 성경의 사상으로 우리가 모든 게 다 녹아져서 생각해야 되는데 그러다가 그게 좋은 것임에도 불구하고 신비주의는 더 나아가서 예수님이 당신님에 관해서 한 이야기하고 우리들에 관해서 한 이야기를 막 혼동하기 시작합니다.

아버지 하나님과 아들 하나님, 그리고 암묵리에 여기 시사되어 있는 성령님의 하나 되심이라고 하는 그 삼위일체의 본체적론 교제 안에로 우리가 들어갈 수 없습니다. "아버지께서 내 안에 내가 아버지 안에" – 이것은 서로가 서로 안에 있는 관계성을 말하는 것입니다. 교부들은 이 말씀에 근거해서 "성부는 성자 안에, 성자는 성령 안에, 성령님은 성부 안에" – "서로가 서로 안에 계신다"고, 즉 "상호 내주"(相好內住)하신다고 표현했습니다. 소위 페리코레시스(perichoresis)에 대한 이야기를 여기서 끄집어내서 했었던 것입니다. 이 삼위일체의 상호 내주의 관계는 매우 중요한 것이지요. 그 안으로는 우리가 어떻게 들어갈 수가 없는 것입니다. 이것은 "삼위 간의 뗄래야 뗄 수 없는 관계성"을 표현한 것입니다.

II. 구속에 근거해서 이루어지는 하나 됨

이렇게 삼위일체의 본체론적 하나 됨을 모델로 삼고 이제 주님께서 우리를 위해 간구하시는 것입니다. 그런데 이 간구의 성취는 예수 그리스도께서 이 기도를 마치시고 18장에 겟세마네 동산에 가셔서 기도하시다가 잡히시고 재판받으시고 그 다음에 죽으시고 부활하시고 하는 구속사의 절정의 사건을 통해서만 이루어지는 것입니다. 예수님께서 여기서 기도했다고 해서 주님이 그냥 가만히 있는데 그 일이 이루어지지 않습니다. 예수 그리스도의 십자가 사건, 당신님은 이미 적극적으로 그 일을 하러 나아가시는 것입니다. 이 기도를 한 사람답게 나가시는 것이지요. 그 십자가 사건과 성령님께서 오셔서 예수님께서 이루신 그 구속을 우리에게 적용시켜 주신 그 일을 통하여서 정말 예수님께서 여기 기도하신 대로 우리 모두가 다 하나가 되어 성부, 성자, 성령 하나님 안에 있게 되는 일이 발생합니다. 우리는 지금 여기서 그 일의 일부를 경험하는 것입니다. 우리가 그것을 온전하게 경험하게 될 때는 예수 그리스도께서 다시 이 땅에 오실 때입니다.

  성부, 성자, 성령님의 그 온전한 교제하심이 있고, 삼위일체의 교제하심 가운데 우리가 있게 되는 그 놀라운 일이 있습니다. 그러나 여기서 우리가 분명한 구별을 해야 된다는 것을 이미 강조하였습니다.

그것을 잊어버리는 순간 우리는 신비주의로 빠지게 됩니다. 그 구별이 모호해지면 언제나 문제가 되는 것이지요. 그리고 자유주의하고 신비주의가 서로 통하는 현상을 보게 됩니다. 극과 극은 통하는 현상들을 보게 되는 것입니다. 예를 들어, 오늘날 WCC의 하나 됨을 주장하는 주장이 이 말씀에 근거해서 이야기되기도 합니다. 그러나 실상은 그런 운동들이 성경이 말하고 있는 진정한 하나 됨을 제대로 증거하지 못하고 있는 현상입니다. 그것이 틀렸다고 하는 것을 분명히 이야기해 주려면 우리가 예수 그리스도의 구속과 성령님의 사역으로 말미암아 지금 여기 하나가 되어가고 있다는 것을 분명히 해야 합니다.

주님의 의도하심과 주님이 이루신 객관적 구속에서는 우리가 이미 하나이고, 우리가 그것을 믿어야 됩니다. 주님께서 우리를 그렇게 만드셨습니다. 사도들이 가르친 그 가르침에 근거하여서 예수 그리스도를 진짜로 믿는 사람들은 이미 그리스도 안에서 하나입니다. 이것으로부터 이제 나와야 할 우리의 작업은 실제적으로 이 세상 가운데서 그 하나 됨을 지향하여 나가는 것입니다. 이것을 우리는 "온건한 실재론적"(moderate realism)인 입장이라고 말할 수 있어요. 왜 "온건한 실재론"이라고 합니까? 이 세상의 교회가 하나여야 된다고 생각해서 모든 것을 무너뜨리고 무조건 하나로 만들려고 하는 사람들이 있기 때문에 그렇습니다. 그러나 그것은 성경이 말하는 진정한 뜻이 아닙니다. 그런 것에 반대하면서 우리는 성경이 말한 진짜 교회의 하나 됨의 모습을 추구하면서 이 세상의 그런 하나 됨이 있도록 하기 위해서 애써야 합니다.

먼저 우리의 신앙 고백이 하나여야 합니다. 우리들이 하나님을 믿고 바라고 하나님으로부터 이런 일이 이루어지리라고 믿는 바가 하나여야 됩니다. 한 소망이에요. 이것을 하나로 만들기 위해서 하는 작업 중에 하나가 여러분이 학교에 와서 공부하는 이유이기도 합니다. 만일에 여러분들이 졸업하고 나가서 각기 교회에서 사역을 하게 될 터인데 각기 다른 이야기를 해서, 성도들이 "이 목사님이 하는 이야기하고 저 목사님 하는 이야기가 달라서 우리는 어떻게 믿어야 될지 모르겠습니다"라고 한다면 우리는 이 세상에 얼마나 심각한 문제를 일으키는 것이 되겠습니까? 그래서 하나님께서는 오랫동안 교회 공동체가 하나의 메시지를 분명히 하도록 하기 위해서 성경을 영감하여 기록하게 하셨어요. 성경을 영감하여 기록하게 하신 이유가 우리의 하나 됨이에요. 예수님이 우리를 하나로 만들기 위해서 십자가에 달려 돌아가셨는데 이제 그것을 정확하게 한 메시지로 통일시키도록 하기 위해서 불변하도록 영감된 주의 말씀을 우리에게 주신 것입니다. 그러니까 성경을 정확무오하게 믿지 아니하는 사람들은 정말 위험한 상황 가운데 있는 것입니다.

 예를 들어서, 제임스 던(James Dunn)이라고 하는 흔히 영국에서 젠틀맨이라고 생각하는 신학자가 있습니다. 이 사람이 하는 신약성경의 다양성과 통일성, 오늘 본문하고 아주 비슷한 주제를 가진 책에서 하는 말이, 예를 들어서 요한복음하고 마가복음하고는 예수님의 동정녀 탄생에 관한 이야기가 없지 않느냐? 없지요. 마태복음하고 누가복음에는 있잖아요. 여기서 사실을 그렇게 이야기한 것은 괜찮은데, 그 다음부터 나오는 이야기가 이상한 것입니다. 이 복음서 배후에는 각각의 공동체가 있다고 상정을 해놓고는, 그러니까 마태 공동체와 누가 공동체는 동정녀 탄생을 믿는 공동체였고 마가 공동체와 요한 공동체는 안 믿는 공동체였는데 이렇게 다양한 공동체들이 다 신약이라고 하는 틀 안에 하나가 되어 있는 것이라고 합니다. 그것이 신약성경이 말하는 통일성과 다양성이라고 던(Dunn)은 말하는 것입니다. 예수를 믿는데 있어서는 하나지만, 그 믿는 내용이 서로 다를 수도 있다는 것입니다. 이렇게 되면 이것이 과연 교회를 정말 하나로 있게 하자는 것인지, 그게 진짜 교회의 운동인지를 우리는 물어야 합니다.

또 다른 예를 들어 봅시다. 이 세상 가운데 교회가 하나 됨을 강조하는 운동이 WCC 운동입니다. 그러나 이 운동을 열심히 하시는 분들이 구체적으로 하는 말들을 들어봤을 때 그게 과연 교회를 하나로 하자는 것인가? 예수 그리스도의 십자가로 말미암아 하나 되었다는 것을 과연 제대로 증언하는 것인가? 하는 것을 의문시할 수밖에 없는 상황 속에 있게 됩니다. 그런데 그분들이 틀렸다는 것을 드러내는 것은 그저 "그분들이 틀렸습니다"고 이야기하는 것으로 되는 것이 아닙니다. 우리가 진정으로 예수 그리스도의 구속에 의해서 그것을 보증하는 성령님의 사역과 성령님의 사역 가운데 성경을 영감해주신 것도 포함하여서 또 우리 마음을 감동하시고 감화하셔서 주님이 원하시는 그 생각을 함께 생각하게 하시는 사역을 통하여서 우리가 진정 하나라고 하는 것을 드러내야 하는 것입니다.

여기는 두 가지 작업이 필요한데 하나는 이지적(理智的)으로 정말 하나의 생각, 하나의 사상이 우리 가운데 형성되어지는 것입니다. 그런데 정말 하나라고 하는 것을 드러내는 방식은 우리의 심령 가운데 예수 그리스도의 십자가로 말미암아서 나타나는 사랑의 심정으로 우리가 하나 되는 것을 통하여서만 그 하나 됨이 제대로 나타날 수 있습니다. 그렇게 하지 않는다면 우리가 하나 됨을 향하여 지향해 나가지도 않고, 또 믿는 바가 여러분이 나가서 설교할 바가 성도들을 가르칠 바가 하나의 방향을 향해 나가지도 않고, 우리의 심령 가운데 따뜻하게 사랑하는 심령이 없다면, 우리는 WCC 운동을 하는 사람들을 향해서 그분들이 틀렸습니다, 라고 말할 자격이 없게 됩니다.

여기 심각한 우리의 문제가 있습니다. 바른 이야기를 한다고 하는 우리한테는 더 큰 책임이 있다는 말입니다. 우리는 우리의 주장하는 바가 옳다고 하는 것을 이 세상에 나타내기 위해서 그것의 옳음을 나타내는 것은 우리가 주께서 말씀하신 대로 뜨겁게 사랑하는 일을 통하여 이루어지는 것입니다. 이 뜨겁게 사랑하는 일의 근거는 우리에게 한 복음을 주신 주님의 말씀 가운데 있습니다. 이것만이 이 세상 가운데 하나임을 드러냅니다. 예수 그리스도의 십자가 사건으로 말미암아 한 성령님이 우리에게 임하여 오심으로 말미암아 지금 우리 안에 계신 성령님이 바로 그 성령님이시라고 하는, 오순절에 임하신 성령님이 그 성령님이라고 하는 그 한 성령님의 역사 가운데서 우리가 하나라고 하는 것을 분명히 해야 합니다. 여기에는 무한한 숙제가 우리에게 따라 나옵니다.

아주 간단히 이야기해도 두 가지 숙제가 따라 나옵니다. 우리의 생각하는 것이, 바울이 바울 서신에서 이야기한 대로 믿는 것과 아는 일에 하나가 되어 이 일을 향해서 끊임없이 나가야 합니다. 각기 다른 이야기를 가르치려면 신학교에 와서 목사가 되어 가지고 가르칠 이유가 없습니다. 왜 목사만이 하나님 말씀을 설교할 자격이 있다고 합니까? 왜 목사만이 성례를 베풀 자격이 있다고 합니까? 그건 목사의 위상을 높이기 위해서 했던 말이 아닙니다. 복음의 순수성, 하나의 복음을 보존하기 위해서 그리하는 것입니다. 이 세상에 목사가 된 사람들이 이것에 충실하지 않으니까 많은 사람들은 '꼭 목사님이 하는 설교라야 하나님의 말씀을 바르게 파악할 수 있나요?' 라고 질문하는 현상들이 나타나는 것입니다. 왜 그렇습니까? 목사가 된 사람들이 하나님의 말씀을 하나님의 말씀답게 제대로 해명해내지 않기 때문입니다. 여러분들이 학교를 졸업하고 이제 그 다음 단계로 나갈 때 더 큰 책임이 우리에게 부여되는 것입니다.

III. "예수님과 같이 있다" 는 말의 의미

이 말씀을 하면서 이제 두 번째 강조하는 말씀이 있는데요. 24절 말씀입니다. "아버지여 내게 주신 자도 나 있는 곳에 나와 함께 있어 아버지께서 창세전부터 나를 사랑하시므로 내게 주신 나의 영광을 그들로 보게 하시기를 원하옵나이다." 예수님이 이 이야기를 하셨을 때 예수님이 의도하신 바가 무엇입니까? 아마 종국적으로는 아버지께서 내게 주신 자, 아마 창세전에 하나님의 계획 가운데서 이 세상에 있는 사람들 가운데 일부의 무리들을 하나님께서 아드님에게 주셨겠지요. 우리가 거기 있으리라고 우리는 믿고 주님을 찬양합니다. 우리를 위하여 주께서 이제 십자가에 달려 돌아가신 것입니다. 그런데 이 사람들이 나와 함께 있어 아버지께서 창세전부터 나를 사랑하시므로 내게 주신 나의 영광을 그들로 보게 하시기를 원한다고 하시는 것입니다.

언제 이 일이 온전하게 이루어지겠습니까? 종국적으로 이 일이 이룰 날을 바라보면서 요한일서 3장 2절에서는 이렇게 이야기한 것 같습니다. "사랑하는 자들아 우리가 지금 하나님의 자녀라. 장래에 어떻게 될지는 아직 나타나지 아니하였으나 그가 나타내심이 되면 우리가 그와 같을 줄 아는 것은" 주님이 이 세상에 오실 때 우리는 그와 같을 것이다. 이 때도 창조주요 하나님이신 예수 그리스도와, 피조물의 무리인 우리의 질적인 차이 그것은 늘 의식해야 합니다. 우리가 주님과 같아진다고 했으니 그분하고 모든 면에서 같아진다고 생각하면 안 됩니다. 그 때에는 우리도 예수님의 인성(人性)의 영화로우심과 같은 모습으로는 변하겠지요. 그러나 우리는 도무지 신성(神性)하고는 관련이 없습니다. 우리 안에는 비유적인 뜻에서라도 신성(神性)이 있다 그런 말을 사용하면 안 됩니다. 우리가 하나님의 형상이어도 우리 안에는 신성(神性)은 없습니다. 우리는 사람으로서 피조물로서 주님과의 놀라운 교제 관계 가운데로 들어가는 영광을 얻은 것입니다. 이것을 생각할 때 우리는 정말 마음속에 벅차오름으로 하나님께 찬양하지 않을 수가 없습니다.

만일에 성도된 사람들이 그리하지 않는다면 자기에게서 일어난 이 놀라운 일을 무시하는 것이 될 것입니다. 그렇게 아는 이유는 뭡니까? 우리가 그와 같을 줄 아는 것은 그의 참 모습 그대로를 볼 것이기 때문입니다. 주님을 바라보는 그것을 통하여서 우리도 영화롭게 변하여 갈 것이라는 이야기입니다. 그 말인지, 아니면 주님을 보려면 너희도 주님과 같이 영화롭게 되었어야만 볼 수 있다는 말인지는 모호합니다. 둘 다가 가능합니다. 그런데 이 말씀과 고린도후서 3장에 있는 말씀을 연결시켜보면 어쩌면 "그분을 봄으로써 우리가 변한다" 는 해석이 더 나을는지도 모르겠습니다. 고린도후서 3장 18절, "우리가 다 수건을 벗은 얼굴로 거울을 보는 것 같이 주의 얼굴을 보매 그와 같은 형상으로 변화하여." 이 말씀도 여러 함의를 지닌 말이라고 생각되어집니다. 그러나 그것이 종국적으로 이루어질 때는 언제입니까? 종국적으로는 예수 그리스도께서 이 세상에 다시 오실 때 우리가 그를 바라볼 때 그와 같은 형상으로 변하게 될 것입니다. 그때는 영광에서 영광에 이르게 될 것입니다. 그런데 놀라운 말을 그 뒤에 붙입니다. 그렇게 되는 것이 다 "주의 영으로 말미암아" 된다는 것입니다. 이렇게 되는데 우리가 기여하는 것은 참으로 아무것도 없는 것입니다. 그러니까 우리는 참 감사와 감격으로 주님 앞에 나갈 수밖에 없습니다. 요한복음 17장 마지막 부분이나, 요한일서에 있는 말씀이나 고린도후서의 말씀도 종국적으로는 예수님이 다시 오실 때에 대하여 이야기하는 것입니다. 그러나 요한복음에 있는 말씀, 즉 "나 있는 곳에 저희도 있어 내가 창세전부터 아버지와 함께 가지고 있는 그 영광을 저희도 보게 하여 주시옵소서"라는 말은 종국적으로는 예수님의 재림 때에 온전히 이루어지는 것이지만, 이것은 예수님이 오시기 전에도 있을 수 있다는 것을 알게 합니다. 언제죠? 금방 생각할 수 있는데 여러분이 돌아가시면 우리 주께서 계신 그곳에 여러분의 영혼이 있게 될 것입니다. 그래서 우리는 그분의 영광을 우리의 영으로 바라봅니다. 우리 몸으로 우리 눈으로 바라보는 것은 우리가 나중에 부활했을 때 아까 우리가 이야기했던 것이지요. 주님을 바라보고 우리도 그와 같은 영광스러움으로 변해가는 것, 우리의 부활 영화, 그 일이지만 하늘에 올라가서도 우리는 그분의 영광을 바라보게 됩니다. 그것은 너무 자명한 것입니다.

그런데 요한복음이나 고린도후서가 그것만을 생각했을까요? 특별히 고린도후서에서 바울은 유대인들이 성경을 읽을 때 계속해서 뭔가를 가리고 성경을 바라본다는 것에 대해서 말하고 있습니다. 무엇으로 가리고 "바라보는가?" 했을 때, 바울은 비유를 가지고 오는데 출애굽기에 보면 모세가 두 번째 40일간 시내 산에 올라갔다 내려올 그의 얼굴에서 찬연한 영광이 나타난 것과 관련된 이야기를 합니다. 모세는 자기가 빛난다는 걸 알았던 것이 아닙니다. 몰랐다가 백성들 때문에 얼굴을 수건으로 가렸다, 즉 베일을 썼다는 것이지요. 왜 그리했을까요? 백성들이 거기에 집중할까봐 그런 것 같습니다.

그런데 바울은 그것을 끄집어 와가지고서는 그 수건이 이스라엘 백성들이 구약성경을 읽을 때 계속해서 있어서 구약의 진정한 의미를 보지 못하게 하고 있다고 말하고 있습니다. 오늘날까지 그들이 모세의 글을 읽을 때 마음을 덮었다는 것입니다. 그러나 그 수건은 그리스도 안에서 없어질 것이라는 것이지요. 흥미롭지요? 모세의 얼굴을 가렸던 그 수건을 이제 유대인의 마음을 덮고 있는 것이라고 이야기합니다. 그러나 언제든지 주께로 돌아가면 그 수건이 벗어지리라고 합니다. 그래서 예수님을 제대로 알게 되면 구약성경을 읽을 때도 그 진정한 의미를 알게 된다는 것입니다.

그렇다면 "우리가 다 수건을 벗은 얼굴로 거울을 보는 것 같이 주의 영광을 보매" 이 이야기를 할 때에는 나중에 예수님이 재림하여 올 때만을 바울이 염두에 둔 것 같지는 않습니다. 유대인들은 계속해서 수건을 가지고 본문으로 갑니다. 그런데 이제는 그것이 벗어졌다고 이야기하고 있어요. 우리는 수건을 벗은 얼굴로 거울을 보는 것 같이 주의 영광을 보매, 여기에 현재하는 우리의 현존하는 삶, 지금의 삶, 현재의 삶의 진정한 의미가 나타나는 것입니다. 똑같은 삶을 사는데 어떤 사람은 늘 주님의 영광을 보고 사는 사람이 있습니다. 어떤 사람은 가끔 가다가 보는 사람이 있습니다. 전혀 안 보는 사람도 있습니다. 지금 이 세상의 삶에 대해서 이야기하는 것입니다. 바울은 "우리는 수건을 벗은 얼굴로 주의 영광을 본다"고 말하는 것입니다. 그것이 우리가 이 세상에서 사는 삶의 의미입니다. 바울은 나중에 죽어서 하늘에 있을 때에만이 아니고, 또한 나중에 주님을 만날 때에만이 아니고, "지금 여기서" 주님의 영광을 보며 주와 같은 영광으로 변해 간다는 것도 말하는 것입니다. 요한복음에 있는 말씀으로 같은 이야기를 한다면 우리가 죽어서 주님이 계신 곳에 있게 되는 것, 그것만이 아니고 또 나중에 예수님이 오시는 그 새 하늘과 새 땅에 우리가 있게 되는 그것만이 아니고, 그 이상으로 우리의 현재의 삶의 현장 가운데서 주님과 함께 있는 모습이 강조되는 것입니다.

IV. 우리에게 중요한 마지막 질문: "날마다 주의 영광을 보는가?"

그러므로 우리에게 중요한 질문은 "날마다 주의 영광을 보는가?" 하는 것입니다. '주님, 나는 날마다 안 보이는데요.' 그럴 수도 있어요. 그것이 우리가 주님 앞에 이야기하는 간구의 내용일 수 있습니다. 그러나 중요한 것은, 가장 정상적인 삶은 날마다 주님하고 교제를 해 나가는 것입니다. 매일매일 교제하는 것이지요. 날마다 주님과 교제하고 있다는 증거가 무엇입니까? 우리의 삶이 날마다 날마다 주님과 같은 모습으로 변해가는 것입니다. 구약에서 모세에게서 나타난 그 영광도 찬란했는데 이제 우리가 가지고 있는 영광의 직분은 얼마나 더 크냐? 바울은 그렇게 이야기합니다. 육의 직분도 영광스럽거든 영의 직분이야말로 -우리가 가진 바 우리가 하는 일은- 얼마나 더 영광스럽겠는가! 그 마음에 사로잡혀서 날마다 성경을 읽고 주님과 교제하고 주님으로부터 깨달은 주님의 귀한 뜻들을 사랑하는 주의 백성들과 나누며 사는 삶이 우리의 평생의 삶이 될 것입니다. 그러한 삶이 우리의 삶 가운데서 잘 나타날 수 있기를 바랍니다.

바른 신앙을 낳은 바른 신학

요나서 4장 1절-4절

김병훈 (조직신학)

요나가 화를 냈습니다. 오늘 본문 1절에 보니까 요나가 매우 싫어하고 성을 냈습니다. 한 번 생각을 해보시기 바랍니다. 선지자 아닙니까? 선지자가 아주 싫어하고 매우 성을 낼만한 일이 도대체 무엇일까요? 그가 성을 내고 싫어할 일이 도대체 무엇일까요?

I. 요나의 불만과 불만의 죄성

선지자가 감당하여야 할 마땅한 도리를 생각해 보면, 틀림없이 요나가 성을 낸 것은 이스라엘이 하나님 뜻에 어긋난 죄악을 저지르고 부정한 악행을 행하는 것을 보았기 때문이라고 할 만하겠죠. 그런데 지금 상황이 참 묘합니다. 요나가 크게 화를 내고 분하여 하는데 그 상황이 뜻밖에도 하나님을 향한 것입니다. 세상에 이런 일이 있을 수 있을까 생각해 보세요. 사람이 신학을 공부하고 하나님 말씀을 수종들고 자신이 교회를 섬긴다고 하면서 그 모든 일이 어떤 경우에는 요나가 그랬듯이 자신이 섬기는 하나님을 향하여 분하고 심히 노하고 화를 내는 일이 있을 수가 있겠는지, 그 생각을 한 번 해보시기 바랍니다. 무서운 일이죠. 깜짝 놀랄 일이죠. 어떻게 이런 일이 있을 수가 있을까? 사람이 싫어한다는 자기 의지를 밝힐 때, 또 자기가 잘못됐거나 틀렸다는 생각을 밝힐 때, 화를 내는 사람의 경우란 보통은 없죠. 뭐 자기 변명을 하기 위해서 그럴 수 있을는지는 모르지만, 대개는 자기가 화를 낼 때는 티끌만한 뭐라도 잡을 수 있어야 자신이 의롭다 할 만한 이유와 핑계로 삼고, 그것을 빌미로 삼아서 화를 내는 법입니다. 내면 안에서 자기 정당화의 작업이 있어야 의를 주장하는 것이고, 자기 정당화의 작업을 근거로 화도 내는 법입니다.

　요나가 사람을 향해서는 말할 것도 없고, 하나님을 향해서 이렇게 할 수 있다는 것은 그럴만한 충분한 자기 이유를 갖고 있었기 때문입니다. 도대체 요나의 마음속에는 무엇이 작용을 하고 있었기에 감히 하나님 앞에서도 분을 낼 수가 있었을까요? 요나가 말할 수 있죠. "아닙니다. 내가 분낸 것은 니느웨가 벌을 받지 않고 심판받지 않는 상황 자체 때문입니다. 상황 자체에 대한 분함이지 하나님에 대해 하는 것은 아닙니다." 하지만 변명 해 봐도 소용이 없어요. 그 모든 것이 하나님을 향한 것이라는 사실을 요나는 스스로 잘 압니다. 왜냐하면 어떤 상황에 대해 분을 내는 것은 그 일을 주장하시고 행한 하나님을 향해 직접적으로 분을 내는 것과 하나도 다를 것이 없기 때문입니다.

요나는 도대체 무슨 생각으로 그럴 수 있었을까요? 하나님을 향하여 내가 분을 냈다는 것은 내가 옳다는 주장이 저변에 깔려 있는 것이기 때문입니다. 뒤집어 말하면 하나님이 잘못됐다는 것이지요. 하나님이 틀렸다는 겁니다. 하나님이 불의하다는 겁니다. 하나님이 악하다는 거예요.

이런 이 상황은 일찍이 죄가 무엇인가를 설명하는 창세기 4장의 내용을 보면 잘 이해할 수 있습니다. 하나님께서 카인의 제물을 받지 아니하시니 카인의 안색이 변합니다. 안색이 변한 카인의 태도는 하나님의 대한, 하나님을 행한 저항이 아닙니까? 마땅히 자신이 드린 제물을 받아야 마땅하거늘 하나님 어째서 받지 아니하셨는가? 그 모든 일 속에는 하나님의 불의가 있다는 자기 의에 대한 강한 내세움이 자리하고 있고, 그렇기 때문에 하나님을 악하다 말하게 되는 것입니다.

애초에 우리가 최초에 범죄를 했을 때도 마찬가지입니다. 우리가 죄를 범했을 때 마귀가 죄를 범하게끔 동기부여를 하게 되는 일은 무엇입니까? 이것을 따먹으면 너희가 하나님처럼 될까봐 하나님 못 먹게 하신 것이라고 마귀는 말합니다. 그렇게 하여 하나님이 금한 동기에 부적절성과 악함을 슬며시 밀어 넣으면서, 결과적으로 따먹는 행동이 오히려 옳고 하나님 앞에 충분히 변명할 만한 이유가 있다고 생각하는 그 순간에 이 모든 미혹된 판단이 합력해서 그것을 따먹는 행동을 실행하게 됩니다. 그 선악을 알게 하는 나무의 열매를 따먹지 말게 하신 하나님의 명령 자체가 불의한 것이요 악한 것이요 그렇게 된 이상 행동을 주저하게 될 이유가 없게 된 것이죠. 그리하여 분을 내게 되는 겁니다.

모든 죄의 원리가 그렇습니다. 요나가 하나님을 신실히 섬기는 선지지요 그가 충성된 선지자인 것은 분명한데, 지금 하나님의 명령에 대해 분을 내고 순종하기를 싫어합니다. 하나님께서 도대체 무엇을 했기 때문에 그가 이렇게 화를 낸 것일까?

한 번 생각해 보세요. 이제 2절에 보니까 자기가 계속 화를 내면서 이렇게 말합니다. "여호와께 기도하며 이르되…" 무슨 상황이지요? 지금 요나가 하나님과 대화를 나누는 것 아닙니까? "하나님, 내가 고국에 있을 때에 진작에 이럴 것이라고 말씀드리지 아니하였나이까?" 이게 무슨 말인가요? '하나님께서 나로 하여금 다시스에 가서 심판의 메시지를 전하라 할 때 이런 결과는 이미 내가 처음에 예상했던 것입니다. 이런 일이 이처럼 일어날 줄을 알았기 때문에, 그래서 내가 도망갔었던 것 아닙니까?' 요나는 일단 자기 행동이 옳았다는 사실을 기회를 삼아서 분내고 정당화합니다.

요나가 어떤 일을 겪었습니까? 하나님께서 요나가 다시스로 배를 타고 도망을 갈 때에 풍랑을 일으키시고 생명을 위협받는 위기를 주셨습니다. 요나로 하여금 바닷 속으로 집어 던져지는 일을 당하도록 하여, 요나가 이것이 자신의 죄로 인한 것이라는 고백을 하도록 하셨고, 물고기의 뱃속에 삼켜진 채 삼 일 간 견뎌야 했습니다. 이 모든 일들이 하나님에 의하여 이루어진 줄을 요나는 잘 알고 있었습니다. 불순종의 결과로 자신이 험한 꼴을 당한 것이고 그런 가운데 하나님께서는 오래 참으시사, 물고기를 예비하시고 그것으로 하여금 요나를 삼키도록 하시고, 마침내 요나를 살려주셨던 일을 고백합니다.

자 그런데 이러한 은혜를 받은 요나가 이제 물고기 뱃속에서 어떤 기도를 합니까? 하나님의 큰 은혜와 자비를 찬송하고 용서를 구합니다. 그래서 실제로 2장 8절에 "거짓되고 헛된 것을 숭상하는 모든 자는 자기에게 베푸신 은혜를 버렸사오나 나는 감사하는 목소리로 주께 제사 드리며 나의 서원을 주께 갚겠나이다. 구원은 여호와께 속하였나이다 하니" 이렇게 기도하였습니다.

실제로 요나가 물고기 뱃속에서 한 전체의 기도 내용은 시편 곳곳에서 의의 백성들이 기도한 내용과 거의 같아요. 그 내용과 그 자구가 그대로 인용됩니다. 그러니까 요나의 기도는 깊은 믿음의 사람의 기도라 할 수 있어요. 요나가 거짓 기도한 게 아니고 진실히 기도한 겁니다.

요나는 정말로 물고기 뱃속에서 자신을 돌아보며 진실히 회개를 합니다. 하나님께 불순종한 자기의 죄도 생각하고 생명이 하나님께 있음을 생각하고 '주님께서 나를 돌보지 않으면 내가 멸망에 빠질 것이다. 주께서 내 생명을 구덩이에서 건지시는 일만이 내가 주 앞에서 살 수 있겠다' 고 고백을 합니다. 그러니까 회개의 기도가 틀림없었고, 그 회개의 기도를 주께서 들으신 후에 물고기로 하여금 요나를 뱉어 놓도록 하여 그를 살리셨습니다.

그런데 이 모든 일을 겪은 요나가, 하나님의 전적인 은혜를 깨닫고 용서의 자비를 찬양했던 요나가 지금 뭐라고 둘러대고 있습니까? 하나님께서 니느웨에 벌을 내리지 아니하시는 것을 보고 하는 말이, '하나님이 고국에 있을 때에, 나를 불러 첫 번째 사명을 줬을 그 때, 내가 그 일을 거부하고 도망간 까닭은 바로 이런 일이 있을 것임을 예상한 것이었으며, 바로 이렇게 예상대로 일이 일어난 것을 보니, 그 때 내가 옳았던 것입니다' 라고 자기 행동을 정당화하며, 주님 앞에서 강력한 항의를 하고 있는 것입니다.

그리고 이어 말합니다. 뭐라고 말하냐면 2절 하반절 "주께서는 은혜로우시며 자비로우시며 노하기를 더디 하시며 인애가 크시사 뜻을 돌이켜 재앙을 내리지 아니하시는 하나님이신 줄을 내가 알았음이니이다." 요나가 이것을 언제 알았을까요? 일찍이 알았죠. 본래 알았죠. 하나님이 어떤 성품을 가지신 분인지 알았어요. 은혜로우시고 자비로우시고 노하기를 더디 하시며 인애가 크시사 뜻을 돌이켜 재앙을 내리지 아니하신다니, 이 얼마나 좋은 하나님이에요? 이 좋은 하나님 경험과 관련하여, 요나는 아브라함을 불렀던 하나님이 바로 그러한 하나님인 줄 알았고, 또 출애굽 때에 이미 자기 조상이 경험하였음을 알았고, 그래서 지금까지 요나가 겪었던 온 이스라엘의 역사 속에서, 이스라엘은 시작부터 지금까지 전부 하나님의 은혜로우시고 노하기를 더디 하시며 인애가 크신 하나님 때문에 존재하여 온 것을 알았던 사람이었습니다. 그래서 하나님의 성품을 잘 고백하였으니 요나의 신학은 정확한 거죠. 그의 신론은 정확하였습니다. 이 요나는 하나님 말씀에 불순종해서 도망갈 때 그를 붙드셔서 죽음의 심판에서 용서하신 하나님을 경험했으니, 요나의 경험은 책을 통한 경험이 아니고 실존적 경험입니다. 요나는 분명하게 하나님에 대한 성품을 그대로 신학적으로 잘 정돈해서 고백을 합니다.

그럼 여러분 어때요? 주님께 충성된 사람이라면, 주님의 은혜를 정말 깨닫고 사랑하는 사람이라면, 자신의 성품이 주님의 교훈과 주님의 성품과 일치하기를 바라지 않겠습니까? 그게 주님을 더 닮아가는 것이지요. 이 하나님이 내가 고백하는 하나님인 이상 이 하나님의 성품이 나의 성품이 되기를 원하는 것이어야 되지 않겠어요? 그런데 요나가 어떤가 생각해보세요. 요나의 말은 결국 무슨 얘기에요? 하나님이 그런 분인 줄 알기 때문에, 즉 뜻을 돌이켜 재앙을 내리지 않으시는 하나님인 줄 알기 때문에, 그래서 내가 니느웨로 가기를 거부한 것이었고 다시스로 도망간 것이 아니었는가? 이렇게 이야기를 해요.

그러니까 자기가 고백하는 하나님의 성품과 자기의 행동의 결정에 대한 정당화 작업이 서로 충돌하고 있음을 금방 알 수 있어요. 하나님이 어떤 분인 줄 내가 일찍이 알았습니다. 그러므로 내가 하나님의 명령에 불순종하여 니느웨에 하나님이 말씀하신 메시지를 전할 수가 없었습니다. 왜냐하면 그 메시지는 하나님이 말씀하신 심판이 있을 것임을 말하지만, 그 심판의 메시지를 듣고 그들이 돌이키기만 하면 재앙을 내리지 않으실 결과를 뻔히 아는데 내가 그걸 순종하겠습니까?

II. 이스라엘의 회개를 교훈하는 니느웨의 회개

요나는 지금 하나님의 성품에 대한 모든 신학적인 지식이 예상되는 하나님의 행동을 결과로 내다보고, 따라서 불순종의 의지를 나타내 보이고 있는 거예요. 이것은 니느웨가 마땅히 멸망을 당하여야 한다는 자기의 판단과 전제에 기초해서, 하나님의 성품을 잘 아는 그가 하나님께서 그들에게 자신이 바라는 것과는 다른 결과를 나타낼 것이라고 예상을 하면서, 그럴 것이면 하나님 말씀에 불순종을 할만한 이유가 된다고 생각하는 것이죠. 감히 자신의 생각을 가지고 불순종하면서, 하나님께 대답할 이유를 가지고 있다고 생각하는 것입니다.

이 니느웨 성은 제법 컸어요. 동선이 60km 정도 되는 성이었다고 그래요. 그러면 강동구 상일동에서 저기 서쪽 강서구 오곡동까지 거리가 약 67km정도 돼요. 그러니까 비슷하죠. 남북 거리, 남쪽의 강남구 원지동에서 강북구 도봉동까지 그 거리가 한 60km 정도 돼요. 그러니까 서울이 동서 67km, 남북 60km인데, 니느웨가 60km 동서의 전체 총체 길이니까 얼마나 큰지 알겠죠. 대충 그 정도 사이즈가 나옵니다. 거기 60만 인구가 살아요. 굉장히 큰 도시죠. 그 니느웨를 사흘 길 동안 빠듯이 다녀서 곳곳에 전하기도 급한데 성경은 약 하루 동안 다녔다라고 말씀하고 있으며, 그리고 니느웨 변화에 대한 이야기가 바로 이어 나옵니다.

니느웨가 요나의 메시지를 듣고 어떤 반응을 보였는지 한번 생각해보세요. 3장에 보게 되면 6절부터 "왕이 보좌에서 일어나 왕복을 벗고 굵은 베 옷을 입고 재 위에 앉았다." 그리고 5절에 "니느웨 사람들이 하나님을 믿고 금식을 선포하고 높고 낮은 자를 막론하고 굵은 베 옷을 입은지라" 그렇게 되어 있죠? 니느웨 왕이 총체적이고 전면적인 금식을 선언합니다. 그리고 굵은 베옷을 입어 자신의 악행을 슬픔으로 표현합니다. 그리고 힘써 하나님께 부르짖으라, 라고 말합니다. 8절이죠. "사람이든지 짐승이든지 다 굵은 베 옷을 입을 것이요 힘써 하나님께 부르짖으라" 말합니다. 그리고 "각기 악한 길과 손으로 행한 강포에서 떠나라"고 말합니다.

요나의 때에 이스라엘이 이런 회개를 한 적이 있나요? 언제 그런 적이 있습니까? 비록 이 회개가 심판에 대한 두려움에 따른 회개라 할지라도, 비록 하나님의 은혜를 맛본 자로서 아버지를 섬기는 구원받은 아들의 순종이요 회개가 아니라 할지라도, 심판이 두려워서 주인의 매가 무서워 벌벌 떠는 종의 회개일지 모르지만 이처럼 전면적이고 총체적인 회개의 모습을 이스라엘이 언제 보인 적이 있었나? 요나 시절에 이스라엘이 언제 그런 적이 있었나? 요나가 이 니느웨의 회개 모습을 보면서 강한 충격과 도전을 받았어야 하는 거예요. 언약 백성이라는 이스라엘이 언제 그런 회개를 보였으며 남 유다가 언제 그런 회개를 보였는가?

하나님의 선지자는 하나님의 말씀을 전하면서 그 말씀 앞에 돌이키는 회개의 역사가 그의 사역의 열매일진대 니느웨의 회개를 보고 강한 충격과 도전을 받았어야 하는 거예요. 그리고 요나는 깊은 밤 떨림 속에서 주 앞에 회개의 눈물과 이스라엘의 완악함을 고백하고 하나님의 긍휼을 구하였어야 하는 거였어요. 하나님께서는 니느웨의 회개를 요나에게 보이신 것은 바로 이스라엘의 회개를 촉구하고자 하심이었습니다.

이 요나서는 그냥 일반적으로 알듯이 이스라엘 바깥에도 하나님의 사랑이 미치고 일반적 선이 미친다는 의미에서 일반 은총을 가르치고, 또 이스라엘 바깥 지경까지도 하나님의 통치가 미쳐진다는 신론적인 통치의 범위와 관련한 정도의 교훈, 또는 선교적 의미에서의 해석을 종종 따라갑니다. 그러나 요나서에는 그것 이상의 의미가 있죠. 사실 이스라엘을 향한 메시지죠. 이 요나서를 누가 읽어요? 니느웨 사람이 읽어요? 요나서는 이스라엘 백성이 읽는 것이요, 오늘 신약의 교회가 읽으니 이 메시지는 우리에게 주는 교훈, 우리의 완악성을 보여주는 겁니다. 하나님이 얼마나 오래 참으시는지를 보여주는 것입니다. 요나의 완악성을 통해 이스라엘의 완악성을 드러내셨고, 이스라엘의 완악성을 통해 회개치 않는 우리의 완악한 마음을 그대로 드러내고 있는 겁니다.

예수님께서 사실 그렇게 얘기하셨어요. 요나의 회개를 듣고 회개한 니느웨 백성이 너희를 오히려 책망할 것이다. 회개치 않는 이스라엘 백성을 향해서 하나님께서 그리 말씀하셨듯이 이것은 결국 오늘 우리에게 주는 말씀이라 볼 수가 있죠. 세상은 하나님을 믿지 아니하니 멸망을 당할 것이라고 큰소리 치고 교회는 구원을 받을 것이라고 말은 하지만, 만일 세상은 하나님의 일반적 선에 의해서도 변화를 하고 있는데 교회는 일반적 선에 의한 변화는 고사하고, 특별 은총을 자랑하지만 상식과 양심에도 어긋난 일들이 자행한다면, 그러면서도 그리스도의 십자가 보혈 뒤에 숨어서 구원을 노래하고 있다면, 하나님은 세상은 세상대로 심판할 것이로되 교회를 향하여 징계를 또한 행하시지 않으시겠어요?

그래도 괜찮을까? 니느웨에게 심판을 알리라는 하나님의 교훈과 니느웨는 멸망을 당해야겠다는 자신의 뜻과 고집, 이 둘 사이에서 생각과 뜻을 바꾸어야 할 분은 자신이 아니라 하나님이라고 말하는 것인데, 그래도 괜찮을까요? 요나의 이 생각은 하나님보다 자기가 더 지혜로운 자요 더 의로운 자라는 것밖에 더 됩니까? 여러분은 요나의 굴절을 이해할 수가 있습니까? 요나는 필사적이에요. 3절을 보니까 "여호와여 원하건대 이제 내 생명을 거두어 가소서 사는 것보다 죽는 것이 내게 나음이니이다." 집요합니다. 자기 목숨까지 내놓았다 그래요. 자기 생명까지 걸고 요나가 집요하게 하나님 앞에 저항을 합니다. 무엇이 요나를 그토록 집요하게 만들었을까? 니느웨는 이방인이니 멸망해야 되고 이스라엘은 하나님의 언약 백성이니 번영을 해야겠다라는 의식인가? 고난의 섭리를 통한 하나님의 지혜로움을 바라볼 안목은 없었던 것이죠. 그리고 이스라엘이 당하는 모든 일들이 이스라엘이 마땅히 하나님 앞에서 언약을 배반하고 있는 상황 속에서 일어난 일이고 회개치 않는 이스라엘에 대한 하나님의 강한 책망이 있다는 사실까지 내다볼 줄은 몰랐던 것입니다.

그러니까 나를 향한 하나님의 은혜는 너무 감사하고 찬양할 만하고 물고기 뱃속에서 하나님께 영광 돌릴 만합니다. 그러한 가운데 하나님의 인애가 크시고 자비로우시고 뜻을 돌이키시며 노하기를 더디 하시는 분이라는 요나의 고백은 너무나 정확한 고백이었습니다. 그런데 그것이 나를 향한 하나님일 때 그 고백이 더 없이 달콤하지만, 만일 그것이 다른 사람을 향한 은혜라고 생각하면 인정하기가 어려운 것입니다.

이방인을 향하여 주어진 하루 동안의 심판 메시지로 인해 이스라엘도 경험하지 못한 회개의 총체적인 역사가 나타났는데, 하나님께서 뜻을 돌이켜 재앙을 내리지 않자 요나는 그만 이를 견디지 못한 겁니다. 그러니 이웃은 사랑하고 원수를 미워하라는 말은 귀에 달지만, 원수를 사랑하라 그리고 너희를 박해하는 자를 위하여 기도하라는 주님의 가르침은 이해가 안 되는 일이죠. 그러니 율법 주심의 참된 뜻이 무엇인지 모르고 불의하게 있으면서도 율법을 지켰다는 자기 의를 가진 자로서 그만 복음과는 정반대에 있는 복음의 대적자가 되고 마는 겁니다.

악한 자를 향한 정죄와 심판의 몫은 본래 우리 것이 아닙니다. 그건 하나님의 것이에요. 우리에게는 은혜를 받은 자로서 은혜를 깨닫고 하나님의 성품을 알았으니 그 하나님의 성품을 그대로 이어가는 일, 그걸 실현하는 일은 우리의 몫인 겁니다. 용서하시는 하나님이 너무 감사하면 용서하는 사람이 되는 것 외에 우리에게 다른 신앙적인 선택이 없어요. 사랑을 하나님께 받았으면 그 받은 그리스도의 사랑을 증언하는 것, 그리스도의 사랑을 이뤄가기 위해 애쓰는 것 외에 신앙생활에 달리 뭐가 있어요? 정죄와 나눔과 분리와 심판, 이 모든 일은 그리스도인의 입에 담을 게 아니에요. 예수님도 진노하셨지 않은가? 거룩한 진노는 예수님께 가능한 일이지 사람에게서 거룩한 진노가 어떻게 가능해요? 우리가 분을 내면 우린 죄를 짓게 돼 있어요. 분을 내고 죄에 자유로운 사람이 있을 수가 있습니까? 여러분이 한번 해보세요. 사랑의 분노? 예수님께만 가능한 일이에요. 우리는 오래 참는 일입니다. 우리의 아픔과 정의감에 불타는 모든 문제는 주 앞에 내어놓을 일이지 성을 낼 일이 아니다! 이것은 참으로 중요한 이치입니다.

III. 바른 신앙을 낳은 바른 신학

요나의 신학이 뜻밖의 결과를 낳고 만 겁니다. 요나의 신학에 어떠한 문제점이 있습니까? 그가 다 신학을 공부한 사람인데 신론적인 이해가 문제가 있었나요? 하나님에 대한 속성의 이해는 정확했고 경험으로도 아는 사람입니다. 이스라엘 백성도 은혜 언약 안에 있는 자들이라는 것을 요나는 정확하게 알았습니다. 니느웨가 죄악 가운데 있다는 사실도 잘 아는 사람이었고 하나님의 긍휼과 자비가 이스라엘을 택하여 불렀다는 사실도 아는 자이지요. 그러면 요나의 문제는 도대체 뭘까요?

그것은 이스라엘에게만 하나님은 은혜로우시고 자비로우시고 노하기를 더디 하시고 뜻을 돌이켜 재앙을 내리지 아니하시는 하나님이셔야 하며, 다른 이에게는 하나님께서 결코 그러한 분이시면 아니 된다는 독선적 생각이었죠. 그것은 하나님의 몫입니다. 요나가 이방인을 향해서 자신이 정죄를 내리고 심판을 내려야 하는 결론을 내릴 일은 아니었던 겁니다. 니느웨 사람들의 우상숭배와 악행을 본받아야 된다는 말이 아니지요. 하나님을 바르게 섬기는 성도는 모든 악행을 그치는 것이요, 이스라엘 땅에서 죄악을 한 점도 남기지 않으려는 거룩을 위한 노력을 해야 합니다. 그러한 가운데 하나님이 명하셔서 그에게 니느웨를 향해 회개를 명하라 심판의 선언을 하라 하셨을 때, 과연 하나님의 말씀을 듣고 순종을 하여, 원수라도 그들에게 심판의 메시지를 전하였더니 회개의 대대적인 결과가 나타난다면, 우리는 역시 하나님은 자애로우시고 은혜가 많으시니 그 은혜로 인하여 저들이 살았으며, 같은 은혜로 오늘 우리도 또한 사는 것이었구나, 하고 하나님을 찬송하면 될 일이었던 것입니다.

기독교인은 근본적으로 겸손해야 합니다. 세상 사람에게 복음을 전한다는 것은 우리 의를 드러내는 것이 아니고 그리스도의 의를 드러내는 거예요. 그리스도께서 우리에게 하신 일을 통하여 주님이 우리를 어떻게 섬겨주셨는가? 그거를 드러냄으로 인해서 그리스도를 말하는 것이지 예수의 이름을 통하여 우리의 힘과 우리의 의를 드러내는 것이 아닙니다. 그러므로 어찌 교회는 그런가? 라고 믿지 않는 사람에게 핀잔과 조롱을 받으면 그 앞에서 한없는 부끄러움이고 그것이 바로 나의 아픔이고 그것이 입이 열 개라고 할 말이 없으며 전부 사실을 인정하고 들어가야 합니다.

그래서 그들에게 미안하다는 말을 해야 되는 것이에요. 그들의 모든 지적이 악의적 지적일 수 있고 침소봉대한 것일 수 있고, 또 일반화시키고 있는 일일 수도 있어서 우리에게 억울한 마음이 든다 할지라도 사실이 아닌 것이 아닌 이상, 작은 일이라도 그것이 그런 이상, 사실 우리는 그들의 지적이 없어도 우리가 부패한 줄 우리 스스로 알기 때문에, 그저 하나님 앞에서 회개하는 죄인의 모습으로 다가가는 거 외에는 전도의 다른 방법이 없습니다. 그래서 그저 우리가 예수를 전하는 것은 부끄럽고 죄 된 것 때문에 예수를 믿고 구원 얻어 당신에게 그리스도의 의를 말하고자 함입니다. 이렇게 말하는 것이 우리의 신학과 신앙이 돼야 하는 것입니다.

신학이 신앙의 열매를 낳습니다. 그 신학이 어떻게 되느냐에 따라서 그가 행하고 말하는 모든 것에 대한 결과를 드러내고 결정짓게 됩니다. 신학은 믿음의 지식을 말하는 것이기 때문에 믿음의 지식이 어떠냐에 따라서 믿음의 결국이 열매를 맺게 되는 것은 우리가 당연히 이해할 수 있는 겁니다. 그런 관계의 문제를 로마서 10장에 가게 되면 알 수가 있는데 사도 바울이 이런 말을 합니다. "내가 증언하노니 그들이 하나님께는 열심이 있었지만 올바른 지식을 따른 것이 아니다" 하고 이스라엘 그들의 문제를 지적해 냅니다. 하나님께 열심이 있으나 올바른 지식을 따른 것이 아니다. 그럴 때 그들의 지식이 없이 열심만 있었다는 열광주의요 신령주의자를 말하는 것이 아니고 그들의 열심이 나름의 지식 기반에서 나온 거예요. 그런데 그들의 열심이 나름의 지식 기반을 두고 있었는데 그 지식이 올바른 지식이 아니었다 그것이죠. 지식은 충실하면 열심을 낳게 되어 있습니다. 믿음은 어떤 의미에서 이념화 작업이에요. 우리가 믿는 바가 무엇인가를 분명히 확신해야 열심이 나오는 거잖아요. 지식이 열심을 낳는 건 틀림없으나 먼저 올바른 지식이 있어야 하는 것입니다.

그런데 10장 3절에 어떤 부분에서 이스라엘이 문제가 있었는가? 바울이 얘기하기를 하나님의 의를 모르고 자기 의를 따른 자들이었다. 그래서 하나님에게 복종하지 않았다. 그들의 지식의 근본 문제는 하나님의 의와 자기 의의 분명한 이해 구별을 갖고 있지 못했다, 이렇게 말할 수가 있겠죠. 그래서 바른 신학을 갖는 것은 너무 너무 중요합니다. 바른 신학을 갖는 것은 너무 너무 중요한데 도대체 바른 신학이 뭐냐는 거예요? 바른 신학을 하고 있다는 사실을 우리가 어떻게 아느냐 말입니다.

어떤 것으로 바른 신학을 구별하지요? 유대인들, 바리새인들도 자기 의를 따르고 있었지만 나름은 그걸 바른 신학으로 생각했어요. 그럼 바른 신학을 어떻게 아느냐? 우리가 바른 신학을 하고 있다는 자부심은 어떤가요? 우리 안에서의 주관적인 확신 그것이 바른 신학을 하고 있다는 결정을 내리는 조건이 아니죠. 그러면 바른 신학은 어떻게 구별해요? 결국 내가 바른 신학을 하고 있다는 주관적 확신이 아니라면 텍스트죠. 객관적 근거는 결국 텍스트로 갈 수 밖에 없어요. 성경을 잘 살펴보면 그 신학의 내용이 바른 신학이냐 아니냐를 분별할 수 있는 중요한 표준점을 찾을 수가 있습니다. 성경이 바른 신학이냐 아니냐를 결정하는 객관적인 표준일 것입니다.

그런데 바른 신학이냐 아니냐는 것을 성경이 표준이라는 말은 필요조건이지 충분조건은 아닌 것 같아요. 왜 이런 말을 할까요? 이게 필요조건이지 충분조건은 아닌 것 같다는 말은 바른 신학을 하고 있으나 정작 바른 교회와 바른 생활의 열매를 낳지 못하고 있다면 바른 신학인가? 이런 생각을 해봐야 되기 때문에 그래요. 신학이 바르다면 왜 교회가 바로 되지 못할까? 믿음의 지식이 바르다면 왜 신자 됨의 열매가 바르지 못한 것일까? 성경의 표준을 두고 있는 신학이 아무리 객관성을 드러내고 성경을 들어 논증을 하고 신학의 정당성을 입증한다 할지라도 그래서 그 신학을 갖고 있는 자에게서 교회의 바름과 생활의 바름이 나타나지 않으면 어찌된 일이요, 라고 묻지 않겠어요?

신자가 주여 주여 하는 자마다 천국에 갈 것이 아니요 열매를 맺어야 한다, 하나님 뜻을 행해야 된다 그랬습니다. 주여 주여, 라는 것은 믿음의 지식을 의미할 수 있겠지요. 그러나 하늘 아버지의 뜻을 행한다는 것은 열매를 뜻한다고 볼 수 있을 겁니다. 충분조건은 어떻게 보면 열매를 맺는 신학이라야 비로소 바른 신학이라고 말하는 조건을 충분히 만족시킨다 이렇게 볼 수가 있겠지요.

사실 이 부분은 조금 애매한 부분이 있어요. 왜냐하면 신학은 말씀 곧 성경을 가지고 어떤 것이 성경에서 말하는 바를 정확하게 반영한 것인지 드러내는 상당히 이성적이요 지적 작업이기 때문입니다. 성경 텍스트가 말하고 있는 논리적 결론을 잘 체계화시킨 것이 신학이라면, 그 자체가 열매를 맺어가는 생활 영역과 교회를 세워가는 실천 영역의 부분과는 또 다른 독자적이며 구분된 영역이 아닌가? 신학이 바르다고 해도 바른 교회와 바른 생활의 열매 맺지 못하는 일은 있을 수 있는 일이지 않은가? 열매를 맺지 못하는 일의 책임을 신학에 돌릴 수 없는 거 아닌가? 이렇게 생각할 수 있을지 몰라요. 신학은 신학대로 정확한데 그 신학을 받고 소위 교회를 섬기고 신앙생활 한다는 사람의 문제일 뿐 신학 자체의 문제가 아니다 이렇게 생각할는지 모릅니다. 그것도 이해가 되는 주장일 수 있지요.

왜냐하면 바른 교회를 섬기고 바른 생활의 열매를 맺는 것은 성령께서 하시는 일의 영역인 것이 틀림없기 때문에 그렇습니다. 성령께서 우리의 심령에 깨우치시고 조명하시고 또 힘을 주시고 돌이켜 회개케 하시고 하나님께 순종할 능력을 주시고 이 모든 주관적 영역 안에서 일하시는 성령의 내적 사역이 그 일을 이뤄갈 구체적인 실행적 힘이요 원인이기 때문에 분명히 그렇게 말할 수 있겠죠. 바른 신학을 가져도 바른 교회와 바른 생활을 못할 수 있다 이렇게 얘기할 수 있을지 모릅니다. 그런데 정말 그렇겠냐는 것이에요. 정말 그럴까요?

신학이 만일 부지런히 열매 맺는 일을 가르치지 않고 있다면 그런 게 바른 신학일 수 있을까요? 우리가 옛 성품의 자취에 따라서 행하는 자들인데, 신학 그 자체 안에 바른 열매를 맺기 위해서, 그리스도를 닮아가기 위해서 부단히 성령을 도우심을 구할 것으로 강력하게 말하고 있지 않다면 그 신학이 바른 신학일까요? 성령을 좇아 살며 성령의 능력에 의지하여 성령의 도움을 간절히 구하기 위하여 기도하고 마음을 쪼개어 열고 그 앞에 진실한 마음으로 성경을 대하며 신학의 가르침을 받으며 열매를 맺고자 하는 간절한 노력을 추구하고 강조하는 신학의 활동이 그 신학 자체의 내용 속에 없다면, 그렇다면 그 신학이 바른 신학이라고 말할 수 있겠냐 하는 것이에요.

그 신학은 말씀의 논리를 잘 세웠으니 결과적으로 교회와 바른 생활의 열매를 맺지 않아도 그건 신학을 가진 자의 주관적 문제일 뿐 객관적 문제는 아니라고 말할 수 있을까요? 여기서 주관과 객관이 그렇게 명쾌히 분리되지 않는다는 사실을 이해해야 합니다. 신학은 필연적으로 열매 맺을 신앙에 대한 은혜에 대한 진실한 각성과 합당한 반응을 가르쳐야 합니다. 그렇게 우리를 부대끼게 만들고 가르쳐 나가야 바른 신학입니다. 그 신학은 결코 우리가 우리의 자연적인 상태와 능력으로는 할 수 없으므로 성령의 능력을 구하고 또 성령의 능력을 구하여 필사적으로 기도해야 하며 간절한 마음으로 구해야 할 것이고 또 겸손해야 될 것을 가르쳐야 합니다. 그래야 바른 신학입니다.

잘못된 신앙을 낳는 것은 잘못된 신학에 의한 것입니다. 한국 교회의 신앙의 많은 양태가 굴절되어 있고 왜곡되어 있다면, 조국 교회 안에 잘못된 신학이 횡횡하고 있기 때문일 겁니다. 그러기 때문에 신학을 바로잡아야 합니다. 그러나 신학을 바로잡는다는 것이 잘못된 신앙 자체를 바로잡는 결과로 나오지 않을 수 있음도 고려해야 합니다. 왜냐하면 바른 신학을 빙자하여 자신의 잘못된 신앙, 왜곡된 행태를 바라보기보다는 오히려 그 신학의 그늘 아래, 그 뒤에 숨어 있는 우리의 위선도 있기 때문입니다. 진정한 바른 신학을 내가 하고 있는가? 하는 것은 바른 신앙의 결과물을 드러내고 있는가를 통해서 늘 돌아봐야 하는 것입니다.

우리는 다 연약해서 그것의 결과만 보고서 우리가 주 안에 있다는 사실을 다 말할 수는 없습니다. 그럼에도 불구하고 우리가 주의 은혜 안에 있다는 것에 대한 참된 증거가 있다는 사실을 잊지 말아야 합니다. 누구라도 연약하기 때문에 그의 허물을 보고 그가 은혜 바깥에 있다고 말할 수 없으나, 그러나 그가 하나님 앞에서 하는 선행을 보고 그가 은혜 안에 있는 자임을 아는 일이 잘못된 일이 아니란 사실도 명심해야 되는 것이죠.

합신에서는 바른 신학이 무엇이라고 이해를 합니까? 뭐가 바른 신학이에요? 바른 신학은 무슨 신학이에요? 다른 것이 아니라 개혁신학을 바른 신학으로 받습니다. 왜 개혁신학을 바른 신학으로 받습니까? 그것의 답이 중요하지요. 우린 개혁신학을 바른 신학으로 받아요. 그런데 왜 개혁신학을 바른 신학으로 받습니까? 그건 개혁신학이 하나님을 경외하는 신학이기 때문에 그래요. 그래서 개혁신학을 바른 신학으로 받아요. 하나님을 참으로 경외하는 사람은 바른 교회를 세워가죠. 바른 교회는 어떤 교회에요? 그리스도 중심적인 교회에요. 그리스도 중심적인 교회가 바른 교회입니다. 그게 교회론적으로 당연한 결과잖아요.

그럼 바른 생활은 뭡니까? 바른 생활은 양심과 성령 충만한 생활이지요. 여러분 이것은 새로운 얘기가 아니고 바른 신학과 바른 교회와 바른 생활을 설명하는 우리 학교 이념의 설명 속에 담겨 있어요. 합신 홈페이지에 봐도 있는 거죠. 우리의 표지 3대 이념 설명 속에 이미 설명되어 있는 것이기 때문에 외우고 알아야 해요. 개혁신학은 하나님 사랑합니다. 하나님을 경외합니다. 하나님의 주권 앞에 엎드립니다. 그리고 교회론이 그리스도 중심적이에요. 그리고 성령 충만한 신자 생활에 대한 강력한 촉구가 있고 그런 생활의 열매가 있어야 합니다.

개혁신학적 의미에서 신자 생활은 무엇입니까? 믿음의 생활은 무엇입니까? 신앙이란 무엇입니까? 이렇게 물어보면 중요한 답변이 뭐에요? 누가 여러분에게 물어요. 저 예수님 믿기로 했어요. 저도 이제 신앙생활 하려고 해요. 어떻게 신앙생활 하면 돼요, 라고 물으면 여러분 뭐라고 답을 할 건가요? 주일날 빠지지 말고 교회 잘 나가. 목사님 말씀 잘 들어. 중요한 신앙생활의 지침이긴 하지만 그게 표지는 아니에요. 표지는 뭐에요? 옛사람을 벗어버리고 새사람이 되는 겁니다. 그게 신앙생활이 무언가에 대한 설명이 돼죠. 하이델베르크 요리문답에 나와 있는 설명입니다. 신자 됨의 의미는 뭐고 생활은 뭡니까? 옛사람을 벗어 버리고 새사람을 입는 겁니다. 그것이 뭘 뜻합니까? 죄된 행실을 그치고 주의 교훈에 따라 살아가는 것입니다. 우리가 어떻게 그렇게 살아갈 수 있습니까? 성령의 능력을 구하며 하는 것입니다. 그리스도의 말씀의 표준에 따라서 성령의 능력을 구하며 그 일을 해나가는 것이 바로 믿음 생활입니다. 이렇게 말해야겠죠?

요나는 자기 신학 때문에 내가 받는 하나님의 은혜는 너무 좋지만 니느웨가 받는 하나님의 은혜는 견딜 수가 없었습니다. 비뚤어진 신학이죠. 그 잘못된 신학의 편협성과 경직성은 자기 신학에 스스로 모순된 적용점을 갖고 온 겁니다. 개혁신학을 잘못하면 그런 모순에 빠집니다. 그리스도를 닮아가는 열매 맺는 성령의 충만함은 그리스도의 형상을 빚어가는 것입니다. 그래야 그리스도 중심적 교회를 이루는 것이고 하나님을 경외하기 때문에 하나님이 행하신 일은 내가 볼 때 아닌 것 같아도 인정을 해야 하는 것이에요. 그게 개혁신학의 태도인 것입니다.

IV. 바른 신학과 개혁신학

이걸 구체적으로 적용하면 배타적이고 독선적 태도는 개혁신앙인이 아닙니다. 개혁신학은 결과론적으로 독선적이고 배타적 태도를 양산할 수가 없는 거예요. 개혁신학은 하나님의 주권 앞에 전적으로 엎드리기 때문에, 다른 교회를 보면서 개혁신학이 아닌데 왜 교회가 부흥하지? 저 교회는 교회가 아니야, 라고 말하면 안 되는 겁니다. 개혁신학의 자기 모순성에 빠져요. 개혁신학을 표방하는 교회는 숫자가 적어도 옳고 질적으로 성장한 것이니까 비록 수적 부흥이 없어도 옳은 교회인 반면에, 복음주의를 표방하는 교회는 수적 부흥을 하면 저거는 수적으로는 부흥했지만 질적으로는 아닌 거니까 교회 부흥이 아니야! 이렇게 말하고 멸시하거나 조롱하면 안 됩니다. 하나님의 마음이 그곳에 있지 않아요.

개혁신학을 한 사람은 복음주의 신학의 교회가 성장하는 것을 주님 앞에 감사해야 돼요. 적어도 하나님의 은총이 있어서 그들도 구원의 역사를 베풀어 가시는구나, 감사해야 돼요. 복음주의 교회가 구령의 열정을 가지고 열심히 전도해서 한 영혼이 돌아오라고 애를 쓰면 그 열정에 감사해요 돼요. 복음주의가 그들의 구원을 위해 전도해 놓고 교회 안에서 양육을 잘못하면 그건 가슴 아파할 일이지 비난 할 일이 아니에요. 내가 불러낸 영혼이 아니고 그들이 전도해서 불러낸 영혼이고 하나님이 그 교회를 이끌어 가실 터인데, 가슴 아파하는 건 맞아요. 그런데 왜 그 교회를 비난해요? 나는 열심히 전도하는 그 교회를 보면서 구령의 열정이 없는 우리를 아파하고 배워야 돼죠. 우리 교회도 복음의 전도의 열정에 힘을 써야겠구나 하고 배워야 하는 것입니다. 그리고 그들의 신자 됨의 양육을 부실하게 하여 그들이 변변한 신자 됨의 증거가 약한 면을 가슴 아파하고 우리는 교회를 어떻게 양육해야 될까를 고민하면 되는 것이지 왜 한국교회를 들먹거리며 비난하느냐 말이에요. 왜 한국교회를 들먹거리면서 비난하고 그걸 왜 자기 정당화의 구실로 삼느냐는 겁니다.

어느 개혁교회가 그런 신앙의 양태를 옳다고 말하겠어요? 하나님의 주권이 어디로 갔어요? 비난과 정죄는 개혁신학이 할 일이 아니에요. 개혁신학은 주 앞에서 옳고 그름이 무엇인가를 찾아 애를 쓰되 자신이 주 앞에서 할 바를 다 하고 하나님의 사랑을 그대로 받는 것에 집중합니다. 하나님은 이방인에게도, 지옥의 영원한 형벌에 던져질 자에게도 일반 은총적 선을 베푸시는 하나님이시란 말이에요. 하물며 신학이 다소 부족하고 신학이 다소 굴절돼 있다 할지라도 그곳에서 하나님께서 회개하고 예수 믿는 사람을 세우면, 그들이 양육을 제대로 받지 못하여 구원에 이를까 싶은 염려는 내가 나서서 해결할 문제가 아니에요. 그렇게 하면 구원 못 받는다 하고 그 교회 들어가서 외칠 거예요? 그러면 내게 맡긴 양떼를 나는 어떻게 하면 좋을까? 그 몫을 다해 갈 때 한국교회 안에 개혁이 이루어지는 것이라는 말이죠.

여러분 한국 교회는 70퍼센트가 장로교인데, 장로교는 개혁신학이잖아요. 어느 장로 교단이 개혁신학을 표방하지 않냐 그 말이에요. 전부 사실 우리 문제잖아요. 오늘의 우리 문제이고, 개혁신학을 표방하는 자들의 문제로서 오늘의 한국 교회의 문제를 낳았잖아요. 남의 탓을 할 것이 아니고 개혁신학이 아니고 복음주의 신학이라고 비난할 것도 아닙니다. 교회의 갱신은 그리스도를 닮는데 있는 것이고 그리스도를 닮는 것은 요나의 신학을 버리는데 있는 겁니다. 그리고 우리가 한국교회의 아들로 오늘까지 오는 동안에 내가 자란 교회를 돌이켜 보세요. 내가 어릴 때 다닌 교회는 개혁교회가 아니었어요. 장로교회였지만 그 목사님 설교는 개혁신학이 아니었고 단순한 복음신학이었어요. 나는 거기서 예수를 믿고 회개하고 그리스도인이 됐지요. 그 복음주의 교회에서 교인이 됐어요. 지금도 복음주의 교회 안에서 신자를 낳는 하나님의 은총은 계속되고 있다는 사실을 잊지 마세요.

개혁신학은 폐쇄적이거나 독선적이거나 배타적 태도로 남을 밀어내는 데 있는 것이 아니고, 하나님을 경외하며 그리스도 중심적 교회관을 갖고 성령 충만한 열매를 맺기에 힘써 주 앞에 겸비한 마음으로 오늘 서가는 것이라고 말할 수가 있습니다. 하나님을 향하여 자칫 분내고 성질을 부리는 아주 이상한 모습, 겉으로는 경건하나 말할 수 없는 망령된 일을 범할 수도 있다는 사실을 잊지 마세요.

사람을 사랑하셔야 합니다. 예수님이 사랑하듯 그런 태도로 죄인을 부르신 예수님 마음을 이해해야 합니다. 그런 사나운 태도로 세리와 함께 밥 먹는 예수님을 이해할 있겠습니까? 여러분은 선명한 개혁신학 바른 신학을 배웠어요. 하나님을 경외하는 신학이기 때문에 그 신학으로 마음을 열고 연약하고 어린 사람을 따뜻하게 품어야 하는 겁니다. 교인은 성화를 이룬 사람들이 아니고 옛사람을 벗어 가기에 바쁜, 그리고 하나님을 생각할 여유가 거의 없이 살아가는 지치고 힘든 사람들이에요. 그 사람들을 향해서 자기 의의 표준을 드러낼 것이 아니라 바른 신학의 지식으로 오래 참고 용서하고 품어야 할 것입니다. 다른 교회를 향해서도 그 신학의 기본 자세를 잃어버리면 안 될 것입니다. 합신은 바른 신학과 바른 교회와 바른 생활을 지향하고 목표로 삼는 배움터, 정말로 하나님을 경외하는 겸비하고 겸손한 태도, 부끄러움을 늘 생각하는 그런 신학교가 되어야 할 것입니다.

확실한 구원

히브리서 9장 15절-17절

안상혁 (역사신학)

I. 히브리서의 언약 신학

오늘로써 저도 짐을 벗게 됐습니다. 2년 전, 처음 채플 설교를 할 때 여러분께 약속 드린것이 있습니다. 제가 언약신학에 관한 박사 논문을 쓸 때, 이 공부가 교회를 위한 것이 되면 좋겠다고 생각했습니다. 교회를 위한 언약신학을 연구하던 중 새 언약의 4대 원리를 발견했습니다. 혹시 기억하실지 모르겠지만 자명성, 자발성, 완전성과 확실성의 원리입니다. 제 나름의 확신을 가지고 채플 때마다 한 원리 한 원리를 설교하겠다고 말씀 드린 바 있습니다. 벌써 2년 세월이 지나갔습니다. 어느덧 네 번째 학기가 돼서 그 네 번째 원리인 확실성을 설교하면 이제 끝납니다. 이후로는 저도 자유롭게 본문을 선택할 수 있게 되었지요.

오늘 주제는 히브리서의 언약 신학입니다. 히브리서는 굉장히 중요한 텍스트입니다. 모든 성경이 사실 다 중요하지만 특히 언약 신학의 관점에서 보았을 때 굉장히 중요한 성경입니다. 제 소견으로는 성경의 기자들 가운데 언약 신학자를 꼽으라고 한다면 아마도 히브리서의 기자가 아닐까 생각합니다. 히브리서 기자는 새 언약에 관한 가장 중요한 텍스트 가운데 하나라고 할 수 있는 예레미야 31장의 주요 구절들을 통째로 인용을 하면서 7장부터 10장에서 주해를 합니다. 언약 신학의 큰 주제 가운데 하나인 구속언약(Covenant of Redemption)이 있습니다. 구속 언약의 중요한 텍스트가 되는 시편 2편, 8편, 22편, 45편, 110편 등에 대해서도 히브리서 기자는 이들 본문을 인용하며 주해하고 있습니다. 또한 언약신학의 또 다른 주제인 하나님의 안식의 개념을 시편 95편 말씀 주해를 통해 자세히 설명하고 있습니다. 17세기에 언약 신학이 청교도 사이에 꽃을 피웠을 때, 그 시기를 대표하는 존 오웬은 언약신학자라고 불립니다. 이 분의 신학 안에는 행위언약, 은혜언약, 구속언약이 다 균형을 잡고 있습니다. 구속언약의 경우 성부 성자 성령의 삼위일체적인 관점에서 성경적 구속언약을 잘 정리한 것으로 유명합니다. 제가 가지고 있는 19세기 오웬 전집을 확인해 보니 그의 히브리서 주해만 모두 7권입니다. 한 권의 분량이 대략 6-700페이지 정도 돼요. 결국 히브리서를 주해한 분량만 적어도 사천 페이지 이상이라는 의미입니다. 사실 히브리서를 심도 있게 주해한 사람치고 언약 신학을 논하지 않을 수 없습니다.

지금까지 설교했던 새 언약의 3대 원리, 곧 자명성, 자발성, 완전성의 원리는 모두 예레미야 31장 안에 포함되어 있습니다. 히브리서 기자는 예레미야 31장의 텍스트를 통째로 인용합니다. 이런 측면에서 볼 때, 히브리서 안에 지금까지 다루었던 내용이 다 포함되어 있다고 말할 수도 있습니다. 그렇다면 이 본문을 인용하는 히브리서 기자가 새 언약의 원리에 새롭게 추가하는 내용은 없을까요? 새 언약의 성취로 오신 예수 그리스도를 소개하면서 히브리서 기자는 분명히 새롭게 강조하는 내용이 있는 것으로 보입니다. 그것을 오늘 제가 "확실성"이라는 제목으로 살펴보고자 합니다. 사실 제가 발견한 것이 아니라 본문이 말하고 또한 언약 신학자들이 이미 주해해 놓은 것을 제가 정리해보고자 합니다.

II. 루터의 고민과 발견

이제 다룰 주제는 확실성입니다. 영어로 하면 Assurance 입니다. 흔히 구원의 확신이나 사죄의 확신을 가리키는 개념으로 이해하고 있습니다. 이 문제를 히브리서 기자가 잘 다루고 있습니다. 구원의 확신 문제로 고민하는 교우에게 히브리서 말씀을 나누면 좋을 것 같습니다. 사실 확신의 문제로 저도 고민을 한 적이 있습니다. 대학부 시절의 이야기입니다. 별 고민 없이 즐겁게 교회 생활하던 저 같은 성격의 사람에게도 한번은 심각한 회의가 찾아 왔습니다. 영적 침체기라고 볼 수도 있지요. 이 기간은 약 2주 정도 강도 높게 진행되었습니다. 심지어 2주 동안 약 8kg 정도 체중이 줄었을 정도입니다. 사람이 영물이더군요. 먹는 것과 일상적인 삶에 큰 변화가 없이 그저 죽도록 고민만 했는데, 그냥 살이 막 빠지더군요. 이제 제 고민의 세계로 여러분 잠시 초대하겠습니다. 계기는 제가 나름 은혜 체험을 한 후에 마련

되었습니다. 91년에 제가 큰 수술을 받았습니다. 척수에 악성종양이 발견되었다고 진단을 받고 수술을 받았습니다. 하나님이 살려 주셨지요. 당시 제가 출석하던 교회의 청년부에 심한 장애를 가지고 있는 형님이 한 분 있었습니다. 부축하지 않으면 걷기 힘들기 때문에 화장실에 갈 때도 다른 사람의 부축을 받아야 했습니다. 어느 날 저는 의도하지 않았는데 우연히 그 분 옆자리에 함께 앉았습니다. 그 날 이후로 저는 매 주일 그 분을 돌보게 되었습니다. 그 후로 저는 불편을 감수해야 했습니다. 집회 때마다. 그분은 너무 큰 목소리로 고래고래 소리를 지르며 찬양을 했습니다. 또한 예배드리는 중간에 늘 한 차례씩 화장실을 이용했습니다. 훈련 받지 못한 제가 돕다가 보니까 여러 가지로 서툴렀습니다. 오물을 묻힐 때도 종종 있었지요. 시간이 지나면서 그 형님이 점점 부담스럽게 느껴지기 시작했습니다. 예배에도 집중할 수가 없었습니다. 가장 제 마음을 괴롭히는 것은 주변 사람들의 칭찬이었습니다. 교회의 선배들과 친구들 모두 저를 칭찬하는 겁니다. "역시 상혁이는 착하지!" 정말이지 속도 모르고 그런 말을 많이 하는 겁니다. 그런데 제 속마음은 전혀 그렇지 않았는데도 말이죠. 전혀 즐겁지 않았습니다. 그렇게 그 형님이 부담스러웠을 뿐이었습니다. 어쩌다가 그 분이 결석이라도 하면 제 마음이 얼마나 기쁘던지요. '야 오늘은 정말 내가 자유롭게 예배를 드릴 수가 있겠구나!' 그 때 문득 이런 생각이 들었습니다. 아예 처음부터 이 일을 안 맡았더라면 나는 얼마나 하나님 앞에서 즐겁게 찬양하면서 행복하게 신앙생활을 할 수 있지 않았을까? 감당하지 못할 짐을 하나 맡음으로써 오히려 죄만 짓고 영적으로는 아무 유익이 없다는 생각을 했습니다. 이후로 수없이 많은 생각이 가지를 뻗기 시작했습니다. 앞으로 내가 이대로 계속 교회 생활을 하다보면 이 교회에서 집사, 안수집사, 장로가 되고 교회의 여러 봉사직을 담당할 것은 뻔한 일이라는 생각이 들었습니다. 교회에서 이런 종류의 선한 일을 더 많이 맡으면 맡았지 결코 줄어들지는 않을 것이라는 생각도 했습니다. 결국 이런 식으로 생활하다가는 남이 볼 때 신앙이 성장한다는 것도 결국은 위선을 쌓아가는 것뿐이겠구나, 라고 생각을 했습니다. 결국 내 속마음을 훤히 들여다보시는 하나님 앞에서 차라리 그냥 평신도로 교회 섬기면서 행복하게 생활하는 것이 낫겠다는 결론이 도출되었습니다. 겉으로는 칭찬을 받고 겉으로는 선한 일을 하면서 마음속으로는 이러한 불평과 미움의 문제를 안고 생활한다면 이것이 바로 성경에서 예수님이 말씀한 회칠한 무덤이 되는 것이 아닐까 생각이 들었습니다. 당시 저에게는 이러한 생각이 굉장히 큰 두려움을 가져다주었습니다. 당시로서는 정말 심각한 고민이었습니다. 이런 식으로 미래의 나의 모습을 그려보니 정말 바리새인이요 위선자였습니다. "신앙이 성장한다는 것!" 이 개념 자체가 저에게는 큰 신앙적 회의를 초래했습니다. 이것이 바로 제 고민의 핵심적 내용이었습니다. 이 고민과 더불어 얼마나 수척해졌는지 주변의 친구들이 금방 눈치를 채기 시작했습니다. 학교에서 친하게 지내던 네 명의 친구들 가운데 불신자가 한 명 있었습니다. 무슨 일이 있냐고 묻는 그 친구에게 처음 이러한 제 속마음을 털어 놓았습니다. 오히려 교회의 생리를 모르는 친구인지라 더 편한 마음으로 이야기했던 것 같습니다. 제 이야기를 묵묵히 듣더니 이 친구가 그냥 한마디를 툭 던졌습니다. 우습게도 그 한 마디의 말로 인해 저는 2주간의 영적

침체를 빠져나오게 되었습니다. 뒤통수를 딱 맞는 느낌이었습니다. "얼마 전에 도서관에서 루터 저작을 읽었는데 너랑 똑같은 고민을 했더라!" 그 말을 남기고 그 친구와 헤어졌습니다. '루터의 고민이라면 복음의 종착점이 아니라 출발점인 것인데… 그렇구나! 내가 신앙의 가장 기초적인 문제를 갖고 고민을 한 것이었구나!' 깨닫게 되었습니다. 그 날 이후 다시 복음으로 돌아가서 복음의 의미를 재발견한 후에 어두운 터널에서 탈출하였습니다.

잠시 여기서 루터의 이야기를 해드리겠습니다. 어떤 의미에서 오늘의 본문을 이해하는 열쇠가 된다고 생각합니다. 루터만큼 구원의 확신과 사죄의 확신을 가지고 몸부림을 쳤던 사람이 없습니다. 여러분 잘 아시죠, 루터 당시의 교리는 사람이 통회하는 마음을 가져야 하나님께서 그 죄를 용서하신다고 가르쳤습니다. 내가 얼마만큼 통회해야 하나님께서 받아주실까? 루터는 과거의 지은 죄를 다 생각해내고 그거에 대해서 정말 슬퍼하려고 노력했습니다. 루터가 한번은 고해실에 들어가 고해신부 앞에서 여섯 시간까지 고해를 했다고 합니다. 고해신부 입장에서 생각을 해보세요. 얼마나 힘들었을까요? 별 죄 같지도 않은 작은 잘못들을 하나하나 끄집어내면서 여섯 시간이나 자기 죄를 고해하는 겁니다. 더 기가 막힌 사실이 있습니다. 여섯 시간의 고해를 마치고 방으로 돌아온 날 루터는 아직도 고해하지 못하고 남아 있는 죄를 발견하고 스스로 깜짝 놀랐다고 합니다. 루터의 고민과 태도에 비하면 제가 했던 고민은 정말 아무것도 아닌 것이었죠. 루터가 죄 문제로 인해 고민하며 몸이 수척해지고 확신 문제를 갖고 투쟁을 할 때였습니다. 그는 성경을 읽다가 충격적인 사실을 발견합니다. 자기보다 훨씬 죄를 많이 진 죄인들에게 구원의 확신과 용서의 확신이 어렵지 않게 주어지는 모습을 본 것입니다. 마음의 평안입니다. 자기가 그토록 갖기 원했던 마음의 평안을 하나님으로부터 받아 누린 듯한 인물들이 성경에 등장하는 것입니다. 많이 등장하는 거예요. 대표적으로 루터는 누가복음 7장에 등장하는 '죄인인 여자'에 주목합니다. 누가복음 7장 48절에서 예수님은 그녀에게 "네 죄 사함을 얻었느니라"라고 선포하십니다. 루터에게 있어서 하나님의 말씀은 창조주의 능력 있는 말씀이었습니다. 그 말씀으로 세상을 창조하셨습니다. 그 어마어마한 권능을 가진 그 하나님께서 동일한 권능의 말씀으로 그녀에게 "네 죄 사함을 얻었느니라" 선포하신 것입니다. 그 결과로 이 죄인인 여자는 마음속 깊은 곳으로부터 루터가 누리지 못하는 그 사죄의 확신을 누렸던 것입니다.

루터가 주목한 또 다른 사람은 간음하다가 현장에서 붙잡힌 여인입니다. 이 죄인인 여인을 향해서 예수님은 또 다시 사죄의 선언을 하십니다. "나도 너를 정죄하지 않노라." 천지를 지으신 하나님께서 "내가 너를 정죄하지 않는다!"라고 말씀하신 것입니다. 하나님께서 거짓말하시겠습니까? 하나님께서 정죄하지 않는다면 그 선언이 그녀의 마음에서 얼마나 큰 확신을 주었을까요? 루터는 이 여인을 너무 부러워했습니다. 도대체 무슨 일이 일어나고 있는 것일까?

루터는 또 다른 성경의 인물, 다윗에게도 집중합니다. 다윗이 밧세바와의 간통 사건 이후에 자기가 죄를 숨기고 살다가 나단을 통해서 죄를 지적하시는 하나님의 음성을 듣습니다. 그 때 다윗이 그 지적 앞에 쓰러집니다. 그리고 이렇게 고백합니다. "내가 여호와께 죄를 범하였노라 하며 나단이 다윗에게 대답하되 여호와께서 당신의 죄를 사하였으니 당신이 죽지 아니하려니와" 여러분 이 본문을 루터가 이런 식으로 주해합니다. 다윗은 나단으로부터 죄를 지적받는 순간에 정말 죽음의 공포를 느꼈다는 것입니다. 하나님께서 자기의 죄를 들춰 내실 때 그 죄의 무게를 이기지 못해서 다윗이 정말 진심으로 '나는 이제 죽는구나!' 라고 생각했다는 겁니다. 그런 생각을 안 했다면 하나님이 굳이 나단 선지자를 통해선 "네가 죽지 않겠다!"라는 메시지를 주실 리가 없었다는 것입니다. 루터에게 있어 이것은 매우 실제적인 주해요. 루터 자신의 경험이 투영이 된 주해입니다. 자기가 죄의 무게를 얼마나 느끼느냐 하면 (제 경우는 8kg 정도였지만) 루터는 정말 사느냐 죽느냐의 실존적 무게를 느낀 것입니다. 정말 죄 문제 때문에 죽음과 같은 체험을 한 경험이 있기 때문에 다윗 역시 이 순간에 그렇게 느끼지 않았겠느냐고 루터는 생각했던 것입니다. 루터는 이러한 해석을 거의 확신합니다. 루터의 말대로라면, 다윗은 죽음의 무게만큼 무겁게 죄의 짐을 느끼는 다윗에게 사면을 허락하신 것입니다.

상기한 본문들을 읽으면서 루터는 이러한 결론을 내립니다. 내 안에는 나에게 사죄의 확신과 구원의 확신을 주는 그 어떠한 근거도 발견되지 않는다는 것입니다. 그러한 근거는 일평생 그가 죽는 순간까지도 발견할 수 없을 것이라는 사실을 확신합니다. 즉 자신 안에는 소망의 근거가 없다는 사실입니다. 앞서 인용한 세 사람 모두 자기 안에서 그러한 근거를 이끌어 내지 못했습니다. 확신의 근거는 모두 외부로부터 온 것입니다. 루터 당시 중세 천주교 역시 신자는 내부로부터 확신을 생산해 낼 수 없다는 사실을 잘 알았습니다. 그러니까 구원의 확신이란 것은 종교개혁자들이 만들어낸 가장 큰 패악이라고 주장합니다. 자고로 신자는 구원의 확신을 소유하지 못할 때, 평생 겸손하게 살 수 있다고 그들은 생각합니다. 구원의 확신을 누린다고 떠들면 그 신앙이 아주 천박해진다는 것이죠. 오늘날까지 이와 비슷한 생각을 하는 사람들이 천주교 안에는 적지 않게 있습니다.

　루터의 결론을 말씀드립니다. 사죄나 구원의 확신과 관련된 믿음은 분명히 하나님의 사면 선언, 곧 하나님의 약속의 말씀에 근거합니다. 그 사죄 선언의 말씀에 대한 나의 믿음에 달려있다는 것이지요. 그런데요 루터는 이렇게 말합니다. 이 "믿음"은 "사실"-혹은 "실재"(reality)-보다 크다는 것입니다. 역사적 현장으로 돌아가 봅시다. 그 죄인인 여자가 지금 예수님 앞에 있습니다. 예수님께서는 그녀에게 "내가 너를 정죄하지 않는다, 네 죄를 사했다" 이렇게 말씀하십니다. 이 순간 과연 무엇이 바뀌었는가 생각해 봅시다. 과연 그 여자의 과거 행적이 바뀌었을까요? 사실 하나도 안 바뀌었습니다. 누가 보아도 그녀는 여전히 죄인인 모습으로 서 있을 뿐입니다. 이것이 현실적 모습니다. 그러나 분명히 바뀐 것이 있습니다. 하나님이 그녀에게 말씀한 "너를 용서한다"는 사실이 모든 것을 바꾼 것입니다. 이 선언은 실제 나의 현실, (내가 오감으로 느끼고 있는) 실제보다 더욱 크다는 것입니다. 그래서 이 말씀을 근거로 우리는 구원의 확신을 누릴 수 있습니다. 확신(確信)이라는 단어는 믿을 신(信)자를 쓰지 않습니까? 결국 내가 누리는 용서의 확신, 사죄의 확신은 어디로부터 오는 것일까요? 그것은 죄인인 내 모습에 근거하는 것이 아닙니다. 그

대신 확실한 약속의 말씀과 그것을 믿는 믿음에 근거하는 것입니다. 그런데 그 믿음이란 것은 지금 나의 처지와 상관없이 선포되는 하나님의 용서, 구원의 그 약속의 말씀에 근거한다는 사실이 중요합니다. 루터가 발견한 것이 바로 이것입니다. '아 그렇구나 진정한 마음의 평안이라는 것은, 내가 정말 얼마나 내 죄를 통회하고 자복해서 하나하나 내 죄를 다 드러내어 회개했느냐의 문제에 달려 있지 않구나! 이 회개 장부를 얼마나 정확하게 제대로 썼느냐의 문제에 달려 있는 것이 아니구나! 그 대신 이러한 죄인인 나를 용서하시고 사랑하시고 자녀 삼으신 그 하나님의 사죄 선언, 그 말씀에 있는 것이구나! 또한 하나님의 약속의 말씀을 내가 확신있게 받아들인 것에 마음의 평안이 근거하는 것이구나! 이 사죄의 확신이 의존하는 오직 유일한 근거는 바로 하나님의 약속의 말씀을 믿는 믿음이구나!' 바로 이것을 발견했다는 것이지요.

III. 천국기업의 확실성

이처럼 루터가 발견한 복음은 종교개혁을 시작하는 출발점이 되었습니다. 계기가 마련된 것입니다. 그런데요 어떻게 보면 이와 유사한 복음적 충격을 초대 교회 공동체 역시 이미 체험했습니다. 루터가 다시 발견한 복음의 메시지는 사실 오늘 히브리서에 모두 녹아 있습니다. 사죄 확신의 객관적인 근거가 되면서 동시에 그것이 지극히 주관적으로 체험되는 어떤 내용이죠. 그 내용을 루터가 발견한 것보다 훨씬 더 흥미진진하게 히브리서 기자가 설명하고 있습니다. 아마도 이 내용을 초대 교회 신자들은 설교의 형식으로 들었을 겁니다. 이 역사적 현장을 한 번 상상해 봅시다. 여러분은 초대 교회 교인이고 저는 히브리서를 기록한 기자로서 여러분 앞에 설교자로 서 있습니다. 이미 회중이 잘 알고 있는 구약을 주해하고 있습니다. 설교자는 회중 앞에 흥미로운 화두를 던집니다. 9장 15절 말씀에 보면 "기업"이라는 단어가 등장합니다. 오늘의 주제어입니다.

구약에서 하나님께서는 종종 "기업"이라는 단어를 사용하십니다. 하나님의 백성에게 천국을 기업으로 주신다는 것이지요. 일종의 구원의 확신과 관련되어 있습니다. 저는 어렸을 때 왜 천국을 기업으로 주신다고 했을까 궁금하게 생각한 적이 있습니다. 찬송 중에도 "나의 영원하신 기업"으로 시작하는 가사가 있지요. 처음에 저는 그 기업이 회사를 가리키는 줄 알았습니다. '요즘 취직하기가 힘드니까 천국 가면 아마 취직이 된다는 뜻인가 보다.' 우습게도 이렇게 생각도 했지요. 도대체 왜 기업이란 단어를 쓰셨을까? 영어로 하면 기업은 유업(inheritance)입니다. 자, 천국을 유산 혹은 유업이라고 할 때, 큰 문제가 발생합니다. 여러분, 유산을 언제 물려받습니까? 유언한 자(Testator), 곧 여러분의 부모님이 유언을 남기고 돌아가셔야 유산을 상속받을 수 있습니다. 죄송한 말씀입니다만 부모님이 살아계신 동안에는 세상의 법이 그 부모님의 재산을 내 것으로 인정해주지 않습니다. 부모님이 돌아가시면 부모님의 죽음으로 말미암아 부모님의 재산이 비로소 자녀에게로 상속되는 것이지요. 이것이 인간의 모든 문화권을 초월해서 적용되는 관행이라고 볼 수가 있습니다. 일종의 보편적인 법입니다. 그런데 왜 하나님께서는 하나님의 백성에게 천국을 유산으로 주신다고 하셨을까요? 여기에는 심각한 신학적 난제가 발생합니다. 아마도 히브리서 기자는 이렇게 질문을 했을 것 같습니다. "여러분, 하나님이 죽을 수가 있습니까?" 사실, 이러한 말을 꺼낸다는 것 자체가 굉장한 신성모독입니다. 여호와의 이름을 감히 부르지도 못해서 아도나이(주님)으로 부르는 유대인 공동체에게 하나님의 죽음을 과연 언급조차 할 수 있었을까요? 그런데 참으로 신기합니다. 신앙은 역설입니다. 이러한 도발적인 주제를 화두로 제시한 후에 오늘 히브리서 기자는 이 문제를 집요하게 풀어가고 있습니다.

히브리서 기자의 논리는 이렇습니다. 하나님은 죽으실 수 없기 때문에 결국 하나님께서 우리에게 약속하신 그 유산을 우리가 상속할지의 여부는 결코 확실한 것이 아니다! 이게 뭡니까? 그러니까 결국 우리는 천국에 갈지 안 갈지 모른다는 이야기 아니겠습니까? 하나님은 영원히 살아계시니까, 결국 우리의 구원의 확신 문제는 그 영원한 기초를 상실한다는 사실입니다. 그렇다고 해서 이렇게 결론 내릴 수는 없을 겁니다. "여러분, 우리가 천국 가는 것을 확실히 보장받기 위해, 우리의 아버지 되시는 하나님께서 돌아가시기를 간구합시다!" 어떻게 생각하세요? 만일 누군가가 유대인 회당에서 이렇게 설교했다면 그 사람은 아마도 살아서 걸어 나오지 못했을 겁니다. 그런데 잘 보세요. 오늘 히브리서 기자는 사실상 결론을 이 방향으로 도출합니다. "하나님의 죽음!" 예, 그렇습니다. 오늘 본문이 사실 하나님의 죽음에 관해 이야기를 합니다. 하나님은 영원히 죽을 수 없는 분입니다. 확실한 사실입니다. 그런데 본문은 이렇게 선포합니다. 하나님께서 자녀들에게 천국을 유산으로 상속하는 것을 확실히 하기 위해서, 죽을 수 없는 하나님이 죽을 수 있는 사람이 되셨다! 이것이 바로 성육신의 본질입니다. 이 메시지 앞에서 유대인 공동체는 성육신을 결코 낯선 교리로 느끼지 않았습니다. 예수 그리스도의 복음은 이런 방식으로 그들의 사고 세계와 세계관 안으로 파고 들어간 것입니다. '아 그렇구나! 정말 그래서 죽을 수 없는 하나님이 사람이 되셨구나!' 여러분 인간 부모도 자기의 죽음으로 말미암아 자기의 유산을 자녀에게 주는 것을 확실히 도장을 찍는다면 하물며 영원하신 하나님, 죽을 수 없는 하나님이 우리에게 천국을 주시기 위해서 죽을 수 있는 사람으로 되셔서 자기의 죽음으로 천국을 확증해 주셨다면 그것이 얼마나 확실한 구원이냐는 것입니다.

그런데 오늘 본문의 논의는 여기서 끝나지 않아요. 오늘 본문을 미리 알고 있거나 혹은 언약 신학을 조금 공부하신 분은 본문에서 사용하는 언약이라는 단어가 구약 성경의 '베리트'라는 단어를 '디아데케(Diatheke)'로 번역했다는 사실을 알고 계실 겁니다. 그런데 디아데케는 크게 두 가지 개념으로 번역될 수 있습니다. "언약"(covenant)으로 번역할 수 있고, 유언(testament)으로 번역할 수도 있습니다. 그래서 이제 본문의 "디아데케"가 언약이냐? 유언이냐의 문제를 두고 신학적인 논쟁이 벌어지기도 합니다. 적어도 한글 성경은 오늘의 본문을 '유언'으로 번역했는데, 잘 한 것 같습니다. 17세기 존 오웬 역시 '유언'으로 이해합니다. 성경의 다른 부분에서 '디아데케'는 언약으로 많이 번역되는데 이 부분만큼은 유언으로 번역하는 것이 본문의 의미를 잘 살려낸다는 것이죠. 16, 17절을 봅시다. 제가 이미 주해한 내용을 히브리서 기자가 이렇게 말씀합니다. "유언은 유언한

자가 죽어야 되나니 유언은 그 사람이 죽은 후에야 유효한즉 유언한 자가 살아 있는 동안에는 효력이 없느니라." 지금까지 드린 말씀과 잘 들어맞지요? 그러니까 이제 유언자가, 곧 하나님께서 돌아가셔야 한다.

그런데 사실이 이렇다면 이제 새로운 문제가 대두됩니다. 한 번 생각을 해 보세요. 부모님이 나에게 유산으로 확실히 주기 위해서 그냥 곱게 돌아가시면 될 일이지 왜 굳이 피를 흘려야 할 이유가 있습니까? 저는 지금 그리스도의 십자가를 염두에 두고 질문하는 것입니다. 정말 이렇게 질문해 볼 수 있지 않겠습니까? 세상은 부모님의 죽음 여부로 상속을 결정합니다. 굳이 부모님께서 피를 흘리고 돌아가셨는지의 여부를 따지지 않습니다. 자, 본문은 이 문제에 대해서도 우리에게 대답을 해 주고 있습니다. 굳이 유언자가 피를 흘리고 죽어야 하는 이유에 대해서 18절 이하의 말씀이 설명합니다. 18절부터 22절 내용의 주제는 "피"입니다. 바로 유언자의 피입니다. 왜 굳이 유언자가 피를 흘려야 되느냐? 22절은 이렇게 대답합니다. "피 흘림이 없은 즉 사함이 없느니라."

참으로 흥미로운 것은 앞서 말씀드린 본문의 "디아데케"라는 단어가 이 두 가지 의미, 곧 "죽음"과 "피"의 개념을 모두 포함하고 있다는 사실입니다. 이에 대해서는 존 오웬이 잘 설명해 주고 있습니다. 유언자로서의 죽음뿐 아니고, 그 유언자가 반드시 피를 흘리는 희생의 죽음을 죽어야 합니다. "디아데케"를 "유언"으로 번역하면 후자의 의미는 잘 드러나지 않습니다. 그러나 그것을 "언약"으로 번역하면 "피"의 의미가 잘 드러납니다. 하나님은 "디아데케"라는 단어를 사용하심으로 의미를 모호하게 만든 것이 아니라 두 개념 모두 필요하기 때문에 의도적으로 그 단어를 기록하게 하셨다는 것이 오웬의 생각입니다. 그리고 하나님의 지혜에 놀라고 있어요. 흥미롭지요? 한 말씀 더 드리겠습니다. 17세기에 프랜시스 튜레틴(Francis Turretin)을 아시지요? 개혁파 정통주의 신학을 요약한 제네바의 조직신학자이지요. 튜레틴 역시 "디아데케"의 이중적 의미를 매우 긍정적으로 활용합니다. 그리고 두 가지 의미를 모두 살리기 위해서 그 단어를 이렇게 번역하는 것이 좋다고 말합니다. 곧 "유언적 언약 testamentary covenant" 혹은 "언약적 유언 federal testament" 이렇게 번역하는 것이 좋다, 또한 정당하다 그렇게 말했습니다. 어때요? 상당히 유연하죠. 왠지 17세기에는 정답 딱 하나만 있을 것 같은데 오히려 현대의 다양한 논의까지 모두 포괄해 버리는 그러한 폭넓은 개념들을 일찍부터 우리 선배들이 가르친 것이 무척 흥미롭습니다.

이처럼 "디아데케"의 두 가지 측면을 오늘 본문에 적용하면 이렇습니다. 본문은 성육신과 십자가의 복음 모두를 설명한다는 것입니다. 예수 그리스도의 십자가입니다. 이 세상에서 인간 부모도 자신의 죽음으로 자녀에게 유산을 확실하게 상속하거늘, 하물며 하나님께서 하나님의 죽음으로 인친 천국의 기업이 얼마나 확실한 것인가? 본문의 기자는 우리에게 도전합니다. 여기서 그치는 것이 아닙니다. 한 걸음 더 나아가, 이렇게 말합니다. 더구나 그 하나님께서 우리의 죄 문제를 해결하시기 위해 희생의 제물로 돌아가셨다. 그렇다면 우리가 죄를 용서받고 천국을 기업으로 얻는 것이 얼마나 더 확실하냐는 것이죠.

자, 그 다음은 부활입니다. 우리가 보통 예수 그리스도의 부활을 이야기할 때, 어린양의 부활을 말하지 않습니다. 예수 그리스도의 삼중직에 대해 잘 아시죠? 왕, 선지자, 제사장. 그런데 그리스도의 제사장 직분은 다시 둘로 나누어 생각해 볼 수 있습니다. 유월절 어린양으로서의 직무와 대제사장으로서의 직무입니다. 히브리서 말씀에 따르면, 예수 그리스도께서 십자가에서 돌아가신 것은 완벽한 희생제물의 피를 마련하신 어린양으로서의 죽음입니다. 완벽한 희생제물이지요. 영원히 썩지 않는 피입니다. 한편 그리스도께서 부활하신 것은 대제사장의 부활입니다. 곧 예수 그리스도의 대제사장직을 가리킵니다. 부활하신 예수님은 우리의 대제사장이신 것입니다. 자, 여기서 교우들에게 이렇게 질문해 보세요. "여러분이 죄 용서 받은 시점은 언제일까요? 예수님이 십자가에서 돌아가셨을 때일까요?" 아마도 삼분의 일 정도는 동의하고 나머지는 주저할 겁니다. 주저하는 교인들은 아마도 그리스도의 부활까지 염두에 두기 때문에 그럴 것입니다. 사실이 그렇습니다. 부활 없는 십자가의 희생은 의미가 없습니다. 그래서 고린도전서 15장에서는 무게의 중심축이 부활로 옮겨가는 듯한 인상까지 받습니다. 신랑 신부가 함께 살아야지 신부만 살려놓고 신랑이 죽으면 신부의 삶에 무슨 의미가 있겠습니까? 신랑 되신 예수 그리스도가 부활했다는 것이죠. 그런데 부활은 유대인의 속죄 시스템의 관점에서 보아도 매우 중요한 의미를 가집니다. 구약의 제사 제도의 입장에서 보면 그리스도의 죽음과 부활로 말미암아 이제 비로소 완벽한 동물 희생 제사의 "피"와 "대제사장"이 마련이 된 것에 불과합니다. 일종의 속죄를 위한 질료인(material cause)이 마련된 것뿐입니다. 속제 제사의 시작인 것이지 완성이 아니라는 의미입니다. 구약의 속죄제도에서 일 년에 한 번 대제사장은 희생 제물의 피를 가지고 지성소에 들어가 피를 뿌리고 나와 이스라엘에게 사죄를 선언합니다.

자, 이제 지성소에 관해 이야기 해봅시다. 부활하신 예수님은 대제사장으로서 완벽한 자신의 피를 가지고 속죄를 이루실 준비를 갖추셨습니다. 이제 속죄사역을 완성하시기 위해 그리스도는 지성소 안으로 들어가야 합니다. 예수께서 이제 완벽한 속죄의 희생제물의 피를 가지고 지성소로 들어가서 이 속죄사역을 마무리 지으셔야 하는데 문제가 생겼습니다. 예수님이 십자가상에서 "다 이루었다" 말씀하시고 이 세상에는 하나밖에 없는 지성소의 휘장을 찢으셨죠. 그것은 곧 예루살렘 성전을 파괴하신 것을 의미합니다. 예수님께서 이 세상에 존재하는 유일한 지성소를 파괴하심으로 예수님이 속죄의 피를 갖고 들어갈 유일한 장소가 없어진 것이지요. 그래서 어떤 결과가 나왔죠? 오늘 히브리서 기자가 이 질문에 대답합니다. 예수님이 지성소로 들어가셨는데 그 지성소는 바로 하늘 지성소로 들어가셨다. 이것이 바로 그리스도의 "승천"의 의미입니다. 자, 여기서 생각해 봅시다. 예수 그리스도의 승천이 없으면 과연 내 죄가 사함 받을 수 있을까요? 결코 그럴 수 없습니다. 제사장이 지성소에 들어가서 피의 제사를 마무리 해야만 속죄제는 끝이 나는 것입니다. 이방인 출신인 우리에게는 예수 그리스도가 십자가와 부활로 모든 것이 완성된 것처럼 보이는 것이 사실입니다. 그러나 유대인의 입장에서 보면 그것은 완성이 아니라 시작입니다. 그들에게는 그리스도의 "승천"이 있어도 좋고 없어도 좋은 것이 아니라 속죄를 위한 "필수" 입니다.

본문은 지성소에 관한 이야기를 좀 더 자세하게 이어갑니다. 이 유일무이한 지상에 있는 그 지성소는 애초에 그냥 아무렇게나 만들어진 것이 아니었습니다. 성령께서 모세에게 지상 성전의 원형(archtype)에 해당하는 하늘에 있는 지성소를 보여주신 것입니다. 하늘에 있는 성소를 보고 그것을 그대로 복제한 것이 바로 지상에 세워진 성막이었던 것입니다. 이후 성전 역시 하나님께서 다윗에게 계시해 주신 설계도에 따라 지어졌다고 성경은 말합니다(대상28:19). 이제 예수님은 십자가 위에서 그동안 복제본으로 존재했던 지성소를 파괴시켰습니다. 부활하신 예수님은 이제 하늘에 있는 영원한 지성소로 승천하여 들어가신 것입니다.

마지막 단계가 아직 남아 있습니다. 바로 "재위" 입니다. 시편 110편 주해를 통해서 성경은 그리스도의 "재위"를 반복하여 설명합니다. 승천하신 그리스도께서 하나님의 보좌의 우편에 앉으셨다는 것이죠. 이것을 어떻게 해석지요? 바로 예수 그리스도의 대제사장직으로 설명합니다. 인간 대제사장은 지성소에 들어가서 거기서 다시 나와야 되죠. 화장실도 가야 되고 밥도 먹어야 되고 또 늙어서 죽기에 그곳에 영원히 머물러 있지 못하기 때문에 그렇습니다. 그런데 대제사장이신 예수 그리스도는 영원한 대제사장이시죠. 또 다시 밖으로 나오실 필요가 없는 것입니다. 원래 지성소는 의자의 모양입니다. 하나님께서 좌정해서 통치하시는 것을 상징합니다. 그렇다면 하나님의 보좌 우편에 앉으신다는 의미는 무엇일까요? 매우 흥미롭습니다. 주님께서는 단지 대제사장으로 앉으셔서 우리를 위해 중보하시는 것이 아닙니다. 대제사장일 뿐 아니라 "왕 같은" 대제사장입니다. 왜냐면 자기가 이루신 구원의 공로에 의거해서 당당하게 아버지께 이렇게 말씀합니다. "죄를 용서하시오!" 왕의 권위를 가지고 그렇게 요구할 수 있는 겁니다. 모세가 광야에서 최초로 반석을 쳐서 생명수를 공급했습니다. 반석을 치는 것은 그리스도의 수난의 단회성을 상징한다고 해석할 수 있습니다. 그러나 두 번째 반석에서 물을 내기 전에 하나님은 모세에게 "반석에게 명령하라"고 말씀합니다. 영어로는 "반석에게 말하라 speak to the rock"입니다. 우리에게 적용하면 이렇습니다. 그리스도의 단회적 속죄사역으로 생명수가 마련되었습니다. 이후로 그리스도는 또 다시 십자가를 지실 필요가 없습니다. 이후로는 단지 하나님께 나와 생명수를 구하기만 하면 됩니다. 반석을 또다시 칠 필요가 없는 것입니다. 반석을 또 다시 때리는 것은 중세 가톨릭 교회의 미사가 범한 잘못입니다. 그들은 미사를 (반복적인) 희생제사라고 이야기하지 않았나요? 이런 의미에서 볼 때, 모세는 모형론적인 의미에서 큰 죄를 범한 것입니다. 어떤 의미에서 중세 천주교회의 오류를 예고했다고도 볼 수 있습니다.

요약해 보겠습니다. 죽을 수 없는 하나님은 우리에게 천국을 확실히 상속시키기 위해서 죽을 수 있는 사람이 되셨습니다(성육신). 한걸음 더 나가서 하나님의 피로 인을 치셨습니다(십자가). 또한 영원한 대제사장으로 부활하시고 승천하시고 하나님의 보좌 우편에 좌정하여서 지금 이 순간도 나를 위해 중보하고 계십니다. 자 이쯤 되면 우리에게 주어진 천국의 기업이 얼마나 확실한 것인가? 우리는 확신하지 않을 수 없는 것입니다.

IV. 실존적인 복음, 성찬

자 이것이 지금 초대 교회 공동체가 듣고 있는 설교입니다. 이 확실한 복음 앞에서 그들은 전율하고 있습니다. 그들에게는 성육신의 교리와 예수 그리스도의 십자가와 부활, 그리고 승천과 재위 그 모든 기독교의 복음이 결코 "낯선 복음"이 아니었습니다. 이미 이들의 역사와 경험 세계 속에 뼛속까지 들어와 있던 복음이었습니다. 바로 얼마 전에도 유월절 제사를 드렸는데 '아, 그 유월절 어린양이 하나님이셨구나!' 이렇게 깨달으며 전율했을 겁니다. 유월절 어린양이 그들이 그토록 존귀히 예배하는 하나님이라는 사실을 알고 나서부터 계속 그 제사를 반복할 수 있었을까요? 그럴 수 없다는 사실을 예수님은 잘 아셨습니다. 그래서 마지막 유월절 만찬에서 예수님은 새로운 예식을 제정해 주셨습니다. 유월절을 성찬으로 바꿔주신 것입니다. 감사와 축제의 성례로써 하나님께서 바꿔주신 것이죠. 따지고 보면 기독교의 성찬도 이미 유대인 공동체의 경험 세계 속에서 늘 있어 왔던 것입니다. '아, 성육신이 있었고, 십자가가 있었고, 부활이 있었고, 승천이 있었고, 재위가 있었구나.' 결국 이들이 과거 천 년 이천 년의 역사 안에서 '이미' 그리고 '늘' 그리스도의 복음 안에서 살았던 것이죠. 이 사실을 깨닫는 순간, 이들의 머리가 쭈뼛 섰고, 가슴이 찢어지며, 마음을 찢고 하나님께로 돌아온 것입니다.

앞서 루터의 예를 들며 가장 객관적인 구원의 확신과 용서의 확신의 근거는 우리 안에 없다고 말씀드렸지요? 이들도 잘 알고 있습니다. 그러나 동시에 이것은 오늘 히브리서의 말씀을 통해 이들의 삶 속에서 주관적으로 체험되는 진리로 드러났습니다. 바로 구약의 하나님께서 제정하신 속죄 시스템 안에 객관적으로 그렇게 계시된 그 말씀이 이들이 그리스도의 복음을 들을 때, 그 복음의 내용이 이미 그들의 주관적인 경험 세계 안에 침투해 있다는 사실을 발견한 것이죠. 이제 우리의 목회 현장으로 돌아와 봅시다. 여러분이 오늘 본문으로 동일한 설교를 했다고 가정해 봅시다. 구원의 확신 문제로 고민하는 교인이 이렇게 반응합니다. "그런데요, 목사님, 그건 유대인들 이야기잖아요? 저에게는 그들이 경험한 것과 같은 감격이 없잖아요?" 저 같으면 이런 식으로 대답을 할 것 같습니다. 일찍이 하나님은 사죄와 구원의 확신의 객관적이고 주관적인 측면을 초대 교회공동체로 하여금 이와 같이 극적인 방식으로 체험하도록 허락하셨습니다. 그런데 동일한 하나님은 우리에게도 이와 못지않은 방식으로 확신을 경험하게 해 주십니다. 첫 번째는 성례입니다. 여러분, 우리가 예수 믿고 교회 회원이 되고 입교를 하면, 세례 받으면 성찬에 참여하잖아요. 왜 종교개혁가들이 그렇게 성례에 목숨을 건지 알아요? 저도 그게 공부하기 전까지 좀 의아했어요. 그렇게 목숨을 건 이유가 무얼까. 구원의 확신 때문에 그렇습니다. 루터는 뭐라고 얘기했냐면 성례는 말씀보다 우월하다, 그런 이야기를 실제로 했습니다. 루터 당시 교회는 국가 교회니까 누구나 교회에 들어옵니다. 회중에게 설교자는 복음의 씨를 무차별적으로 뿌립니다. 이게 옥토에 떨어질지 돌짝밭에 떨어질지 설교자는 가리지 않습니다. 단지 말씀을 회중을 향해서 선포하면 됩니다. 들을 사람은 듣고 안 들을 사람은 안 듣습니다. 일반적 선포로서의 설교입니다. 그냥 복음의 씨를 뿌리는 겁니다. 그런데 성례는 다릅니다. 성례는 한 사람 한 사람에게 개별적으로 주어집니다. 바로 이 점에서 설교보다 탁월하다고 루터는 말합니다. 외국 교회에서 성례에 참여할 때마다 인상적인 것이 있습니다. 많은 교회에서 성찬의 떡을 줄 때, 집례자가 이렇게 말합니다. "This is the body of Christ FOR You! 이것은 너를 위해 주신 그리스도의 몸이다!" 복음이 그냥 무차별적으로 뿌려지는 게 아니라 지금 이곳에서 나에게 주어지는 매우 현재적인 그리고 실존적인 복음이 되는 것입니다. 그래서 중세 천주교회의 교인들은 라틴어를 못 알아들어도 그날 예수님의 살을 받아먹고 오면 어느 정도 마음의 평안을 누렸던 것입니다. 물론 복음에 대한 바른 이해 없이 우상화된 성례에 참여했으니 이것은 거짓된 평안이라고 종교개혁가들은 지적했습니다. 루터 역시 곧이어 말씀 없이 선포되는 성례는 아무 소용이 없다고 가르친 것입니다. 그러나 복음과 함께 올바르게 시행되는 성찬은 신자 개개인에게 말할 수 없는 위로와 확신을 줄 수 있습니다. 칼빈이 이렇게 얘기했어요. "바른 성례의 집행은 성도로 하여금 구원의 확신에 이르게 하며 그리스도와의 연합을 확고히 한다." '구원의 확신 문제, 그러니까 복음을 설명하고 당신 여태까지 성찬에 참여하지 않았습니까? 이게 바로 당신만을 위한 당신을 위한 그리스도의 복음입니다.' 이렇게 설명하면 내가 이미 경험한 거니까 오감으로 느낀 거니까 무언가 주관성이 있겠죠.

    한 가지 더 있습니다. 사도신경을 펼쳐 봅시다. 라틴어로 사도신경은 크레도(credo)입니다. "나는 믿습니다"라는 의미입니다. 곧, 나의 신앙 고백이 되는 거죠. "나는 전능하신 아버지 하나님 천지의 창조주를 믿습니다." 그 다음에 가장 많은 부분이 예수 그리스도의 구속 사역을 이야기합니다. "나는 그의 유일하신 아들, 우리 주 예수 그리스도를 믿습니다. 그는 성령으로 잉태되어 동정녀 마리아에게서 나시고," 성육신에 대한 고백입니다. "본디오 빌라도에게 고난을 받아 십자가에 못 박혀 죽으시고, 십자가에 대한 고백입니다. "장사된 지 사흘 만에 죽은 자 가운데서 다시 살아나셨으며," 부활에 대한 고백입니다. "하늘에 오르시어," 승천에 대한 고백입니다. "전능하신 아버지 하나님 우편에 앉아 계시다가," 재위에 대한 고백입니다. 여러분, 지금까지 예배드릴 때마다 얼마나 많이 사도신경을 내 입으로 직접 고백했습니까? 마치 유대인 공동체가 늘 제사를 통해서 그리스도의 복음을 몸으로 먼저 체험한 다음에 그리스도의 복음 앞에서 전율했던 것처럼, 우리 역시 그들이 몸으로 체험한 복음을 입술로 일평생 고백해 오지 않았습니까? 하나님은 당신에게 어려서부터 끊임없이 그리스도의 성육신과 부활과 승천과 재위의 신앙을 고백하게 하셨습니다. 누구의 입으로? 바로 당신의 입을 통해서입니다. 이것 역시 하나님께서 당신의 삶에 베푸신 은혜입니다. 특별히 확신에 관한 은혜라고 확신합니다. 서두에서 우리 약속의 말씀으로 주신 하나님의 말씀은 당신의 실제보다, 당신의 실존적인 현실보다 크다고 말씀드렸습니다. 동일한 말씀으로 여러분에게 다가오는 교인들을 위로하시기 바랍니다.

칼빈이 이렇게 얘기했습니다. "목사는 하나님의 명령 없이 성도의 양심을 속박해서는 안됩니다." 이 부분에 있어서 정말 중요한 것이 사죄와 구원의 확신 부분입니다. 말씀의 사역자들은 하나님의 백성으로 하여금 이러한 확신을 누리도록 열심을 내어야 합니다. 오늘날 한국교회는 요즘 유혹을 받습니다. 교회가 너무 욕을 먹으니까 어떻게 구원의 교리 혹은 칭의의 교리를 다시 수정을 해서 중세 천주교식으로 교인을 통제해 볼까? 일부 이렇게 생각하는 분들도 있는 것 같습니다. 그러나 이것은 정당한 방식이 아닙니다. 정말 복음의 복음 됨을 말씀 그대로 선포하면서 신자의 양심에 도전하는 것이죠. 죽을 수 없는 하나님이 우리에게 구원을 주시기 위해서 죽을 수 있는 사람이 되셨고, 그것도 모자라서 하나님의 피를 뿌렸고 그것도 모자라서 하나님께서, 영원한 그 하나님이 지금 이 순간에도 우리의 죄를 중보하고 계신데 지금 이 순간에 내가 죄와 타협하는 것이 가능하냐? 이렇게 도전을 해야 합니다. 구원의 확신! 하나님께서 이미 구약 시대에 말씀하시기를 새 언약 시대의 교회는 적어도 이것이 확실하다, 그 시대에는 하나님의 자녀들이 구원의 확신, 용서의 확신 문제 가지고 흔들리지 않을 것이다! 하나님께서 그렇게 선언하시고 그걸 성취하셨다면 그것이 오늘 나의 현장과 나의 목회 현장에서 성취되어야 한다고 믿습니다.

맡은 자의 충성

디모데후서 4장 1절-8절

박영선 (설교학·석좌교수)

I. 부르시고 정하시는 하나님

성경에서 바울 서신을 읽으면 그가 증언하고 권하는 말씀들이 바울의 위대함과 업적 때문에 진의가 늘 왜곡되곤 하는 것을 봅니다. 바울이 하는 고백들은 하나님의 사람으로 인도함을 받아서 자기가 알지 못하는 길, 자기가 할 수 없는 길을 붙들려 간 사람의 고백입니다. 나를 인도하시고 나를 붙드시고 나를 통하여 일하신 분이 얼마나 신실한 분인가, 얼마나 거룩한 분인가, 그래서 그 길이 얼마나 복된 길인가에 대한 고백들입니다. 그런데 우리는 예수를 믿는 사람으로서 기독교계에 들어오면, 그리고 성경을 경전으로 가지면 바울의 위상이 너무 크기 때문에 훌륭한 사람이 한 훌륭한 말씀이라는 편견에 사로잡혀서 발돋움을 하고 흉내를 내야 되고 어떤 벽을 넘어서야 되는 것들로 여기는 경향이 없지 않습니다. 그렇게 큰 부담, 또는 큰 책임 또는 큰 욕심 같은 것들로 인해 이 글들에서 꼭 읽어야 할 것을 자주 놓칩니다. 사도 바울이 간 길, 사도 바울이 한 권면과 나의 현실 사이에 괴리감이 자꾸 커져서 자책이 더 늘고 말씀을 읽으면 할 말이 없게 됩니다. 그렇게 되고 싶은데 되지는 않는 현실 속에서 방황하고 괴로워하는 사람들이 많은 줄로 압니다. 내가 그랬으니까요. 내가 독특한 길을 걸은 것이 아니라 그 갈등, 그 자책 속을 걸어와서 드디어 하나님의 은혜로 바울의 증언이 무엇인지를 아는 자리까지 왔기 때문에 오늘 여러분 앞에 이 본문을 소개하고 성경의 증언들의 진정한 가치를 증언할 수 있는 것입니다.

지금 바울은 때를 얻든지 못 얻든지 항상 힘써 전도하고 기독교의 내용을 증언하라고 하고 있습니다. 당연히 해야 할 일이지만 사도 바울은 자기 평생에 자신을 위해 다른 일은 하나도 없이 순수하게 전심을 다하여 가장 분명하고 확실하고 칭찬 받을 만한 길을 갔다는 뜻에서 말하는 것은 아닙니다. 이것은 이 방향으로 가야 된다, 이 방향을 놓치면 안 된다라는 뜻이 더 강합니다.

우리가 여기서 관악산을 가려면 어디로 가야 됩니까? 여러분 어느 쪽으로 가야 합니까? 이쪽이겠죠. 저 방향은 아니겠죠. 그러나 맨 처음 해야 되는 일은 저 문을 나서야 됩니다. 저기에 관악산이 있다고 방향을 가리키는 것과 함께, 가려면 저기 문을 열고 나가서 계단을 내려가야 되는 겁니다. 성경에서 여기를 가라 여기를 가라 여기를 가라는 것은 언제나 그 방향으로 머리를 디밀라는 뜻이 아니고, 저기를 가려면 장애물을 돌아가야 되고 가다 음식점에 들러 밥을 사먹어야 되고, 누웠다 가야 되고, 그렇게 가야 되는 겁니다. 그렇게 너는 때를 얻든지 못 얻든지 말씀을 전파하랍니다. 그 방향으로 가되 자기의 한계와 현실의 도전 속에서 그걸 계속 가기 위해서 이렇게 실제로 가야 되는 것입니다. 안 가고 쳐다만 보는 사람이라면 언제나 그 산을 보고 있겠지요. 가는 사람한테는 산봉우리가 가렸다 없어졌다 나타났다 그런 길을 가야 됩니다.

나는 선한 싸움을 싸우고 나의 달려갈 길을 마치고 믿음을 지켰다. 이 말은 그렇게 쉽지 않습니다. 늘 승리했다, 곁길로 빠지지 않았다? 그렇게 간단한 게 아니에요. 하나님이 나를 부르신 그 길을 하나님이 부르시는 대로 붙잡혀 왔다. 그렇게 붙잡혀 온 길을 내 생애에 채웠다. 그 붙잡혀 온 길에 대한 고민도 없었고 거부도 없었고 불평도 없었다? 그런 얘기는 아닙니다. 고린도후서 12장에 나오듯이 주 앞에 세 번이나 간구했죠. 내 육체의 가시, 사단의 가시를 빼주십시오. 굉장히 큰 기도였고 큰 고통이었고 이해하지 못할 일이었을 것입니다. 그러나 그가 받은 답은 잘 아시듯이, "내 은혜가 네게 족하도다"였습니다. 지금 우리가 뭘 확인해야 되느냐 하면 하나님의 뜻, 그리고 하나님의 뜻을 이루는 방법도 하나님의 방법으로 인도한다는 것, 두 가지 사실입니다. 둘 다 갖춰야 됩니다. 하나님의 뜻, 목적과 함께 하나님의 방법도 그렇습니다. 하나님이 하십니다. 뜻만 가르치고 최선을 다해라가 아니라 우리의 최선으로 이해하지 못하는 길로 하나님이 부르시는데, 그 길은 대부분 우리의 한계를 확인하는 뜻밖의 길인 경우가 너무나 많습니다. 왜 하나님이 이 뜻을 주고 이 조건을 안 채워

주시는지 모를 것들이 여럿 나옵니다. 그렇게 답이 없는 걸 감수하는 것을 가리켜 충성했다 그러는 겁니다.

모든 걸 다 극복하고 주어진 사명을 능력으로 다해서 임무를 다 성취했습니다가 아니라, 소원을 주신 것과 마찬가지로 그 소원을 이룰 능력이 없는 조건까지 감수했다는 겁니다. 말하자면 선한 싸움을 싸우고 믿음을 지키고 충성했다는 뜻입니다. 그래서 8절에 있는 바와 같이 "이제 후로는 나를 위하여 의의 면류관이 예비되었으므로 주 곧 의로우신 재판장이 그 날에 내게 주실 것이며 내게만 아니라 주의 나타나심을 사모하는 모든 자에게도니라" 입니다. 주의 나타나심을 사모하는 자 중에는 잘해서 상 받을 날을 기다리는 사람도 있고, 우리는 자꾸 바울을 그쪽의 대표자로 생각하는 것이고, 바울의 글을 읽을 때마다 우리도 그래야 한다고 생각하는 것이죠.

거긴 또 뭐가 있냐 하면, 제 경우에는 '아이고 못해먹겠다 빨리 오셔서 어떻게 끝장을 내주십시오' 도 있다 그겁니다. 못할 거 같은 거예요. 믿음을 지킬 힘이 없어요. 하나님이 기도에 응답 안 해주시는 것만 못하는 것이 아니라 내가 나를 참을 수가 없는 거예요. 하나님은 더 많은 깨우침과 더 많은 책임은 지워 주면서 그걸 해결할 조건은 안 주시는 속으로 인도하세요.

제가 학교 다닐 때 그때는 몰라서 이런 기도를 했어요. 불면증을 달라고요. 잠잘 시간이 아까워서, 공부를 해야 하겠어서 불면증을 달라 그랬더니 공부는 안 늘고 불면증은 허락을 받았어요. 결국 매일 수면제를 먹고 자기 시작했는데 그게 83년부터 걸렸어요. 30년째 수면제를 먹어야 잠이 와요. 거지같죠. 왜 하필 그 기도만 들어 주셨을까요? 다른 좋은 거 많았는데… 이젠 생각도 안 나요. "주의 나타나심을 사모하는 모든 자에게…" 저야말로 벌써부터 사모했죠. 83년부터 사모했는데 30년이 지나도록 사모하는 기도에는 응답을 안 해주시고 수면제만 보내셨어요. 이 얘기의 중요성이 뭘까요? 쓸모 있어야 되는 게 아니고, 쓸모라는 건 하나님이 정하시는 거예요. 십자가가 대표적인, 결정적인 사건이에요. 이사야 53장에 증언됐던 메시야의 관한 예언과 마찬가지입니다. 아무도 하나님의 일을 하나님의 일이라고 생각지 못했던 것이 십자가에요. 우리의 전한 것을 누가 믿었느뇨? 여호와의 팔이 뉘게 나타났느뇨? 예수가 십자가를 지고 죽는다고 말하자 제자들까지 다 도망갔어요. 이건 아니다, 라고. 그런 방법으로 일을 하세요. 바울이 그걸 증언하는 겁니다.

II. 기대와는 다른 하나님의 일하심

고린도전서 4장에 가보십시다. 바울이 한 이 문제에 관한 중요한 증언이 고린도전서 4장에 나옵니다. "사람이 마땅히 우리를 그리스도의 일꾼이요 하나님의 비밀을 맡은 자로 여길지어다. 그리고 맡은 자들에게 구할 것은 충성이니라. 너희에게나 다른 사람에게나 판단 받는 것이 내게는 매우 작은 일이라. 나도 나를 판단하지 아니하노니 내가 자책할 아무것도 깨닫지 못하나 이로 말미암아 의롭다 함을 얻지 못하노라. 다만 나를 심판하실 이는 주시니라. 그러므로 때가 이르기 전 곧 주께서 오시기까지 아무것도 판단하지 말라. 그가 어둠에 감추인 것들을 드러내고 마음의 뜻을 나타내시리니 그 때 각 사람에게 하나님으로부터 칭찬이 있으리라." 이 말씀의 배경은 고린도서 자체가 그렇듯이 당시 교회 현실에서 비롯된 대답입니다. 즉 고린도 교회 안에 있었던 여러 문제들 중에 특별히 중요했던 문제가 바울의 사도권에 대한 도전이었습니다. 지금의 그리스에 있는 도시였으니까 그리스의 많은 신들을 섬기는 문화 속에 있었던 지방 도시이고 거기에 세워진 교회입니다. 그 공동체가 다신을 숭배했던 만들어낸 신들의 이해 속에서 신은 어쨌든 인간보다 우월한 존재이고, 신의 사자이면 신과 인간의 중간쯤은 돼야 하는데 바울은 전혀 그래 보이지 않는 것입니다. 자기네가 알고 믿었던 모든 신은 가짜고 하나님만이 유일한 신이라는데, 그 신의 사자 바울이 보암직도 하지 않고 먹음직도 하지 않은 겁니다. 늘 그게 나오죠. 내가 초라해 보였다는 것을 바울이 인정하지 않습니까? 사도권의 도전이 있었어요. 당신이 신의 사자가 맞느냐? 이게 지금 하는 얘기에요. "사람이 마땅히 우리를 그리스도의 일꾼이요 하나님의 비밀을 맡은 자로 여길지어다." 이게 그 얘기에요. "그리고 맡은 자들에게 구할 것은 충성이니라." 자기 증명은 허락되어 있지 않습니다. 그것을 변명할 방법이 없답니다. "너희에게나 다른 사람에게나 판단 받는 것이 내게는 매우 작은 일이라. 나도 나를 판단하지 아니하노라." 무슨 얘기에요? 자기도 간혹 헛갈린 데요. 내가 하나님의 종인 게 맞나? 왜요? 기대와 다르게 일하시거든요.

하나님은 기대와 다르게 일하세요. 우리로선 당시에는 이해가 안 되는 일들이 너무 많아요. 지나와서야 보여요. 그러니까 어떻게 하라고요? 내가 자책할 아무것도 깨닫지 못한대요. 최선을 다하고 있으나 그게 다가 아니라는 거죠. 그게 무슨 뜻일까요? 우리가 최선을 다한다고 할 때 어떤 조건을 만족시키면 최선이라고 생각하시겠어요? 유능하고 무흠하면! 그지요? 유능하고 무흠하면 우린 안심이죠. 그렇다면 나가서 그래 보세요. 길거리에 버려진 냉장고 같죠. 깨끗이 닦은 버린 냉장고! 아무것도 아닙니다. 거기에는 전기가 들어와야 해요. 아시겠어요? 하나님이 함께 하시지 않으면 나에게 아무 흠이 없을지라도 아무 것도 아니에요. 내가 자책할 아무 것도 갖고 있지 않지만 그게 다는 아니다. 그게 아무 것도 아닌 건 아니지만 그렇다고 다 된 것은 물론 아니다 그거죠. 뭐라 그래요? "그러므로 내가 자책할 아무것도 깨닫지 못하나 이로 말미암아 의롭다 함을 얻지 못하노라. 다만 나를 심판하실 이는 주시니라." 하나님의 권한이다. 하나님만이 나라는 존재와 내 사역의 진정한 의미와 가치와 목적을 이루시는 분이다. "그러므로 때가 이르기 전 곧 주께서 오시기까지 아무 것도 판단하지 말라."

누가 잘했다 못했다, 겁나지 않아요. 남의 얘기가 아니라 우리 자신의 문제입니다. 하나님의 종으로 부름을 받아 그 인생을 살면 처음부터 끝까지 이 문제에 관하여 확인이 있어야 합니다. 죄인을 위하여 그 아들을 보내시고 그를 거부하고 죽인 자들을 구원하시기로 작정하사 그 일을 이루신 하나님이라면, 나를 불러 항복시킨 하나님이라면, 내 인생과 운명을 맡겨도 좋다! 무슨 일이 일어나도 내가 작정하고 내가 할 수 있는 것보다 하나님이 더 큰 일을 하신다! 그 믿음을 놓치면 안 돼요. 그러면 방황하게 됩니다.

물론 그 속에는, 반복하는 얘기이나, 내가 잘못해서 그런 것이 다 포함돼요. 잘못한 것까지 하나님이 함께 하시면 유익한 결과를 만듭니다. 대표적인 게 겸손이에요. 겸손은 노력해서는 그 미덕을 만들지 못합니다. 겸손은 자기의 한계를 봐야만 갖는 미덕입니다. 겸손은 천하없어도 노력으로는 갈 수 없습니다. 겸손을 떨 수는 있지만 겸손할 수는 없습니다. 예수 앞에 서 보면 우리는 어디의 누구에게도 자랑할 수 없게 됩니다. 겸손은 기쁨과 평안으로써 얻어지지 않고 말할 수 없는 고통으로 얻어집니다. 내가 이거밖에 안 되는구나! 거부하고, 부인하고, 핑계 대고, 고함지른 모든 것을 넘어와서 비로소 감수하게 되는 것으로만 얻어집니다. 고통스러운 결론입니다. 난 늘 최선을 다했다! 이렇게 말 못해요. 우리의 최선이 문제가 아니라 하나님이 그 아들을 보내신 바로 그 성실하심, 그 권능으로 나를 붙들었다! 이것을 놓치는 날엔 끝이라는 걸 확인하셔서 여러분의 실패와 한계와 못난 것을 그 안에 다 묻을 수 있어야 되는 겁니다. 그래야 하나님의 일을 할 수 있는 겁니다. 유능해서 하지를 않습니다.

III. 충성과 일상 사역

같은 고린도전서 15장에 오면 그래서 이런 유명한 말씀이 등장을 하지요. 51절 말씀 보십시다. "보라 내가 너희에게 비밀을 말하노니 우리가 다 잠잘 것이 아니요 마지막 나팔에 순식간에 홀연히 다 변화되리니 나팔 소리가 나매 죽은 자들이 썩지 아니할 것으로 다시 살아나고 우리도 변화되리라 이 썩을 것이 반드시 썩지 아니할 것을 입겠고 이 죽을 것이 죽지 아니함을 입으리로다 이 썩을 것이 썩지 아니함을 입고 이 죽을 것이 죽지 아니함을 입을 때에는 사망을 삼키고 이기리라고 기록된 말씀이 이루어지리라 사망아 너의 승리가 어디 있느냐 사망아 네가 쏘는 것이 어디 있느냐 사망이 쏘는 것은 죄요 죄의 권능은 율법이라 우리 주 예수 그리스도로 말미암아 우리에게 승리를 주시는 하나님께 감사하노니 그러므로 내 사랑하는 형제들아 견실하며 흔들리지 말고 항상 주의 일에 더욱 힘쓰는 자들이 되라 이는 너희 수고가 주 안에서 헛되지 않은 줄 앎이라."

항상 주의 일에 더욱 힘쓰는 자들이 되라! 이렇게 읽으면 서두에서 얘기한 것과 같이 바울이 한 증언이고 위대한 사람의 증언이니까 우린 당연히 훌륭해지자, 더 최선을 다하고 더 쓸모 있자고 당연히 받아들입니다. 그러나 예수 그리스도의 죽으심이라는 것을 기독교 신앙의 가장 중요한 근본적 토대요 본질로 이해하고 있다면, 훌륭해져라 하는 것은 세상적인 방법입니다. 세상적인 이해 방법이죠. 기독교는 그거보다 큽니다. 예수님이 오셔서 뭐라고 당신을 소개하시는가 하면 가난한 자와 병든 자와 죄인의 친구가 되셨습니다. 우리가 친구를 사귀면 최소한의 조건이 뭐죠? 마음에 드는 사람입니다. 조금 더 세상적인 이해로 타협해 나가면 이해관계가 얽히는 겁니다. 예수님은 가난한 자와 병든 자와 죄인들의 친구가 되십니다. 즉 그들의 도움을 받거나 그들을 위로의 대상으로 삼을 의도는 애초부터 없는 겁니다. 정말 말 그대로 섬기러 오셨습니다. 그러나 우리는 자꾸 쓸모 있으려고 합니다. 그러니 우리 인생을 점검할 때도 우리의 사역을 판단할 때도 우리가 잘했나? 이게 굉장히 중요한 잣대로 맨 먼저 떠오릅니다.

하나님의 일하심을 내 인생 속에서 뒤돌아보면 한 개인으로서 사도 바울이 성경에 남긴 것하고 하나도 다를 것이 없는 고백에 도달했지만, 바울은 할 말이 있고 나는 할 말이 없다는 것만 차이가 나지 결론은 동일합니다. 예수를 믿는다, 하나님의 전능하심을 믿는다, 십자가가 너무나 고맙고 감사하다, 거기선 일치합니다. 한 사람은 훌륭하고 한 사람은 안 훌륭하다는 차이만 있는데, 성경은 그게 별거 아니라고 그러는데, 우리는 자꾸 그게 너무 크게 다가옵니다. 무슨 사고가 생기느냐? 아까 고린도전서 4장에서 얘기한 것과 같이 맡은 자들에게 구할 것은 충성이라. 그런데 뭘 맡았느냐 하면 여러분들, 말씀을 맡았습니다. 그지요? 말씀을 전하는 일에 하나님이 여러분을 어떤 식으로 쓰실지 우리는 모릅니다. 바울은 선교 여행으로 세계를 다니고 많은 교회를 세웠으니까 우리가 지리적으로 보거나 또는 그 성취로 볼 때 크게 생각을 하는데, 바울에게는 그게 그저 충성한 일입니다. 우리가 잘 아는 대로 안디옥 교회에서 바울과 바나바를 따로 세워 내보낼 때 성령의 명으로 보내지 본인들의 비전으로 출발하지 않습니다. 그렇지요? 우리가 소원해서 이 자리에 온 게 아니라 하나님이 붙잡아 여기 앉혔고 이제 여러분의 인생을 하나님이 하나님의 종으로 쓰실 텐데, 여러분 지금도 익히 아는 바와 같이 경험한 바와 같이 대단히 사소하고 별것 아닌 걸로 하나님이 시간을 다 보내십니다. 번듯한 일 뭐 하나 해보지 못하고 이게 맞나? 뭘 해야 되나? 어쩌란 말인가? 이런 시간이 제일 많습니다.

어느 인생도 여기에서 풀려난 인생은 없는데 여기란 어떤 것이냐, 하면 일상입니다. 어떤 일상? 가정입니다. 아내, 남편, 자식, 부모. 이게 우리의 하루 24시간의 23시간 59분을 잡아먹습니다. 애들 기르면 자주 병들고 생떼 부리고 교육시켜야 되고 학교에 불려가야 됩니다. 내 공부하는 동안 수업 좇아가야 되고 연애해야 되고, 교회 사역 해야 되고, 친구 사고에 찾아가야 하고, 이런 일들에 전부 묶여 있어요. 번듯하게 언제 시간 딱 내서 금식 한번 해보나? 장상래 목사님은 금식 기도원 가서 깨달았답니다. 하나님 저는 굶지 않고 사역하게 해주시옵소서. 그래서 응답을 받았대요. 김윤기 목사님은 금식하러 들어갔다가 20일쯤 되어 도망 나왔다죠. 나와서 가게 들러서 사탕 하나 사 먹었는데 눈이 다 밝아지더래요. 사탕 두 알을 먹고 너무 죄책감이 커서 집어 던지고 다시 들어가서 그 다음 다음날 그 봉지 찾으러 왔더니 없어졌더래요. 마침내 38일째! 이틀 남았는데 그 때, 지금 내 기억에 1984년에 이웅평이었나 누가 비행기 타고 들어왔죠. 기도원에서 "실제 상황입니다. 전쟁입니다. 전쟁 났습니다, 빨리 집에 가십시오!" 그래서 할렐루야 하고 뛰어내려왔대요. 이틀만 더 하면 40일이었는데 자기는 못했대요. 억울하지요. 했으면 명함에 써갖고 다니는 건데… 그 얘기에 저도 그거 못해봤기에 장 목사님한테 물었죠. 장 목사님은 해봤어요? 못해봤어. 사흘 굶고 기도해서 응답받았어. 아까 그게 응답이었다는 거예요. 이런 일들로 쩔쩔매게 하시면서 붙들고 일하세요. 거기서 하나님이 일하신다는 게 실감이 나세요? 예수를 죽인다니까요. 누구 손에 죽이지요? 죄인들 손에 넘겨서 죽게 해요.

IV. 맡기신 자리에서 말없이 충성하라

"맡은 자들에게 구할 것은 충성이니라" 가 뭔지 아세요? 죄와 더 이상 타협하지 않겠다는 건 늘 갖고 있는 것이지만, 그게 보란 듯이 어떤 영웅적인 사건으로 드러나게 안 하십니다. 물론 필요하면 하실 거예요. 다니엘과 세 친구가 있잖아요. 그건 하나님이 그들에게 준 사역이고 하나님의 나타내심이었습니다. 우리에게 아니 인류 보편 역사 속에서 기독교인에게 준 증거들은 이름 없이 말없이 순종하고 죽어가는 거였어요. 그게 위대한 거라는 걸 알아야 합니다.

바울이 큰일 해서 기록한 모든 결론들이 우리가 다 믿고 있는 겁니다. 어디서 싸움이 난다구요? 하나님이 나에게 시킨 일이 별 볼 일 없는 거라는 걸 이해를 못해요. 바울이 별 볼일 없는 사람으로 살았는데 서신서가 남아 있는 바람에 우리가 사는 후대에 유명해졌어요. 그런데 그 사람은 그 때도 유명해서 어디든지 얼굴만 내밀면 줄 서지 않아도 됐던 사람인 줄로 알아요. 그리고 자꾸 자책을 해요. 하나님이 나에게 관심을 가지지 않는 것이라고 생각을 하고 내가 부족한 탓이라고 생각해서 쓸데없는 일에 모든 정력이 소모가 돼요. 내 자리를 지켜서 말없이 충성해야지요. 아까 얘기했습니다. 예수님의 친구가 되세요. 예수님의 친구 중에 누구요? 병신이 되란 말이에요. 병신이 되세요. 그리고 충성하세요. 그 병신에게 동일한 고백을 주고 계세요. 예수를 믿습니다. 하나님의 신실하심을 믿습니다. 주의 나라가 임할 것을 믿습니다. 나더러 가라 하는 길이 기적의 길인 줄 믿고 순종 합시다.

세상은 희소가치가 크지요. 하나님은 가장 필요한 건 모두에게 주십니다. 줘도 되고 안 줘도 되는 것만 차별하십니다. 방언, 신유, 유명한 거, 그래도 되고 안 그래도 되는 것들을 차별하십니다. 우린 세상 문화 속에 사니까 세상의 유혹 속에 물들어 있습니다. 그래서 세상적 사고방식에 명분만 신앙을 갖다 붙이면 본질이 변질된다는 것을 놓칩니다. 자꾸 확인을 하고 싶습니다. 누구에게 확인하고 싶습니까? 보편적인 사람들, 예수를 믿지 않는 사람들에게까지도 예수를 믿으면 뭐가 다른지가 세상 사람들이 아는 가치로 증거가 됐으면 싶습니다. 건강하고 실력 있고 부흥하고 유능하고 기적을 이루고… 저는 하나님이 하도 기도에 응답을 잘 안 해주셔서 기도를 조심스럽게 하는 습관이 붙었는데, 하루는 우리 교인이 어머니가 갑자기 쓰러지셔서 병원에 심방을 와달라 해서 갔어요. 중환자실에 가서 기도를 하는데 마음이 뜨겁고 굉장히 낙관적인 생각이 들더라고요. 어머니가 괜찮아지실 것 같습니다! 그 집사님이 매우 반가와 하셨고 다음날 돌아가셨어요. 난 그건 모르겠어요. 그건 모르겠고 나에 대해선 내가 아니까 기도를 많이 했어요. 내 변덕, 내 한계에 대해선 내가 늘 아니까 처음에는 씻어 버리고 만회하려는 기도를 많이 했고 이제는 감수해요. '하나님 그렇습니다. 저 넘어졌습니다. 일어납니다. 다시 갑니다. 또 넘어지면 또 일어나겠습니다. 넘어진 거 헛되지 않은 줄로 압니다.' 그리고 계속 왔죠. 아까 얘기한 뭐가 생겼을까요? 겸손이 생겼죠. 겸손은, 너 왜 그렇게 했어? 이 말 안 하는 겁니다. 모두의 한계를 인정하는 겁니다. 내 안에서 봤으니까요. 그러나 그것이 저기에 가야 된다는 걸 약화시키거나 대강 가도 된다고 손을 잡게 되는 것은 죄가 하는 일입니다. 그렇게 핑계를 대고 얼마든지 뻔뻔스러워지려고 할 겁니다. 그걸 경계해야 됩니다. 어떻게 경계해야 되죠? 울며 기도하셔야 됩니다. 우리의 한계와 부족함 속에서 일하신다는 것 감사한데 그걸 하나님이 받아주신다는 걸 알자 이제 이것까지 받아주시라고 떼를 부리기 시작합니다. 부젓가락으로 확 질러 주시옵소서! 그렇게 기도하셔야 돼요.

해병대를 제가 갔지요. 처음 입소하자 소대장이 우리를 불러 놓고 제군들, 제트기는 왜 빠른지 아는가? 우리가 눈이 둥그레져서 제트기가 왜 빠르냐니? 빠르니까 제트기지. 제트기는 꽁무니에서 불이 나서

빠르다. 여러분들도 곧 빨라질 것이다. 꽁무니에 불이 붙었죠. 24시간 맞으니까 빠를 수밖에 없죠. 여러분, 하나님이 여러분에게 뭘 하시는지 구별하셔야 됩니다. 게으를 수도 없고 태만할 수 없습니다. 그러나 완벽하라고 그러는 게 아닙니다. 울며 가십시오. 자신의 한계를 인정하고 하나님의 일하심을 인정하시고 하나님의 거룩하신 손에 의해서 붙들린 바 되었다는 걸 여러분이 잊지 마십시오. 세상은 몰라볼 수 있습니다. 그것으로 자책하여 변명하는 게 제일 많이 등장합니다. 난 할 거 다했어요, 어쩌라고요? 이 철없는 짓 빨리 졸업하시고 세상이 몰라 주는 것 당연히 여기시고 충성하십시오. 무얼 맡겼든지 여러분에게 준 그 조건 그 상황, 자기의 자리와 그 현실에서의 자기 됨을 지키십시오. 아무도 대신할 수 없는 존재요 인생인 걸 아셔서 여러분 인생을 누구에게 떠넘기거나 다른 인생으로 바꾸어 달라고 하지 마십시오. 온 역사와 세계의 존재에 유일무이한 자신의 길, 나를 사십시오. 하나님의 은혜와 신실하심 속에서 말입니다. 그리하면 무에서 유를 창조하시고 죽음에서 부활을 만드시는 하나님의 기적을 보시게 됩니다. 아무에게도 자랑할 수 없는 게 흠입니다. 아무도 모릅니다. 하나님과 나만 압니다. 하나님이 그걸 갖고 뭘 하실지 우리는 모르는 일입니다. 그건 하나님께 맡깁니다. 나는 내가 책임져야 합니다. 나에게 찾아오신 하나님을 외면할 수 없고 그 하나님이 아들을 보내신 아버지라는 걸 기억한다면 우리를 넘어뜨릴 수 있는 건 이 세상엔 없습니다. 나 자신의 한계도 하나님을 방해할 수 없습니다. 그것이 우리의 힘이지요. 충성을 만드는 근거요 우리의 자랑이지요. 지금도 누리는 여러분들의 붙들림은 기독교 신앙 고백의 힘이며 하나님의 종이라는 위대한 사명인 것을 기억하여 충성하시는 여러분들이 되시기를 바랍니다.

신자가 가는 길

사도행전 16장 16절-25절

정창균 (설교학)

신자와 사역자들은 그가 신자이기 때문에 그리고 사역자이기 때문에 가야 하는 길이 있습니다. 좋은 길이지요. 거룩한 길이지요. 영적인 길이지요. 신령한 길입니다. 하나님과 관계를 맺고 가는 길이기 때문입니다. 물론 가는 길에서 온갖 것을 당하기도 합니다. 그러나 어떤 모양으로 가고 있든지 신자의 길, 그리고 사역자의 길을 가고 있다는 사실은 언제나 복입니다. 하나님의 사람으로서 하나님과 관계를 맺고 가는 길이기 때문입니다. 오늘 우리가 읽은 본문은 신자요 사역자이기 때문에 그 길을 가고 있는 두 사람이 그 길에서 무슨 일을 만나고 있는가, 무엇을 얻고 있는가를 매우 극명하게 보여줍니다. 빌립보에서 길을 가는 바울과 실라의 이야기입니다. 이 두 사람이 어떻게 빌립보에까지 오게 되었는가는 여러분이 다 잘 아실 것입니다. 그것이 우리가 읽은 본문 앞에 있는 이야기입니다. 아시아로 가고자 했습니다. 그러나 성령이 가로막았습니다. 길을 바꾸었습니다. 비두니아로 가고자 하였습니다. 예수의 영이 길을 막았습니다. 드로아로 내려갔습니다. 어느 날 밤 환상을 보았습니다. 이곳으로 와서 우리를 도와달라고 하는 마게도니아 사람의 환상이었습니다. 바울은 생각했습니다. 저것이 우리가 가야 할 길이구나. 서둘러서 그리 갔습니다. 그곳은 빌립보였습니다.

I. 신자가 신자인 근거

어느 날 바울과 실라가 길을 가고 있습니다. 16절에 말하기를 "우리가 기도하는 곳으로 가고 있었다." 기도하는 곳으로 가는 길이었습니다. 그런데 갑자기 소리를 지르며 따라붙는 한 여자가 있었습니다. 그 소리가 매우 쓸만한 소리입니다. 17절이지요. "우리를 따라와 소리 질러 이르되 이 사람들은 지극히 높은 하나님의 종이다. 이 사람들은 구원의 길을 너희에게 전하는 자다." 여러분이 어느 도시를 갔습니다. 성경을 끼고 기도하려고 교회로 가고 있는데 어느 사람이 계속 따라 붙으면서, "이 사람들은 지극히 높으신 하나님의 종이다. 이 분은 구원의 길을 전하는 분이다" 그렇게 말해주면 여러분 어떻겠어요? 그것도 그냥 오다가다 만난 이름 없는 자가 아니라 그 지방에서는 매우 영험이 있는 자로 공인된 유명한 사람이 그렇게 인정을 하면서 따라 붙으면 기분이 어떨까요? 이 여자가 바로 그런 사람입니다. 그 바닥에서는 저 사람 말은 맞아, 저 사람 말은 꼭 그래 하고 다 믿어버리는 공신력을 가진 여자입니다. 어떤 의미에서는 그 사회의 영향력 있는 한 세력인 것입니다. 그런 사람이 여러분에게 나타나서 이 사람은 지금 전도사지만 앞으로 한국 교회 큰 지도자가 될 위대한 지도자시다. 이 사람이 말하는 것은 무엇이나 다 진리이다. 이 분은 구원의 길을 말해주는 그런 분이시다. 그러면 여러분 어떠시겠어요? 기분이 괜찮잖아요? 힘이 생기지 않겠어요? 지금 바울과 실라에게 그런 일이 일어나고 있는 것입니다.

그런데 바울과 실라는 이 여자의 말을 무시해버리고 가던 길을 갔습니다. 기도하러 갔지요. 그런데 다음 날도 길을 가는데 그렇게 하고, 그 다음 날도 그렇게 하고, 그 다음 날도 또 그러고, 여러 날을 그렇게 합니다. 여러분 어떻겠어요? 저 같으면 어깨에 힘이 들어갈 것 같아요. 봐라, 이 사람들아 내가 그런 사람이야. 당신들이 다 인정하고 따르는 이 사람도 그렇다고 증언하잖아! 그리고는 드디어 내가 이 지역에서 힘 있게, 자신 있게 복음을 전파하며 사역자로 살 수 있겠구나 하고 용기가 날 것 같아요. 그런데 희한하게도 바울은 이 여자가 자기를 가리켜 그렇게 말해주는 것을 괴로워합니다. 그냥 괴로워하는 게 아니라 심히 괴로워합니다. 왜 그것이 괴로움이 될까요? 이 여자가 하는 말이 틀린 것 아니잖아요? 이 여자가 자기를 깎아내리고 욕하는 것도 아니잖아요? 물론 받아들이는 사람에 따라 의미가 달라질 수는 있겠지요. 유대인들이 이 말을 들을 때는 하나님을 떠올렸을 것이고, 헬라 사람들이 이 말을 들었을 때는 제우스신을 떠올렸을지 모르겠습니다. 헬라 사람들은 제우스신을 이렇게 부르니까요. 그러나 어쨌든 그건 받아들이는 사람의 사정이고 이 말 자체는 참이라 그 말이지요.

이 말 자체는 진리라 그 말입니다. 자기에 대하여 진리가 증언되고 있는데 왜 그것이 괴로움일까요? 강력한 우군이 나타났는데 왜 그것이 심한 괴로움이 될까요?

그 말을 누가 하고 있는지 때문에 바울은 괴로워합니다. 그리고 그 사람이 그 말을 하는 의도가 무엇인가 때문에 괴로워합니다. 사실 이 여자는 귀신들린 사람입니다. 귀신의 지배를 받고 있는 사람이지요. 그래서 초인적인 능력을 행사하였습니다. 이 여자는 이 능력 때문에 그 지역에서 유명해진 사람입니다. 그 능력 때문에 그 지역의 유력한 재력가의 휘하에서 사는 사람입니다. 그러나 본문은 이 여자를 노예라 그랬는데 이 사람은 두 가지 모습으로 노예입니다. 영적으로 귀신의 노예입니다. 자기가 하고자 하는 말을 하는 것이 아니라 귀신에 사로잡혀서 귀신이 하라는 대로 하는 겁니다. 그래서 노예입니다. 귀신에 의해서 이 사람의 인간성이 말살되고 있습니다. 또 하나는 바로 그 능력 때문에 유력한 사업자들에 의해서 특별 채용을 받은 사람입니다. 재력가들의 돈벌이 수단으로 묶여 있습니다. 그러니까 귀신의 노예일 뿐만 아니라 유력한 재력가들의 노예입니다. 그래서 본문은 이 여자를 두 가지 말로 소개합니다. 처음에는 "귀신 들린 여종"이라 하고, 뒤에서는 그를 고용한 사업가들을 가리켜 "여종의 주인들"이라 고 합니다. 귀신에 의해서 인간성이 말살되고, 다른 재력가들에 의하여 인권이 말살된 그런 사람입니다. 바울은 이런 사정을 알기 때문에 괴로워한 것입니다. 특히 그가 하는 그 말들이 사실은 귀신이 하는 말이라는 사실 때문에 바울은 심히 괴로워한 것입니다.

그래도 맞는 말이고, 편들어주는 말인데 왜 그것이 괴로움이 될까요? 바울은 왜 귀신이 그것을 그렇게 떠들어대며 말하는지 그 의도를 간파하고 있습니다. 그리고 바울은 누가 되었든지 우리를 인정해 주고 우리 편을 들어줄지라도 그것이 늘 사역에 유익이 되는 것도 아니라는 사실을 간파하고 있습니다. 귀신이 이 말을 할 때에는 듣는 이들이 정말 진지하게 그걸 인정하고 받아들이게 하기 위해서가 아니지요. 이들이 지극히 높으신 하나님의 종이요 구원의 길을 전하는 자라는 그 사실을 조롱하며 한 말입니다. 이 귀신은 바울의 신분과 사역에 대한 증언으로 그 말을 한 것이 아니고 조롱할 의도로 그 말을 한 것입니다. 바울과 그의 사역을 편들어 주기 위해서가 아니라 궁극적으로는 대적하기 위해서 지금 이 말을 하고 있다는 것을 바울은 간파한 것입니다. 귀신이 그 말을 하고 있으니까요. 귀신은 그 본질이 하나님과 대적하는 자이지요. 그러므로 그가 어떤 말을 할지라도 그가 누구인가 때문에 그의 말은 하나님에 대한 증언이 될 수 없고 하나님을 편드는 것이 될 수 없는 것입니다.

신자가 신자가 되고 또 교회가 교회가 되는 것이 세상이나 세상의 유력한 단체가 인정해 주어서 그렇게 되는 것은 아닙니다. 세상은 아무리 기독교에 대하여 좋은 평판을 내려준다 하여도 그것을 근거로 드디어 진리가 되고 하나님이 하나님이 되는 법은 없습니다. 그리고 세상은 자기의 이익을 따라 사는 것이 본질이어서 끝까지 선한 의도로 하나님 편에 설 수도 없습니다. 세상이 기독교에 큰 힘이 되는 일을 해준다면 그렇게 해줌으로써 더 큰 대가를 얻어낼 가능성을 보았기 때문입니다. 자기들의 잇속에 따라 기독교 편에 서기도 하고, 대적의 편에 서기도 합니다. 세상과 권세와 여론의 인정을 받아 떳떳하게 신자의 길을 가고, 복음 사역자의 길을 가고 싶은 것은 우리 신자와 교회에게 큰 유혹거리입니다. 큰 미혹입니다.

 왜 오늘날 교회들이, 신자들이, 목회자들이 이 시대를 사로잡고 있는 세력이나 정권이나 여론이나 영향력이 많은 어떤 단체들로부터 인정을 받음으로써 힘을 얻으려 할까요? 왜 언제부턴가 이 나라 교회를 대표한다고 하는 어른들이 떼를 지어서 파란 지붕의 그 집을 그렇게 들락거리는 걸까요? 왜 이 사회의 어떤 문제에 대하여 기독교의 진리를 말하려고 할 때 세상과 여론이 어떻게 받아들일지 눈치를 보게 되는 것일까요? 우리가 구원받은 신자인 것은, 우리가 교회인 것은, 우리의 복음이 진리인 것은 이 사회의 누가 인정해주기 때문에 그것을 근거로 드디어 그 때부터 되는 것이 아닙니다. 그것이 설사 귀신이라 할지라도, 그것이 설사 하나님의 대적 관계에 있는 권력이라 할지라도 어쨌든 우리를 편들어 주는 말을 해주면 그것을 즐거워하고 고마워하고 또 대환영을 하여 한 편이 되려는 것은 신자의 길, 교회의 길에서 우리가 자주자주 만나는 유혹입니다.

 바울은 지금 신자가 가는 길에서 만나는 귀신의 시도를 간파하고 괴로워하고 있습니다. 그리고 그 일에 동원되고 있는 여자 노예를 보며 괴로워하고 있습니다. "내가 네 편 들어줄게. 네 말 나도 거들어 줄게. 내 밑에 들어와" 하는 유혹을 두고 괴로워하고 있습니다. "거봐. 저 유력한 사람도 그렇게 말하잖아. 귀신도 내가 맞다고 말하잖아. 그러니까 내가 맞는 것이잖아" 하는 순간 우리는 무엇을 하고 있는 걸까요? 우리의 복음을, 우리의 교회를, 우리의 신자 됨을 그리고 우리의 하나님을 귀신이 증언해줘야 비로소 하나님이 되고 신자가 되고 교회가 되는 것으로 만드는 일을 하는 것입니다. 그렇게 되면 권위는 누구에게로 돌아가는 거예요? 귀신에게로 돌아가는 거지요. 권력자에게로 돌아가는 거지요. 돈에게로 돌아가는 거지요. 여론에게로 돌아가는 거지요. 세상의 단체들에게로 돌아가는 것이지요. 신자는 누가 인정해 주어서가 아니라 하나님이 불렀기 때문에 신자입니다. 신자는 누가 인정을 안 해주니까 이제는 더 이상 신자가 아니고 교회가 아니고 복음이 아닌 것이 아니라, 그 주인이 하나님이시기 때문에 여전히 신자이고 기독교이고 교회인 것입니다. 신자와 교회의 명예가 여기에 있는 것입니다. 물론 신자답지 않게 살아버려서 생긴 참담한 결과에 대하여는 겸손히 인정하고 회개하고 다시 시작해야 합니다. 그러나 세상이 우리를 어떻게 평가하는가가 결정적인 기준이 아니라, 하나님께서 우리를 어떻게 판단하실 것인가가 기준이 되어야 합니다. 세상을 우군으로 삼기 위한 처신이 아니라, 하나님 편에 서기 위한 처신이어야 합니다. 그것이 신자가 가는 길입니다.

II. 신자의 길에서 만난 일 – 고난

심히 괴로워하던 바울이 어느 날은 작심을 합니다. 가던 길을 멈추고 돌아서서 소리를 지릅니다. "예수 그리스도의 이름으로 내가 네게 명하노니 그에게서 나오라!" 예수님이 군대 귀신들린 자에게 소리치던 모습이 떠오릅니다. 그러자 일이 벌어졌습니다. "귀신이 즉시 나오니라. "멋진 일을 한 것이지요. 그렇잖아요? 귀신에게 휘둘리지 않았잖아요. 다른 영에 의하여 인간성이 말살되고, 다른 인간에 의하여 인권을 탈취 당한 한 인간을 회복시켰잖아요. 하나님의 형상을 빼앗긴 사람을 하나님의 형상을 가진 사람으로 회복시켜놨잖아요. 위대한 일을 한 것이지요. 무엇을 기대하세요? 여러분이 사역자의 길을 가면서 이런 저런 유혹을 당당하게 물리치고, 주님의 이름을 높이고, 주님의 복음을 확장하고, 교회를 성장시키고, 영혼을 구원하고… 훌륭한 일을 했습니다. 그 다음에 우리가 당연히 기대할 수 있는 것은 무엇일까요? 복이지요. 하나님이 주시는 놀라운 보상이지요. 이제 하나님이 내 사역을 잘 펼쳐 주시겠지. 이제 하나님이 교회를 크게 부흥시켜 주시겠지. 이런 거 아니에요? 그런 기대를 하는 것은 불신앙인가요? 하나님이 자주 그렇게 해오셨는데요. 사도행전에서 여러 번 확인하는 것도 그것이지요. 핍박을 견뎌내고, 유혹을 물리치고, 매를 맞아가면서도 예수가 하나님의 아들이시다, 예수는 그리스도시다, 예수는 부활하셨다, 예수 믿어야만 구원 받는다고 선포하며 다녔지요. 그랬더니 3,000명이 들어오고 5,000명이 들어오고 하지 않았습니까? 그것은 우리가 지금도 삶의 현장에서 자주 목격하는 신앙의 경험입니다. 그러나 바울이 편들어 주는 귀신의 술수에 말려들지 않고 오히려 쫓아내 버리는 그 일을 하자마자 닥쳐온 건 무엇일까요? 감옥에 갇히는 고난입니다.

  그 사회의 한 쪽에 바울이 한 일에 심히 분노하며 싫어하는 사람들이 생겼습니다. 이 여자를 고용해서 돈벌이를 해왔던 사업주들이었습니다. 이 여자에게서 귀신이 나가는 순간 이 사업자들에게서는 강력한 사업 수단 하나가 없어져 버렸습니다. 그래서 바울과 실라를 없애 버리기로 작정하고 행동에 옮깁니다. 종교적 문제를 문화의 문제,

인종의 문제, 사회적 문제로 둔갑시켜서 여론을 동원하여 소동을 일으킵니다. 권력을 가진 집정관들을 동원하여 법적 소동을 일으킵니다. 사업자들이 동원되고 여론이 동원되고 집정관들의 권력이 동원돼서 내려진 최종 결론이 그것입니다. 22절 "무리가 일제히 일어나 고발하니 상관들이 옷을 찢어 벗기고 매로 치라 하여 많이 친 후에 옥에 가두고 간수에게 명하여 든든히 지키라 하니 그가 이러한 명령을 받아 그들을 깊은 옥에 가두고 그 발을 차꼬에 든든히 채웠다." 그 사회의 모든 이들이 이 두 사람의 대적자가 되었습니다. 단순히 반대자가 아니라 생명을 위협하는 핍박자들이 돼버렸습니다. 고난이 닥친 것입니다.

뭘 잘못했기에 그럴까요? 잘못한 거 없습니다. 여러분 우리가 가는 길이 거룩한 길이고 신령한 길이고 하나님이 보내셔서 가는 길이기 때문에 그 길이 순탄해야 되고 평탄해야 되고 형통해야 된다고 기대하는 것은 턱없는 일이라는 것을 아십니까? 우리가 가는 길이 하나님의 말씀에 순종해서 가는 길이기 때문에 아무 어려움 없이 순조로워야 된다고 요구하고 주장하는 것은 전혀 근거 없는 일이라는 것을 아십니까? 하나님은 우리를 신자로 불러서 하나님의 일을 하시겠다고 그랬지 가는 모든 길을 순탄하게 하고 마음껏 자존심 세우면서 떳떳하게 가도록 해주겠다고 말씀하신 적이 없습니다. 스데반은 설교 한 편을 다 못 마치고 설교하는 도중에 돌에 맞아 죽었습니다. 그는 하나님이 부른 사람이 아닐까요?

목회 하다 보면 흔히 이런 말을 듣습니다. 그래도 예수 믿는 사람의 자녀가 믿지 않는 사람보다는 좋은 학교를 들어가야지. 그래도 믿지 않는 사람보다 결혼을 잘해야 우리가 떳떳하게 전도도 하고 그러지 않겠냐? 예, 그랬으면 좋겠습니다. 때때로 그런 일이 있기도 합니다. 그러나 그것이 보편적인 법칙은 아닙니다. 목회 하다가 보면 신앙생활을 정말 잘하는데 일이 안 풀리는 교인이 있습니다. 그걸 보면 정말 죽겠어요. 지금은 목회를 하지 않으니까 그럴 일이 없어서 한편으로는 좋은데요. 그때는 오죽 답답하면 한동안 새벽기도 하면서 하나님, 내가 하나님이면 좋겠습니다, 하고 기도했겠어요. 하나님이 이해가 안 됩니다. 저렇게 신앙으로 살려고 애쓰는데 계속 어려움만 당하는 것을 보자니 너무 속상합니다. 5년 동안 그렇게 연애했던 사람을 끝까지 예수 안 믿겠다고 하니까 그 아까운 사람을 포기해버렸는데. 저 같으면 옛다 그 녀석보다 백배 나은 남편감 여기 있다 하고 그 다음 날 주겠어요. 그런데 그 일 있고 17,8년 된 지금도 안 주세요. 나도 모르겠어요. 돈만 주면 저 사람은 당장 목사님 책 사보시라고 돈도 제법 가져 오고, 선교지 간다고 하면 비행기 삯 다 내주고 그럴 것 같은데, 그 사람에게만 돈을 안 주세요. 정말 이 사람 병 한 번만 고쳐주면 큰일 할 것 같은데, 교회도 한번 힘을 얻을 것 같은데 그렇게 매달려서 기도해도 안 고쳐주세요. 그래서 제가 한동안 새벽마다 기도한 게 있지요. "하나님 제가 하나님이면 좋겠습니다!" 내가 무슨 에덴동산의 하와의 심정으로, 바벨탑을 쌓는 사람들의 못된 심정으로 그런 거 아니에요. 너무 안타까워서요. 그러나 그럼에도 불구하고 절망하고 낙심하는 것은 잘못이라 그 말입니다. 우리는 형통하기 위하여 신자의 길을 가는 것이 아니라, 신자이기 위하여 신자의 길을 가기 때문입니다.

III. 신자의 길에서 만난 일 – 궁극적 승리

두 사람이 감옥에 갇혀 있습니다. 누가 이긴 것일까요? 돈벌이를 잃은 사업자들은 그 원인을 제공한 두 사람을 실컷 두들겨 패고 생명을 위협하는 감옥 깊은 곳에 차꼬를 채워 처넣었습니다. 누가 이겼을까요? 한밤중이 됐습니다. 자정 가까운 시간에 감옥을 울려 퍼지는 소리가 모두에게 들렸습니다. 누군가 하나님을 부르며 기도하는 소리가 들렸습니다. 그 기도는 악다구니를 쓰면서 대들고 원망하는 한 맺힌 기도가 아니라 찬미하는 기도였습니다. 그것이 25절입니다. "한밤중에 바울과 실라가 기도하고 하나님을 찬송하매 죄수들이 듣더라." 이 장면을 어떻게 생각하세요? 바울과 실라의 모습이 어떻게 보이세요? 누가는 왜 이런 기록을 여기에 해놓았을까요? 우리의 시각을 완전히 바꾸라는 요구를 담은 누가의 수사학적인 전략입니다.

바울과 실라는 두들겨 맞고 상처투성이가 됐습니다. 발이 쇠고랑에 채워져서 감옥 깊은 곳에 던져져 있습니다. 캄캄한 밤중 깊은 감옥에서 이 두 사람은 하나님께 기도하고 있고, 하나님을 찬양하는 노래를 부르고 있습니다. 이 모습이 여러분의 눈에는 어떻게 보이세요? 참 안됐다. 복음을 전하다가는 저리 초라한 모습도 당해야 하는구나. 아 언제나 복음 전한 자는 이렇게 비참하게 되고 또 실패한 자의 모습으로 살 수밖에 없구나. 이렇게 보이세요? 만약 누가가 제시한 이 장면이 그렇게 보인다면 우리는 여전히 지금 이 사업자들, 소동했던 무리들, 그를 처넣었던 권력자의 가치관과 그들의 눈으로 보는 것입니다. 요즘 흔히 쓰는 다른 말로 한다면 그들의 세계관으로 우리가 살고 있다는 확실한 증거가 될 것입니다. 누구의 눈에 이 사람들이 초라하게 보이고, 누구의 눈에 이 사람들이 실패한 자로 보이고, 누구의 눈에 이 사람들이 비참한 자로 보일까요? 이들을 그렇게 만든 자의 눈에 그렇게 보이겠지요.

그러나 한번 시각을 바꿔서 보세요. 캄캄한 밤중입니다. 아우성치던 여론도 잠잠해졌습니다. 곧 죽일 것처럼 돌을 던지며 날뛰고 욕설을 퍼붓던 군중도 이제 잠잠해졌습니다. 사업자들도 다 잠잠해졌습니다. 나는 너를 이렇게 만들 수 있는 사람이야, 하고 권력을 휘두르던 사람들도 다 들어가고 잠잠해졌습니다. 캄캄한 밤에 그들에 의하여 얻어맞고 갇혀서 어쩌면 죽음이 눈앞에 어른거릴 두 사람이 하나님을 향하여 찬양을 하고 있습니다. 오히려 그들이 기쁨으로 하나님을 부르며 기도하고 있습니다. 어떻게 보이세요? 이거야 말로 이 두 사람이 최후의 승리자라는 확실한 선언 아닌가요? 누가가 이 장면을 이렇게 생생하게 기록하여 우리에게 제시하는 의도는 분명합니다. 신자는 어떤 시각으로 세상을 봐야 하는가, 사역자는 어떤 눈으로 자기의 현실을 봐야 하는가를 말하고 싶은 것입니다. 어떤 사람이 이 대목을 그렇게 써놨더라고요. "이제 이 두 사람에 의하여 감옥 안에서 이 소리를 듣는 이 세계에 영적인 진압이 이루어지고 있다. 영적으로 이들이 이곳을 진압하고 있다." 저는 이 견해에 완전 동의합니다.

그 깊은 밤, 그 깊은 감옥 속에 기적이 일어났습니다. 땅이 흔들리고 감옥 문이 열렸습니다. 죄수들은 당연히 다 도망을 갈 것입니다. 직무 유기로 책임추궁을 당할 것이 두려운 간수는 스스로 목숨을 끊으려 합니다. 그 때 그 깊은 감옥 안에서 소리를 치는 사람이 있습니다. "네 몸을 상하지 말라. 우리가 다 여기 있다!" 바울이었습니다. 간수에게 땅이 흔들리고 감옥 문이 열린 것보다 더 놀라운 기적은, 이런 기회가 왔는데도 도망을 가지 않는 죄수들이 있다는 사실이었을 것입니다. 바울과 실라는 탈출의 기회를 붙잡는 것보다 그냥 신자의 길을 가기로 한 것이지요. 그것이 세상에는 지진이 일어나 감옥 문이 열린 것보다 더 큰 충격이고 놀라움이지요. 그것이 감옥에 갇힌 신자의 궁극적인 승리였습니다.

간수가 바울과 실라 앞에 엎드립니다. 그리고 말합니다. "선생들이여! 내가 어떻게 하여야 구원을 얻을 수 있겠습니까?" 사실 간수는 "선생님, 나도 당신들처럼 살고 싶은데 혹시 길이 없겠습니까?" 하고 묻는 셈입니다. 신자의 길을 가는 것이 중요합니다. 우리가 신자의 길을 가면, 알아보는 사람이 생기는 법입니다. 그리하여 나도 당신처럼 그렇게 인생을 살아보고 싶다고 따르는 사람이 생기는 법입니다. 그날 밤, 스스로 자기 목숨을 처리해 버리려던 간수의 온 집안에 구원이 임했고, 큰 기쁨이 임했습니다. 신자의 길에 놓여 있는 진정한 승리가 무엇인가를 생생하게 보여주는 사건이지요.

IV. 다른 시각으로 세상을 보는 눈

여러분, 생각을 바꿔야 합니다. 시각을 바꿔야 합니다. 세상 사람 모두가 귀하게 여기고 영광스럽게 여기는 그것을 우리도 똑같이 좋아하며 귀하게 여기고 영광스럽게 여기면서 세상 사람들은 자기들의 방법으로 이걸 얻고자 하고, 신자들은 하나님을 이용하여 이것을 얻고자 하는 것이 다를 뿐이라면 우리는 신자가 아닙니다. 신자는 근본적으로 다른 시각을 갖는 것입니다. 다른 세계관을 갖는 것입니다. 빌립보서 3장에서 만나는 사도 바울의 답답함이 여기에 있었습니다. 바울의 논리를 요약하면 이런 말입니다. "너희가 그렇게 자랑하고 귀하게 여기는 그것이 내게는 없어서가 아니다. 내가 너희들만 못해서가 아니다. 무엇이 정말 중요하고 가치 있는 것인가에서 생각이 다르니까 나는 그것을 주장하지 않는 것뿐이다. 나는 그것들을 배설물로 여긴다. 내게는 예수가 가장 귀하고 가장 값지다. 내가 예수를 얻을 수만 있다면 그것이 내게는 가장 큰 상급이다!" 여러분 시각을 바꾸세요. 생각 하나를 바꾸면 세상이 달리 보인다는 것을 아세요?

신자가 가는 길에는 여러 가지 유혹들이 있습니다. 정체성을 흔들려는 유혹들이 있습니다. 우리의 손발을 마비시키려는 무서운 고난들이 있습니다. 그러나 신자가 가는 길에서 우리가 얻는 것은 진정한 승리입니다. 신자의 궁극적인 목적은 어떻게 해서든지 살아남는 데 있는 것이 아닙니다. 어떤 대가를 지불하고라도 신자가 되는 데에 신자의 목적이 있습니다. 교회의 궁극적인 목적은 어떤 수를 써서라도 살아남는 데 있는 것이 아닙니다. 문을 닫고 망하는 한이 있더라도 교회가 되는 데에 교회의 목적이 있습니다. 세상이 귀하게 여기는 것을 우리도 확보함으로 당당해지려는 유혹을 이겨내십시오. 신자의 길을 가십시오. 그것 자체가 우리의 승리라는 것을 잊지 마십시오. 우리가 사역의 길에서 무엇인가를 이루어냄으로써 드디어 승리자가 되는 것이 아닙니다. 그 길을 가고 있는 것 자체가 이미 우리의 승리입니다. 하나님이 가라 하신 길을 가고 있기 때문입니다. 서로 붙들어 주고 서로 부추겨 주면서 함께 이 시대의 신자의 길, 사역자의 길을 가기로 합시다.

구경꾼에서 거듭난 일꾼으로

요한복음 3장 1절-15절

이승진 (설교학)

I. 예수님을 방문한 구경꾼 니고데모

예수님은 공생애 동안에 갈릴리 지방에서 전도여행 중에 또는 예루살렘에서 여러 기적과 표적을 행하셨습니다. 갈릴리 가나에서는 물로 포도주를 만들어 하나님 나라의 영광을 표적으로 나타내 보이기도 하시고, 귀신을 쫓아내기도 하시고, 38년 된 병자를 고치기도 하셨습니다. 예수님이 이렇게 보통 사람으로서는 결단코 할 수 없는 표적과 이적을 행하는 것을 보면서, 당시 많은 사람들이 자신들의 고통을 해결하고자 또는 하나님의 말씀을 듣고자 예수님을 찾아오기도 하고 그분의 뒤를 따르기도 했습니다.

하지만 오늘 본문의 니고데모는 이런 목적을 가지고 예수님을 방문한 것이 아닙니다. 당시 니고데모는 유대사회에서 하나님의 계명인 토라를 해석하고 가르쳐서 하나님과 이스라엘 백성들을 연결하는 최고로 존경받는 선생이었고, 또 오늘날 대법관에 버금가는 영향력을 가진 최고의 의결기관이었던 산헤드린의 공회원이기도 했습니다. 예수님에게 무언가 도움을 받아야 할 정도로 그렇게 부족한 것이 있는 그런 사람이 아닙니다. 그런 이유로 예수님을 찾을 이유가 없는 사람입니다.

당시 간절한 도움을 기대하며 예수님을 찾은 일반 백성들과는 달리 바리새인들과 서기관들 중에는 매우 악의적인 목적을 가지고 예수님에게 접근하였습니다. 당시 예수님이 여러 표적과 기적으로 또 하나님 나라의 말씀으로 유대인들로부터 상당한 영향력을 얻기 시작하자 당시에 하나님의 말씀을 연구하면서 백성들의 지도자 역할을 하고 있던 이 바리새인들과 서기관들은 궁금한 마음이 들기 시작하였습니다. 그리고 예수님의 표적과 설교 말씀을 분석하고 연구하기 시작했습니다.

그런데 이들은 예수님의 표적이나 말씀을 조사한 결과 당혹스런 결론에 도달하게 됩니다. 죽은 사람까지라도 되살린 엄청난 표적은 도저히 사람이 행하는 일이라고 볼 수는 없다는 것입니다. 여호와 하나님이 그 속에서 일하고 계심을 인정할 수밖에 없습니다. 하지만 문제는 만일에 예수님이 메시아이심을 인정하면, 결국은 자신들은 예수님이 비판하는 것처럼 외식하는 거짓 선지자들이라고 하는 진실을 인정해야만 합니다. 이제 사람들로부터 존경과 찬사를 그만 받고 높은 자리의 옷을 벗어야 합니다. 그 일은 죽기보다 싫습니다. 그래서 예수님의 영적인 권위를 부정할 수도 없고, 긍정할 수도 없는 답답한 지경에 빠지게 됩니다. 그래서 바리새인들과 서기관들은 예수님의 영향력을 무너뜨리기 위해서 고소거리를 찾을 목적으로 예수님에게 접근하였습니다.

그러나 니고데모는 그러한 악의적인 목적을 가지고 이 밤에 예수님을 찾아온 것은 아닙니다. 그렇다고 예수님에게서 병을 고치거나 인생의 문제를 해결 받고자 예수님을 찾아온 것도 아닙니다. 그렇다면 니고데모가 예수님을 늦은 밤에 예수님을 찾아온 이유는 무엇일까요? 2절에서 니고데모는 곧장 예수님을 메시아로 인정하고 있습니다. "랍비여 우리가 당신은 하나님께로부터 오신 선생인 줄 아나이다." 니고데모는 당시 이스라엘 사회에서 하나님의 말씀인 토라를 연구하고 또 토라의 말씀이 실제 사회 속에서 실행되고 집행되도록 하는 최고 의결기관의 공회원으로 활동하면서, 이스라엘 사회에서 최고의 존경을 받는 입장에 있었습니다. 그렇게 최고의 실력을 갖추고 최고의 존경과 특권을 누리는 입장에서 볼 때, 예수님이 하시는 일은 분명 사람의 능력으로 말미암아 발생하는 일이 아니라 살아계신 하나님, 역사의 주관자이신 하나님, 그 하나님께서 직접 예수님을 통해서 이 표적을 행하고 계심을 솔직히 인정할 수밖에 없었습니다.

예수님의 표적의 배후에 있는 영적인 권위를 알면 알수록, 그리고 그 영적 권위의 출처를 인정하면 인정할수록 그 앞에 점점 초라해지는 자신을 부정할 수도 없고 감출 수도 없었습니다. 속으로 그렇게 생각했을 것입니다. 나도 사람들로부터 존경을 받는 것이라면, 예수님 이상으로 존경을 받고 이 유대 사회에서 그이 이상으로 영향력을 행사하고 있습니다. 그러나 내가 하는 일과 예수님이 하시는 일은 근본적으로 다릅니다. 내가 하는 일은 그냥 내가 물려받은 전통과 가문 배경과 내가 그동안 배운 학식과 내가 그동안 갈고 닦은 실력으로 하는 일입니다. 정말 말 그대로 사람의 일입니다.

하지만 예수님 당신님이 하시는 일은 정말 사람이 하는 일이 아니라, 당신 안에 하나님이 계십니다. 랍비여 당신께서 전하시는 말씀과 표적 속에는 과연 하나님이 살아 역사하고 계십니다. 나도 하나님의 말씀을 연구하고 하나님의 말씀을 가르치며 하나님의 뜻을 사람들에게 전하는 일을 하는 사람으로서 도대체 사람 안에 하나님이 실제로 살아 역사하실 수 있는 그 비결이 도대체 무엇입니까?

신학생의 중요한 관심사 중의 하나는 어떻게 하면 성공적인 목회 사역을 감당할 수 있을까, 하는 것입니다. 현재 합신 교단에 2012년 통계로 878개 교회가 있습니다만, 878개 교회 중에서 재정적으로 자립하지 못한 교회들이 과반수를 차지하는 것이 현실입니다. 이런 상황에서 저와 여러분의 마음속에, 앞으로 나가서 목회는 어떻게 감당해야 하는지에 대한 부담감이 마치 가슴에 박힌 못처럼 그렇게 우리 마음을 괴롭히고 있습니다.

그러다보니 정말 어떻게 하면 정말 예수님처럼 많은 사람들을 불러 모으는 성공적인 목회를 감당할 수 있을까? 어떻게 하면 설교 한 편으로 사람들을 뒤집어 놓을 수 있고 어떻게 설교를 잘 하면 교인들로부터 인정받을 수 있을까? 교수님들로부터 배우고 싶어하는 것 중의 하나가 교회를 개척하여 자립의 수준으로 끌어올리는 비법 같은 것입니다.

II. 물과 성령으로 거듭나야 한다

니고데모가 그 비결을 캐묻는 심정으로 예수님의 표적 속에 여호와 하나님이 살아 역사하심을 인정하자, 모든 것을 아시는 예수님이 3절에서 말씀하십니다. 너의 문제는 한마디로 하나님 나라에 구경꾼에 불과하다. 하나님 나라를 멀리서 구경하면서 때로는 궁금해 하고 때로는 부러워하고 때로는 시기 질투하는 구경꾼에 불과하다. 하나님 나라는 구경꾼으로 섬기는 것이 아니라 네가 다시 태어나야 한다고 말씀하십니다. 그러자 니고데모가 자기 속을 들킨 것 같아서인지, 다시 태어나야 한다는 것이 도대체 무슨 말씀입니까, 하고 묻습니다. 나도 나이가 들만큼 들었고, 보아 하니 선생님도 나이를 잡수실 만큼 잡수신 것 같은데, 도대체 상식적인 말씀을 하셔야지, 설마 지금 이 나이에 엄마 뱃속으로 다시 들어가야 한다는 말씀은 아니시겠지요?

신학교에 와서 교수님들한테 목회 비결을 배우려고 하고 교회를 부흥시키는 비법을 배우려고 하는데, 교수님들은 맨날 하는 말씀이 '세상 사람들은 병거를 의지하고 다른 교단 사람들은 군마를 의지하지만, 우리 합신은 여호와 하나님을 자랑해야 한다' (시 20:7) 그러고, 칼빈주의와 개혁주의를 말씀하시고, 구속사를 말씀하시고 하나님 나라를 말씀하시니 조금은 아쉽구나, 하는 생각을 할 수 있습니다. 내가 원하는 것은 어떻게 사람이 하는 일 속에 하나님이 역사하는 부흥의 역사가 가능하냐 하는 것인데, 왜 맨날 하나님만 의지하라고 하는 것입니까? 정말 실용적이지가 않아서 답답합니다.

그러자 예수님이 정말로 예수님의 심장을 꺼내 보여주는 심정으로, 마지막 카드를 보여주는 심정으로 말씀하십니다. "사람이 물과 성령으로 나지 않고서는 절대로 하나님 나라에 들어갈 수 없다." 하나님이 사람 속에 살아 역사하는 이 하나님의 능력에 동참하는 비결이 뭔가? 그 비결은 멀리서 구경하면서 때로는 부러워하다가 또 때로는 시기 질투하다가, 나는 안 될 것 같아서 절망하다가 또 어떤 때는 될 것도 같아서 기분이 좋다가, 이렇게 감정의 롤러코스트를 타는 것이 아니라, 우리 모두가 하나님 나라 안에서 새롭게 태어나야 하는 줄 믿습니다. 그리고 저와 여러분 안에 하나님이 살아 역사하시도록 하려면 우리 모두가 물과 성령으로 거듭나야 하는 줄 믿습니다.

그런데 예수님의 표적을 부러워했던 하나님 나라의 구경꾼인 니고데모는 물과 성령으로 거듭나야 한다는 말을 잘 이해할 수 없었습니다. 그래서 9절에서 반문합니다. "어떻게 그러한 일이 있을 수 있나이까?" 그러자 10절에서 예수님은 "너는 이스라엘의 선생임에도 불구하고 어찌하여 이러한 것들을 알지 못하느냐?"고 책망하십니다. 예수님이 이렇게 니고데모를 책망할 수밖에 없는 이유가 있습니다. 그것은 니고데모와 같이 당시 최고의 의결기관이었던 산헤드린의 공회원이거나 바리새인 정도라면, 구약에 대해서 정통한 사람들이라면 구약에서 특히 포로기 선지자들이 물과 성령으로 말미암아 하나님 나라의 백성들이 회복된다는 새언약에 관한 예언의 말씀들을 귀가 따가울 정도로 수 없이 반복적으로 들어보았을 것이기 때문입니다.

창세기로부터 말라기까지 구약성경 전체를 관통하는 핵심사상이 언약사상입니다. 하나님과 그 백성들 간의 언약의 역사는 천지창조로부터 시작됩니다. 이후에 아담의 타락에도 불구하고 이 영원한 언약이 깨어지지 않고 노아 시대와 아브라함 시대를 거치고 또 출애굽 사건과 가나안 정착기와 다윗 왕조를 통해서 계속 이어지고 있습니다. 그런데 구약성경에서 이 언약의 역사가 다윗 왕조 이후에 솔로몬 시대로 이어져 내려오면서 하나님과 이스라엘 백성들 간에 근본적으로 확인된 것이 무엇인가 하면, 이스라엘 백성들은 하나님과 맺은 영원한 언약관계가 요구하는 거룩한 삶을 살아낼 능력이 절대로 없다는 사실입니다. 다윗 왕조 이후 솔로몬 시대로 들어가면서 온 이스라엘이 민족적으로 하나님과 맺은 언약을 파기합니다. 위로부터는 솔로몬 왕으로부터 시작하여 중간의 귀족들과 제사장들과 아래로 모든 백성들이 한결같이 거룩하게 예배는 드리지만, 일상적인 삶 속에서는 완전히 하나님의 계명에서 떠나버리는 일이 발생합니다. 마음 중심으로부터 본질상 진노의 자녀이기 때문에 아무리 하나님으로부터 선택을 받았더라도 이스라엘은 언약의 파트너로서 하나님의 말씀을 이행할 마음도 없고 능력도 없고 관심도 없는 패역한 죄인들이라는 사실이 확인됩니다.

주전 8세기에 접어들면서 대거 포로기 선지자들이 등장하여 일관되게 선포하는 말씀이 있습니다. 그 말씀이 무엇인가? 하나님께서 이스라엘을 버리셨고 그들에게 언약의 보증수표로 베풀어 준 가나안 땅을 다시 빼앗아 박탈해버릴 것을 말씀합니다. 언약을 파기한 이스라엘 사람들은 곧 바벨론에 포로로 끌려갈 것을 말씀합니다. 그러자 포로기 선지자들과 이스라엘의 남은 자들이 하나님의 언약을 붙잡고 탄식하기 시작합니다. 우리와 영원한 언약을 맺으신 하나님! 우리를 영원히 버리실 것입니까? 이제 와서 이 언약을 파기하실 거라면, 그러면 우리 인간이 이 언약을 전혀 이행할 능력이나 그런 가능성이 전혀 없는 것을 모르시고 우리와 언약을 맺으셨습니까?

그러자 하나님이 포로기 선지자들을 동원해서 일관되게 하시는 말씀이 무엇인가 하면 바로 새언약의 말씀입니다. 새언약을 이전 옛언약과 구분 짓는 획기적인 차이점이 무엇인가? 그 차이점은 바로 여호와의 영, 성령 하나님이 사람의 바깥이 아니라 사람의 마음 중심에 직접 임재하시겠다는 것입니다. 여호와의 영이 사람의 마음속에 직접 내주하심으로 옛 사람과는 전혀 다른 새로운 생명이 그 속에서 새롭게 태어나게 해서 하나님의 계명을 자발적으로 이행하고 하나님과 맺은 언약을 자발적으로 이행하게끔 만들겠다고 하는 것입니다.

이사야 44장 3절에 "나는 목마른 자에게 물을 주며 마른 땅에 시내가 흐르게 하며 나의 영을 네 자손에게, 나의 복을 네 후손에게 부어주리니 그들이 풀 가운데에서 솟아나기를 시냇가의 버들 같이 할 것이라." 요엘 선지자를 통해서도 2장 29절에서 "내가 내 영을 만민에게 부어줄 날이 올 것"이라고 미리 예언의 말씀을 하십니다.

오늘 니고데모에게 예수님이 물과 성령으로 거듭남으로 하나님 나라에 들어갈 수 있다는 말씀은 이미 에스겔 36장 25절부터 27절까지에 그대로 거듭 반복되고 있습니다. "맑은 물을 너희에게 뿌려서 너희로 정결하게 하되 곧 너희 모든 더러운 것에서와 모든 우상 숭배에서 너희를 정결하게 할 것이며, 또 새 영을 너희 속에 두고 새 마음을 너희에게 주되 너희 육신에서 굳은 마음을 제거하고 부드러운 마음을 줄 것이며 또 내 영을 너희 속에 두어 너희로 내 율례를 행하게 하리니 너희가 내 규례를 지켜 행할지라."

오늘 본문에서 예수님이 말씀하신 물과 성령으로 거듭난다는 것은, 구약에서 이사야 선지자나 예레미야 선지자, 그리고 요엘 선지자와 같은 포로기 선지자들이 새언약을 예언할 때 일관되게 하신 말씀입니다. 물과 성령으로 거듭난다는 것이 무엇인가? 물로 거듭나는 것과 성령으로 거듭나는 것, 두 가지가 있다는 말씀이 아닙니다.

물과 성령은 물이 곧 성령이라는 의미로 사용되고 있습니다. 물로 거듭나는 것과 성령으로 거듭나는 것이 한 가지이고 결국 하나님 나라 백성들이 성령으로 거듭나는 세상이 오는데, 그 성령 하나님에 의하여 거듭나는 것은, 마치 황무한 사막 땅에 모든 생명체가 죽었다가 물이 다시 흘러넘치면서 모든 만물들이 새롭게 태어나는 것에 비견될 수 있다는 것입니다. 죄악 때문에 이 땅이 저주를 받아서 모든 생명체가 다 말라 죽어버렸지만, 하늘로부터 비가 내려서 온 대지에 물이 다시금 흘러넘칠 때 모든 죄악이 씻기고 모든 죄악이 씻긴 자리에서 새로운 생명들이 나오듯 풀과 나무가 자라기 시작하고 모든 동물들이 풍성하게 거하기 시작합니다. 이러한 새로운 생명의 역사가 어디에서 일어나는가 하면 하나님의 성령이 사람의 마음속에 임함으로 말미암아 사람의 마음속에 옛 자아가 죽고 새로운 자아가 새롭게 탄생함으로 시작된다는 것입니다.

이러한 새언약의 약속에 근거하여, 예수님이 십자가에 죽고 부활하시고 오순절 성령 강림 때 성령 하나님이 우리 가운데 친히 강림하심으로 그동안 구약에서 예언했던 새언약이 성취되었습니다. 그래서 복음이 선포되고 전파되는 현장에 성령 하나님이 함께 동행하시고 복음을 받아들인 신자들 안에 성령 하나님이 친히 임재하시고 감화 감동하시고 내주하시고 우리를 진리로 인도하시는 줄 믿습니다.

사도 바울은 갈라디아서 2장 20절에서 이렇게 고백합니다. "내가 그리스도와 함께 십자가에 못 박혔나니, 이제는 내 안에 내가 사는 것이 아니요 오직 내 안에 그리스도께서 사시는 것이다. 내가 육체 가운데 사는 것은 나를 사랑하사 나를 위하여 자기 몸을 버리신 하나님의 아들을 믿는 믿음 안에서 사는 것이라." 내 안에 예수께서 사는 것이 저와 여러분이 사는 이유이고, 이것이 예수님이 표적을 행하시되 하나님의 능력으로 행하셨던 비결이고, 이것이 저와 여러분이 목회를 성공적으로 감당할 수 있는 비결인 줄 믿습니다.

III. 성령으로 거듭난 사람이 하는 일

이렇게 말씀드리면 혹시나 전도사님들은 이렇게 질문하실는지 모르겠습니다. 내 안에 예수님이 사신다면 왜 나는 여전히 무능력하고 왜 나는 여전히 옛날에 가졌던 습관들과 욕망들과 죄악으로부터 자유롭지 못합니까? 왜 내 안에는 여전히 그런 못된 생각들과 습관들과 욕망들과 불편한 마음들이 아직도 남아 있습니까? 왜 내 마음속에는 배에서 생수의 강이 넘치듯이 그렇게 기쁨과 평강이 넘쳐야 하는데 그렇지 못하고 부정적인 생각들이 가득한 것입니까? 하나님의 성령이 우리 가운데 역사하시는 증거가 무엇입니까?

그 증거는 저와 여러분이 지금 이 자리에 모여 있는 것이 결정적인 증거입니다. 세상에 재미있는 것이 얼마나 많은데, 이렇게 많은 사람들이 이렇게 똑똑한 사람들이 함께 모여서 이렇게 재미없는 사람의 말을 이렇게 뜨거운 집중력을 가지고 들어준다는 것처럼 이상하고 기적적인 일도 없다고 생각됩니다. 이 자리는 사람의 자연스런 관심과 지혜와 능력으로 오기에는 너무나도 별 볼일 없고 너무나도 이끌릴 만한 것이 하나도 없습니다. 그런데도 저와 여러분이 이 자리까지 온 것은 우리가 자발적으로 온 것이 아니라 성령 하나님이 인도하셔서 여기까지 오게 된 줄 믿습니다. 저와 여러분을 여기까지 인도한 주체는 자연인인 내가 아니라 하나님이신 줄 믿습니다.

나는 이런 사람이라고 생각하는 자아 정체성은 눈에 보이는 환경에 의하여 결정되는 것이 아니라 어떤 법칙을 의식하고 사느냐에 의하여 결정됩니다. 미국이라는 환경에 태어났으니까 미국인이라는 것이 아닙니다. 한국에 살더라도 한국을 지배하는 헌법이나 가치관이나 문화를 의식하지 않고 미국의 헌법과 가치관을 더 많이 의식하고 살아가면 그는 한국인이 아니라 미국인입니다. 우리가 사는 지구는 지금도 태양의 둘레를 초속 30km로 공전하고 있습니다. 또 지구가 속한 태양계는 우리 은하계를 초속 220km로 공전하고 있습니다. 눈 깜짝하는 사이에 저와 여러분의 위치가 서울에서 부산으로 바뀌는 세상을 살고 있습니다만, 일상생활에서 그 속도나 법칙을 의식하면서 사는 사람은 한 사람도 없습니다. 하지만 우리가 만일 우주선을 쏘거나 우주여행을 시도한다면 반드시 고려해야 하는 것이 지구가 태양을 공전하는 공전 속도를 고려하지 않고서는 우주선을 쏘아 올릴 수 없습니다. 지구의 공전 속도라는 법칙은 우주여행을 시도하는 사람들이라면 반드시 염두에 두고서 따라 지켜야 하는 법칙입니다.

저와 여러분은 예수 그리스도 안에서, 더 이상 세상의 법칙을 따라 살지 않습니다. 왜냐하면 로마서 8장 2절 말씀처럼 "그리스도 예수 안에 있는 생명의 성령의 법이 우리를 죄와 사망의 법에서 해방"하였기 때문입니다. 예수 그리스도 안에서 생명의 성령의 인도를 따르는 사람으로 완전히 뒤바뀌어버렸습니다. 성령 하나님께서 저와 여러분의 뇌와 감각기관을 새롭게 사용하셔서, 세상의 가치관과 세상의 법칙을 흡수하지 않고, 새로운 하나님의 법칙인 진리의 말씀을 흡수하여 우리 안에 새로운 자아를 만들어내시고 그 새로운 자아가 점점 하나님을 향하여 자라게 하신 덕분에 이 자리까지 오게 된 줄 믿습니다. 내 안에 하나님이 살아계시기 때문에 지금 내가 이 자리에 있다는 이 믿음이 하나님 나라 백성의 기본 자세인 동시에, 이 믿음이 앞으로 저와 여러분이 하나님 나라를 섬기는 일꾼으로서, 거듭난 일꾼으로서 이 땅에서 교회의 부흥을 이끌어 내게 할 원동력입니다.

결론적으로 어떻게 하면 목회를 잘 할 수 있고 교회를 부흥시킬 수 있는가? 내 안에 하나님이 일하고 계신 증거를 가지고 계시면 됩니다. 다른 사람들의 기적을 부러워하거나 다른 사람들의 성공신화에 마음을 빼앗기거나 혹할 필요가 없습니다. 설교를 잘 해서 교인들의 마음을 감동시키려고 하는 것이 중요하지 않습니다.

정말 중요한 것은 내가 지금 내 힘으로는 도저히 감당할 수 없는 삶을 내가 살고 있다는 믿음과 그 증거를 가지고 있으면 됩니다. 저는 개인적으로 제가 이 자리에 서 있는 것 자체가 기적이고, 제가 이 자리에 서 있는 것 자체가, 하나님의 섭리이고 간섭하심이고 제가 물과 성령으로 거듭난 결과인줄 믿습니다. 전도사님들이 이 자리까지 온 것이 절대로 우리 옛 사람의 고민과 지혜와 능력과 판단으로 된 것이 아닙니다. 성령 하나님이 일하신 증거입니다. 그 확신이 없다면 여기에서 멈추는 것이 현명한 판단입니다.

하나님의 성령이 아니시라면, 결코 꿈에도 꾸지 못할 거룩한 생각을 품고, 지금 저와 여러분이 이렇게 함께 모여 있습니다. 하나님의 성령이 아니시라면, 결코 꿈에도 꾸지 못할 열정과 열심을 가지고 여기까지 왔습니다. 여기까지 온 것이 성령 하나님 때문이라면, 그 동일한 성령 하나님의 역사가 앞으로도 저와 여러분 모두를 주님이 쓰시기에 넉넉한 일꾼으로 만들어 주시고 세워주실 줄 믿습니다.

나의 멍에를 메고 내게 배우라

마태복음 11장 25절-30절

정경철 (선교신학)

I. 급변하는 세계와 현실

이번 12월과 1월에 제가 파키스탄을 다녀왔습니다. 제가 마음의 고향으로 두고 있는 곳이 파키스탄이어서 참 즐거운 방문이었습니다. 떠나오기 하루 전날인 1월 10일 제가 시장에 나갔는데, 그곳에서 구걸하는 이들을 만났어요. 사실 파키스탄에는 구걸하는 사람들이 상당히 많아요. 그런데 그 날은 애기를 보듬고 구걸하는 아줌마가 저를 계속 따라다니면서 돈을 달라는 거예요. 우리는 그 내용을 잘 아니까 그런 분들에게 돈을 주는 일을 신중하게 하지요. 그리고 이들을 위해 마음으로 기도합니다.

그런데 이날은 이분이 집요하게 저를 따라오며 놓지를 않는 것이었습니다. '내가 당신 아내라면 당신이 어떻게 하겠느냐?' '이 애기가 당신 애기라면 어떻게 하겠느냐?' 그날따라 그 사람의 질문이 제 마음을 깊이 파고드는 거예요. 직업으로 구걸하는 이런 분들에게 돈을 주면 물론 안 좋지요. 그래도 이분에게 조금이라도 주려고 돈을 끄집어냈는데 하필이면 큰 액수인 500루피가 잡힌 거예요. 그것을 보고 그걸 달라는 것이었어요. 그렇지만 큰돈을 도로 집어넣고 동전을 빼서 몇 개 주었지요. 그래도 제 마음이 불편해서 돈을 좀 더 줄려고 둘러봤는데 아무리 둘러봐도 보이지 않는 것이었습니다. 우리가 책에서 읽는 그런 얘기들 있잖아요. 정말 예수님이 이 거지 여인의 모습과 애기의 모습으로 나타나서 나를 찾아오셨나? 그래서 그날 저녁에 무거운 마음으로 회개하고, 다음날 한국 오기 전에 간절히 기도하고 회개하고 그랬지만 지금 이 말씀을 나누면서도 그 여인과 애기가 눈앞에서 사라지지를 않습니다.

이런 가난한 사람들이 지구 60억 인구 중 30억이 매일 2달러, 그 중 10억은 1달러 가지고 삽니다. 세계의 반이 이렇게 삽니다. 이런 현실 속에서 오늘 우리가 잘 아는 교황 베네딕트 16세가 은퇴를 하십니다. 지난 600년 동안 교황청에 처음 있는 일입니다. 건강이라는 외면적 이유가 있지만 사실 아는 사람은 알지만 교황청내의 부패와 권력 쟁탈을 개혁하려다가 도저히 감당할 길이 없어서 그만두는 것으로 알려져 있습니다. 하나님의 교회가 가톨릭이 됐든 우리 개신교가 됐든 이런 큰 가난과 도전 가운데 있지만 교회는 어떻게 해야 할지 모르고 헤매는 듯합니다. 요즘 시대를 4C 시대라고 합니다. 즉, 위기(Crisis), 혼란(Chaos), 도전(Challenges), 급변(Changes)의 시대라 합니다. 과연 급변하는 세계가 아닐 수 없습니다.

우리 개신교 선교사님들의 세계는 어떤가요? 우리 잘 아는 네덜란드의 선교학자인 헨드릭 크래머가 이 세상에서 가장 고치기 어려운 사람들은 선교사라고 했어요. 참 아주 어려운 얘깁니다. 우리끼리는 좀 이런 얘기를 해야 합니다. 짐바브웨에서 일하는 미국 선교사가 자기 고국에 편지를 썼어요. 현재까지 받은 큰 어려움 중에 가장 큰 것은 동료 선교사들과 함께 어울리는 것이 제일 큰 고통이라는 겁니다. 1965년에 뉴욕에 있는 리서치 도서관에서 여러 교회와 선교단체 출신의 1,409명의 개신교 선교사들이 왜 선교지를 떠나게 됐는지 리서치를 했어요. 그런데 그 리서치 페이퍼 안에 질문이 하나 있는데 당신은 고국에 있는 동료들과 일하는 것보다 현지에 있는 선교사 동료와 함께 살며 일한 것이 더 어렵다고 생각합니까? 그런데 45%의 응답자가 동료 선교사들과 함께 동역하는 것이 의심할 바 없이 더 어렵다고 응답을 했어요. 그 45% 그룹 중에 한 선교사는 특별히 선배 선교사들이 싸우는 것을 보는 것은 정말 큰 충격이었다고 그랬습니다. 이로 인해서 자신이 가진 선교사에 대한 좋은 이미지가 몽땅 흔들려버렸다는 거예요.

군인이 계급장을 완전하게 달고 군복을 멋지게 입는 것이 군인이 아니고 국가가 위기에 직면했을 때 최전선에서 생명을 바쳐서 싸움하는 이 사람이 진짜 군인 아닌가요? 하나님의 군대에 문제가 생겼다고 봅니다. 우리는 누구를 위해서 무엇 때문에 합신에 왔는지요? 목사님이 되시려고, 선교사님이 되시려고 오신 줄 압니다. 주님을 사랑하고 이 세상을 섬기기 위해서 여러분께서 큰 희생의 선택을 통해서 오신 걸로 압니다. 잘 오셨습니다. 그러나 우리 앞에 크나큰 도전이 있음도 우리 모두 잘 알고 있기에 두렵기도 합니다. 예수님 당시에도 특히 로마 시대에도 그런 현상이 있었음을 이 본문에서 알게 됩니다.

본문 맨 처음 25절 첫 시작에 "그 때에"라는 단어가 그 시대상을 나타냅니다. 20절부터 24절 말씀이 그 때 당시의 상황을 보여주고 있지요. "예수께서 권능을 가장 많이 행하신 고을들이 회개하지 아니하므로 그 때에 책망하시되 화 있을진저 고라신아 화 있을진저 벳새다야 너희에게 행한 모든 권능을 두로와 시돈에서 행하였더라면 그들이 벌써 베옷을 입고 재에 앉아 회개하였으리라 내가 너희에게 이르노니 심판 날에 두로와 시돈이 너희보다 견디기 쉬우리라. 가버나움아 네가 하늘에까지 높아지겠느냐 음부에까지 낮아지리라 네게 행한 모든 권능을 소돔에서 행하였더라면 그 성이 오늘까지 있었으리라 내가 너희에게 이르노니 심판 날에 소돔 땅이 너보다 견디기 쉬우리라 하시니라." 불과 유황으로 멸망한 소돔 고모라보다도 더 타락한 시대상을 주님은 한탄하셨어요. 오늘날은 그 때보다 더 험악한 세상이 되었습니다.

이렇게 타락한 시대에 제자들을 불러 모으시고 주님께서 가르치시려고 합니다. 그와 동일하게 우리도 새롭게 배우려고 여기 모였지 않습니까? 희망이 없어 보이는 한국뿐 아니라 세계 상황 가운데 저는 이 본문을 읽으면서 제게 다시 희망이 솟아났어요. 이런 악한 상황에 의지할 곳 없고 희망이 보이지 않는 제 자신에게 저를 부르시는, 또 우리 모두를 부르시는 주님의 자비로운 음성을 들었습니다. 사실 우리 가족 아침 식사 테이블에서 하나님 말씀에서 은혜 받은 것을 잠깐 묵상한 걸 나누는데, 제가 읽은 본문 말씀, 마태복음 바로 이 말씀을 나누웠어요, 너무 좋아서. 그런데 그 이후 계속 이 말씀을 묵상하는데 이 말씀이 제 마음에 점점 더 다가오면서 얼마나 기쁨이 되고 희망이 솟는지 모릅니다. 그래서 그 말씀을 오늘 여러분들과 함께 나누고자 합니다.

II. '나의 멍에를 메고 나에게 배우라'

이 '배우라'는 부르심은 소망이 있는 유일한 부르심이라고 저는 믿게 됐어요. 이분에게 한 수 배워야겠다. 이분에게 배우지 않으면 다른 소망이 없다. 중들도 소림사를 찾아가잖아요.

첫째 예수님께 배워야 할 이유가 무엇일까요? 저는 이 본문에서 그리고 짧은 저의 생애를 통해서 이 본문 말씀이 너무 아름답고 좋아요. 주님은 최고봉 선생님이에요. 주님은 최고의 선생님이기 때문에 그분에게 배워야 할 이유가 있습니다. 다른 분에게는 소망이 없습니다. 이 악한 시대를 이길 수 있는 길을 보여 주실 분이 오직 예수님뿐이세요. 이 이유를 조금 더 예수님께서 설명을 잘하셨는데, 25-27절에 하늘과 땅의 모든 주재이신, 모든 주관자이신 그 아버지로부터 전권을 받은 분이 예수님이기 때문에 그렇다는 것입니다. 아버지 하나님과 아들은 하나이죠. 그 아들 예수 그리스도를 통하여 하나님을 계시해주셨어요. 이것은 다른 종교에는 있을 수가 없는 일이죠. 이슬람을 따르는 16억의 무슬림들도 또 유대인들도 모두 '책의 사람들'(People of the Book)이지만, 하나님을 달리 알 길이 없어요. 이 지구상에 만 개가 넘는 종교가 있다 할지라도 어떻게 하나님을 알 수 있는가? 하나님께서 스스로 인간이 되셔서 나타나신 이 예수님을 통해서만 알 수 있다 이 말이지요.

사하라 알제리아(Algeria)에 투하레그(Tuareg)라고 하는 무슬림 종족이 있습니다. 북아프리카에서 지독하게 알라를 믿는 무슬림들인데 이 사람들은 말하자면 알카에다 탈레반과 비슷해요. 그곳에서 16년 동안 선교한 샤를르 포고(Charles de Foucault)라고 하는 프랑스 선교사가 있어요. 이분은 알리 메라드(Ali Merad)라고 하는 알제리 최고의 무슬림 학자에게도 칭송을 받는 선교사에요. 무슬림이 누구입니까? 우리는 '무슬림'은 '몹쓸 놈'이다, 라고 생각합니다. 그렇게 생각하시면 안 됩니다. 이 선교사님이 이런 말을 했어요. '우리는 거룩한 성도들을 바라보며 배워야 합니다.' 우리 교수님도 바라보고, 귀한 분들, 우리 주변에, 합신에 참 많습니다. '그러나 그들을 바라보는 일에 너무 많은 시간을 보내선 안 됩니다. 우리는 오히려 그 거룩한 성도들이 그들의 전 생애 동안 묵상하며 배웠던 그 예수님을, 그 거룩한 성도들과 함께 바로 그 예수님을 깊이 배워야 합니다. 그래서 그분 예수님을 통해서 우리 주님의 가르침과 본을 따라서 무엇이 가장 중요한지를 배워야 합니다. 왜냐하면 그분께서 유일하시고 참된 모델이시기 때문입니다. 거룩한 성도들로부터 물론 배울 수 있습니다. 그러나 그들을 본받기보다 그들 안에 계신 예수님을 더 많이 본받는 것이 우리의 최종 목적이 되어야 합니다' 라고 말입니다. 이 예수님께서 새로운 질서를 만들고 싶어 하십니다. 하나님의 나라, 정말 이 악독한 세상 중에서 이 일을 할 새 일꾼을 키우시려고 주님께서 제자들을 부르시는 것이에요. 우리들을 부르셨습니다. 이 일에 부름 받은 제자들, 학생들은 그의 계시를 받은 자들만 올 수 있습니다. 그분께서 하나님이시고 왕의 왕이심을 믿는 어린아이 같은 사람들만 배울 수 있어요. 자칭 지혜롭고 슬기로운 사람들은 예수님을, 그리고 하나님을 인간의 머리로 지적으로 알 수 있을지 몰라요. 그러나 중심으로 온 몸과 마음과 혼으로 알지 못하고는 그분에게 배울 수 없습니다.

두 번째, 그러면 어떻게 그분에게서 배웁니까? '나의 멍에를 메고, 예수님의 멍에를 메고 배우라'(마 11:29)는 것입니다. 배우도록 제자들을 부르셨어요. 그 제자들은 수고하고 무거운 짐 진 자들이었습니다. 우리는 근본적으로 오늘 본문 말씀대로 '수고하고 무거운 짐을 진 사람들'입니다. '수고하고 무거운 짐 진 자들아 다 내게로 오라'(마 11:28) 하셨습니다.

여기서 '수고한다'는 말의 동사의 형태는 능동태입니다. 저는 이 체험을 참 많이 해봤어요. 선교를 한다고 하지만, 목회한다고 하지만 누가 시키지도 않았는데 스스로 적극적으로 일거리를 만든다 말이에요. 예수님이 시키지도 않은 일을 스스로 만들어서 사고 칩니다. 시키지 않은 일을 열심히 하다 보니까 사고는 제가 쳐놓고 주인이 뒷감당하는 거예요. 우리 뒤치다꺼리 하느라고 주님께서 바쁘신 것은 아닌지! 이러한 뒤치다꺼리 얘기가 교회사에, 선교 역사에 얼마나 많았습니까? 우리 스스로 우리 짐을 진다는 말이지요, 그것도 적극적으로. 때로는 나의 야망을 위해서.

그 다음엔 '무거운 짐을 진 사람'입니다. '무거운 짐을 지다'의 동사 형태는 수동태입니다. 남의 일을 수동적으로 맡는 겁니다. 우리가 좀 착하잖아요. 그래서 남이 일을 맡기니까 그냥 맡는 것입니다. 선한 마음으로 맡는 것이지요. 그러나 그 일을 맡아서 열심히 하다가 탈진합니다. 사실 어떤 면에서는 주님이 시키지도 않았는데, 주님이 맡기지도 않았는데 말입니다. 주님이 맡기지 않은 일이라면 노(No, 아니요)라고 답변을 해야 되는데 노(No)를 못하는 거예요. 그러다 보니까 지치게 됩니다. '수고하고 무거운 짐을 지는' 결과가 왜 이렇게 되는가요? 결국 우리가 주님의 멍에를 지는 것이 아니고, 세상 멍에를 지고 있으니 이렇게 된다는 말입니다.

사도 요한은 이것을 잘 알았어요. 육신의 정욕, 안목의 정욕, 이생의 자랑은 아버지께로부터 온 것이 아니라고 했어요(요일 2:16). 즉 아버지께서 주시는 멍에가 아니고 세상에서 주는 멍에요 세상으로부터 좇아오는 것이라고 했어요. 그러면 어떻게 주님에게서 배울 수 있느냐 하는 질문입니다. 이 세상의 멍에를 벗어야 된다는 말이에요. 우리는 세상의 멍에를 너무 쉽게 집니다. 세상의 멍에를 벗어버리고 예수 그리스도의 멍에를 메어야 예수님에게서 배울 수 있는 것입니다. 멍에가 무엇이죠? 수레나 쟁기를 끌기 위해서 소의 목에 얹는 구부러진 막대기입니다. 쉽게 말하면 여러분 '지게' 아시죠? 사람으로 말하자면 '지게'이지요. 소에게는 멍이고요. 나무로 만들어져 있어요. 그런데 이스라엘에 가면 두 마리의 소가 함께 가는 모습을 봅니다. 두 마리 등에 멍에 한 개를 딱 얹는 거예요. 그런데 이 그리스도의 멍에는 '쉽다' 는 것입니다. 제 번역으로는 그리스도의 멍에는 내 몸에 맞는다, 편하다는 뜻입니다. 세상 멍에가 편한 것 같지만 결코 그렇지 않습니다.

그런데 이 그리스도의 멍에가 무엇인가? 주님의 멍에, 그리스도의 멍에는 사랑의 멍에지요. 하나님 사랑, 이웃 사랑입니다. 주님의 멍에는 이렇게 단순합니다. 무슨 말을 우리가 듣고 있습니까? 그저 사랑하라는 말씀입니다. 그분은 가장 온유하시고 겸손하시기 때문에 그분에게서 어떻게 우리가 배울 수 있는가요? 그분의 마음은 온유하고 따뜻합니다. 그분은 근본적으로 하나님의 본체시지만 하나님과 동등 됨을 취할 것으로 여기지 아니하시고 오히려 자기를 비워 종의 형체를 가져 우리와 같이 되신 분입니다(빌 2:6). 그러나 우리와 같이 되셔서 이 더러운 나 같은 사람에게 기준을 낮춰서 이 멍에를 같이 메자고 오히려 겸손히 초대를 해주신 거예요. 주님께서 소가 되셔서 멍에를 함께 메고 배우라고 초대해 주시니, 나도 소가 되어 함께 가야지요. 내가 말(Horse)이 되면 말(Word)이 안 되지요. 그러나 주님의 초대를 받아서 주님께서 주시는 멍에를 같이 메면 그때부터 일이 시작돼요.

아프가니스탄에서 맹인 어린아이들이 걸을 수 있도록 교육시키는 제 친구가 있어요. 그 친구에게 직접 얘기를 들었는데 어떻게 맹인 어린아이들이 걷게 되느냐 하면, 눈을 뜬 성인 인도자가 서 있어요. 그 인도자의 양 발 위에 그 어린 아이의 조그만 양 발을 올려놓습니다. 그래서 이 어린아이에게 '하나 둘, 하나 둘'이라고 말하면서 발을 딛으라고 말합니다. 그러면 애가 '하나 둘, 하나 둘' 그 인도자의 말을 따라 하면서 그분의 발 위에서 아장아장 걷는 것입니다. 귀로 들리기는 하니까요. 그러면서 함께 걸어가는 거예요. 이렇듯 주님은 가장 온유하고 겸손하시기 때문에 우리가 그분과 같이 멍에를 메고서 따라가면 그분과 함께 걸을 수 있는 것입니다. 그분의 음성을 듣고 배우려면 세상 멍에를 완전히 버리셔야 합니다. 왜냐하면 소와 말이 함께 가게 되면 기우뚱 기우뚱 걷게 되니까 그건 일이 안 되는 것이기 때문입니다. 세상 멍에를 완전히 버리고 완전히 내려놓은 후, 주님의 멍에를 새롭게 메면 주님께서 우리를 한 걸음 한 걸음 인도하신다는 겁니다. 유진 피터슨의 메시지(Message) 성경 번역에는 'walk with me, work with me.'라고 번역했어요. 즉 '나와 함께 걸으라, 그리고 나와 함께 일하라'로 번역을 해놨어요. 이러한 쉬운 본문 번역은 주님과 신비적인 연합을 통해서 같은 멍에 아래서 우리가 어떻게 배울 수 있는지를 잘 가르쳐 줍니다.

세 번째, 우리는 무엇을 배웁니까? '나(그리스도)의 멍에를 메고 내게 배우라'(마 11:29)고 말씀하셨어요. 여기는 '내게 배우라'고만 돼 있는데, 킹제임스(King James) 버전에는 '나를 배우라'라고 돼 있습니다. Learn of me. '나를 배우라.' '그리스도를 배우라'는 겁니다. 하나님을 사랑하고 이웃을 사랑하는 이것을 누구에게 배웁니까? 잘 들으세요! 하나님과 사람을 동시에 사랑하는 일을 누구에게서 배웁니까? 이것은 100퍼센트 하나님이신 분이어야만 합니다. 하나님을 진정으로 아시는 삼위일체 안에서 우리는 진정으로 하나님을 사랑하는 법을 배울 수 있을 것입니다. 동시에 100퍼센트 참 인간이신 분이 인간을 진정으로 이해할 줄 알고, 인간을 진정으로 사랑할 줄 압니다. 그런 분에게 인간을 사랑하는 법을 배워야만 할 것입니다. 어중간한 사람에게 배우면 결국 어중간하게 배우게 되죠. 이런 분에게서 배워야만 하나님을 사랑하고 사람을 사랑할 줄 알게 됩니다. 그런데 100퍼센트 하나님이시면서 100퍼센트 참 인간인 존재가 지구상에 누구입니까? 예수님밖에 없어요. 그분께서 하나님이시기 때문에 하나님을 어떻게 사랑하는지 우리에게 가르쳐 줄 수 있어요. 그분이 참 인간이기 때문에 인생을 사랑할 수 있는 길을 그분만이 가르쳐 줄 수 있어요. 그래서 그분이 길이요 진리요 생명이 되십니다. 그래서 그분을 알고 배우게 되므로 인해 우리는 아버지를 알게 되고 아버지께로 갈 수 있어요(요 14:6).

참 진리는 우리의 모든 것을 바칠 만한 것이잖아요. 그 진리를 위해서 우리가 배우고 그것을 위해 우리가 생명을 바칠 수 있는 것 아니겠습니까? 그렇지 않다면 우리가 무엇을 위해서 배우는 것이냐 이 말이지요. 비진리를 위해서 우리가 사는 거 아니잖아요. 아무개 교회 아무개 목사에 대하여 참으로 비참하고 불쌍한 보도를 우리가 듣고 있는데, 우리는 이러한 때에 진리를 위해서 모든 것을 바쳐서 살아야 하지 않겠습니까! 그 진리가 예수님이라고 하면, 그분을 위해서 한번 모든 것을 바쳐서 죽을 각오를 하고도 남지 않겠느냐 이 말이지요. '주님의 멍에가 쉽다' 고 하는 이 말을 오해하지 마시기 바랍니다. 물론 이 일이 즐겁고, 주님께 배우는 일이 가장 복된 길이지만 그러나 어렵지 않다거나 고난이 없다는 말이 결코 아니지요. 오히려 더 어려움을 당할 것입니다. 예수님께서 바리새인에게 당했듯이 좋은 일 하면서도 욕먹을 일이 많이 생길 겁니다. 주님의 멍에는 쉽고 분명히 가볍습니다. 그러나 길은 험할 것입니다. 그리고 그 길은 매우 좁은 길입니다. 세상 멍에를 메고 가면 넓고 세상이 좋아하는 성공의 길이지요. 그러나 우리가 가는 길은 목회지에서, 선교지에서 성공하기 위한 길이 아니잖아요. 단지 예수님의 멍에를 메고 갈 길을 가는 것뿐입니다. 믿음으로 갈 뿐입니다.

'작은 것이 아름다운 것'을 나이가 들어가면서 배웁니다. "죽도록 충성해라 그리하면 내가 생명의 면류관을 네게 주리라"(계 2:10)는 이 말씀의 번역을 저는 달리 했으면 좋겠어요. Be faithful. '죽도록 성실해라' 하는 말입니다. 주님의 멍에를 메고 주님이 이끄시는 대로 그렇게 성실하게 주님과 함께 살라는 것입니다, 죽도록. 이 작은 믿음의 실천을 할 때에 매일 1달러로 살아가는 지구상의 불쌍한 사람들을 위해서 우리가 빛을 발할 수 있을 것이며, 16억의 무슬림들에게 소망을 줄 수 있을 것입니다. 스데반처럼 죽는다 해도 그 짐은 아주 쉬울 것입니다. 스데반에게 날아오는 돌멩이가 커 보였을까요? 그 순간에 하늘의 문이 열려서 예수님이 하나님 보좌 우편에서 그를 오라고 환영하는 것이 더 커 보였겠지요? 순교의 순간에 어느 것이 더 커 보였겠어요?

오늘 찬양했던 85장, "구주를 생각만 해도 이렇게 좋거든, 주 얼굴 뵈올 때에야 얼마나 좋으랴." 이 찬송은 버나드 성자가 만든 거지만 그분도 예수 그리스도에 대하여 어떤 부분은 잘못 알았어요. 이 찬양을 만들고 그가 3년 뒤에 죽었지요. 그는 무슬림들이 점령하고 있는 예루살렘을 탈환하기 위해 유럽 젊은이들을 동원했어요. 그래서 2차 십자군 원정에 그들을 보냈어요. 이 젊은이들이 십자가를 앞세우고 제일 앞장서서 수많은 무슬림 아녀자들과 아이들을 처참하게 죽이게 했던 선교 동원 지도자로 활약했지요. 결국 그는 다른 훌륭한 점들이 많이 있었음에도 불구하고 불행한 교회 지도자로 오점을 남겼습니다. 2007년에 '공통된 말씀'(A Common Word)이라고 하는 문서에 무슬림 137명 지도자들과 기독교의 300명 지도자들이 사인을 했어요. 무슬림들이나 기독교인들이나 모두 하나님 사랑, 이웃 사랑 하자는 거예요. 지금 이슬람과 기독교가 충돌해서 무지하게 사람이 죽는데 전 인류의 반 이상이 되는 무슬림들과 크리스천들이 하나님 사랑하자, 이웃 사랑하자는 거예요. 두 종교의 공통된 말씀(A Common Word)이 하나님 사랑, 이웃 사랑이니, 그러므로 이 영역에서는 우리가 손을 잡고 사랑하자는 겁니다.

III. 하나님 사랑, 이웃 사랑

저도 이번에 12월과 1월에 파키스탄을 방문했을 때에 파키스탄의 두 이슬람 대학교를 방문했습니다. 인터내셔널 이슬람 유니버시티(International Islamic University), 그리고 가장 역사가 오래된 대학교 중 하나인 펀잡 유니버시티(Punjab University)의 이슬람 학과장을 만났습니다. 그 곳엔 꾸란 주경(해석)학과 또 이슬람 철학과 또 비교종교학과도 있어요. 그 곳에서 꾸란 주경 학과장 이슬람 철학 과장, 비교 종교 학과장을 다 만났어요. 우리도 성경 주경(해석)이 중요하듯이 거기도 꾸란 주경(해석)이 매우 중요합니다. 그분들이 제게 묻더라고요. '우리가 사탄입니까?' 라고. 그분들도 다 알고 있어요. 우리가 무슬림들에 대해서 한 말을 알고 있고, 쓴 책들도 다 읽고 있어요. 그래서 제가 '이슬람을 당신들을 통해서 얼굴을 맞대서 배우고 싶고 알고 싶다. 도와 달라, 그리고 내가 이슬람에 대해 거짓 증거 하면 안 되니 당신들이 정통 이슬람에 대해 나에게 잘 가르쳐 달라.' 그랬더니 그들도 제가 오면 무슬림 학생들에게 기독교에 대해서 가르쳐 달라고 했어요. '크리스천 강좌 세미나를 열 테니까 당신이 좀 와서 기독교에 대하여 가르쳐 달라. 우리 무슬림들도 기독교에 대해서 거짓 증거 하면 안 되니 정통 기독교에 대해 당신이 가르쳐 달라'고 부탁했어요. 할렐루야!

그 신학교들은 파키스탄의 무슬림 지도자를 기르는 무슬림 신학교들이에요. 이슬람 신학교! 우리 합신 같이 신학교에요. 우리 선교사님들이 저한테 그랬어요. '거기는 호랑이 굴이니까 선교사님 그곳에 가면 안 됩니다.' 그런데 내 후배 선교사를 그곳에 데리고 갔는데 그 이슬람 종교 지도자하고 내가 농담 따먹기 하고 재미있게 놀다 온 것을 보고 그 후배가 매우 놀랐어요. 그러나 결과는 아주 좋았어요. 결과가 뭡니까? 그들도 하나님의 사랑을 받을 대상이고 그러므로 우리는 예수님의 멍에를 메고 그들을 친구 삼아 구체적으로 사랑해야 합니다.

예수님에게서 배우면 우리는 쉼을 얻게 됩니다. 평안은 매우 귀한 것입니다. 이 세상에서 오늘날 평안을, 쉼을 어디서 얻을 수가 있습니까? 주님에게서 배우고 이렇게 바보처럼 살다 보면 하늘의 평안과 쉼이 우리 영혼을 차지합니다. 이것이 우리가 사는 길이지요. 그리고 다른 사람들에게도 살 길을 열어 줄 수가 있지요. 베드로는 나중에 이런 것들을 더 깊이 알았어요. 베드로전서 2:25에 "너희가 전에는 양과 같이 길을 잃었더니 이제는 너희 영혼의 목자와 감독 되신 이에게 돌아왔느니라"고 했어요. 우리가 잘 나가다가도 때때로 길을 잃을 수가 있습니다. 그런데 그럴 때마다 온유하고 겸손하신 주님의 무릎 아래 바로 꿇고 우리의 영혼의 목자 되시고 감독 되신 그분에게 돌아와서 주님에게서 배우면 됩니다. 주님의 멍에를 메고 배우면 소망이 있습니다. 주님께서 우리를 부르십니다. 그러므로 그로부터 새롭게 배웁시다. 그분은 계시해 주신 최고의 스승이시고 하나님이시고 왕의 왕이 되십니다. 주님의 멍에만을 메십시다. 그리스도의 멍에만을 메면 그리스도를 배울 수 있습니다. 그리고 진리를 깨닫게 되고 그리고 소돔과 고모라보다도 더 험해진 이 세상에서 원수라도 사랑할 수 있는 힘을 얻게 되고, 가난한 사람들에게, 힌두 사람들에게, 불교인들에게 이 아름다운 그리스도를 모르는 사람들에게 살아 있는 주의 복음을 전할 수 있다고 믿습니다.

새 학기가 시작되었습니다. 이 새 학기에 우리 모두 주님을 겸손히 새롭게 배우십시다. 그리고 어린아이 같이 우리 남은 생애 동안 그렇게 살아가십시다. 우리 합신 출신의 귀한 선교사님들이 참 많습니다. 우리 합신의 기도와 이런 영성으로 인해 좋은 목회자님들, 좋은 선교사님들 많이 배출됐는데, 사랑하는 우리 후배들 볼 때 너무 기쁘고 참 좋습니다. 소망이 있습니다. 왜 그렇습니까? 여러분이 잘나고 제가 잘나고 교수님이 훌륭해서가 아니고, 살아 계신 그리스도의 무릎 아래서 배우려고 하는, 그리고 주님의 멍에를 메고서 배우려고 하는 사람들이 있기 때문에 소망이 있다 이 말이지요. 제가 한국에 와서 한동안 침울한 시간들을 보냈었습니다. 그런데 이 말씀을 통하여 저는 회복이 되었고, 다시 주님 앞에서 배우는 그런 소망이 있게 되었고, 요즘에 제 마음으로 이 찬송(384장)을 많이 부릅니다. '나의 갈 길 다 가도록 예수 인도하시니 어려운 일 당한 때도 족한 은혜 주시네. 나는 심히 고단하고 영혼 매우 갈하나 나의 앞에 반석에서 샘물 나게 하시네, 나의 앞에 반석에서 샘물 나게 하시네.'

돌 같은 우리 마음속이 깨어져서 주님을 배웁시다. 주님의 그 반석에서 샘물이 터져 나와서 우리의 망가진 영혼에 목을 축입시다. 그분 안에서 쉼을 얻고 회복이 되고 힘을 얻읍시다. 이 그리스도의 사랑으로 무장하여 그리스도의 살아 있는 군대가 되어서 주님 오시는 그날까지 우리 생명을 다 바쳐서 하나님을 사랑하고 이웃을 사랑합시다. 이 사랑하는 일은 자랑도 아니고 억지로 할 일이 아님을 기억합시다. 그러나 마땅히 해야 할 일을 하지 못하는 우리의 안타까움을 보지만, 그러나 주님께서 우리를 다시 불러주시니 감사할 따름입니다.

'수고하고 무거운 짐 진 자들아 다 내게로 오라 내가 너희를 쉬게 하리라. 나는 마음이 온유하고 겸손하니 나의 멍에를 메고 내게 배우라. 그러면 너희 마음이 쉼을 얻으리니 이는 내 멍에는 쉽고 내 짐은 가벼움이라.' (마 11:28-30)

이 봄학기에 우리 합신 식구들, 오늘 참석한 우리 사랑하는 학우들 모두, 우리가 세상 멍에를 온전히 벗어 버리고, 우리 삶을 주님께 온전히 바침으로, 주님과 멍에를 함께 하며 수고하는 일꾼이 되기를 간절히 소망합니다.

믿음으로 이기며 살자

히브리서 11장 32절-34절

김만형 (기독교교육학)

목회자로 살아가는 사람들에게 있어서도 믿음은 여전히 계속해서 자라야 합니다. 많은 사람들이 신학교에 들어와서 무난하게 지내고 세월이 지나면 자동적으로 믿음이 자랄 것이라고 생각합니다. 그러나 그렇지 않습니다. 믿음은 계속해서 우리가 키워 가야 할 것입니다. 우리는 믿음을 키우기 위해 힘쓰고 노력해야 합니다. 믿음은 우리의 삶 속에서 점점 더 강해져야 할 것입니다. 그래서 성경을 보면 믿음과 연관해서 계속해서 성장의 비유, 자라는 비유를 나무나 어린아이가 자라는 것과 같은 모습으로 표현하고 있습니다. 우리는 이런 것을 주목해야 합니다. 저는 목회 생활을 해오면서 하나님께서 믿음을 키워 나가신다는 생각을 해보게 됩니다. 제가 감사하는 것 중에 하나는 이제 어느 정도 목회를 하고 나이가 들어가면서 하나님이 믿음을 강하게 하셨다는 것입니다.

사실 이 믿음이 강해지기까지는 많은 과정들이 있습니다. 이 과정들을 우리가 잘 넘겨야 되는데 믿음이 강해지기 위해서, 믿음이 커가기 위해서 하나님께서는 꼭 중간 중간에 우리가 싸워야 할 중요한 이슈들을 주십니다. 믿음은 그냥 자라지 않습니다. 여러분이 그런 이야기 들어보셨을 것입니다. "성장통이라는 것이 있다." 들어보셨습니까? 성장해 가는 데는 고통이 있다는 것입니다. 믿음도 마찬가지인 것 같습니다. 자라가는 데 고통이 있습니다. 고통이라는 대가를 지불해야 된다는 이야기입니다.

대가를 지불하지 않고 우리의 믿음이 자라는 것은 불가능한 이야기입니다. 여러분, 많은 목회자들을 한번 둘러보시기 바랍니다. 그들 가운데 참 믿음이 강하고, 믿음이 어떤 면에서는 우리가 볼 때 흠모할 만하다고 하는 분들을 보면 공통적인 특징이 있습니다. 엄청난 대가를 지불한 것입니다. 그들은 여러 인생의 과정들을 거치면서 고통하고, 이겨낸 것입니다. 승리해낸 것입니다. 그 과정을 통해서 믿음이 자란 것입니다.

저는 이런 측면에서 하나님께서 주의 사역자로 쓰시기 위해서 세우신 여러분들에게도 그런 과정들을 허락하시리라고 생각합니다. 그런 면에서 우리에게도 대가를 지불해야 할 고통의 과정들이 있을 때, 우리는 싫어하고 외면하기보다는 그런 과정들을 통해서 하나님께서 나의 믿음을 성장시키시기 원하시는구나 하고 기꺼이 받아들여 잘 감당하고자 하는 마음을 가져야 할 것입니다. 그래야 좀 더 업그레이드되는 믿음을 소유할 수 있습니다. 이런 은혜가 여러분에게 있기를 소원해 봅니다.

I. 이기게 하는 믿음

오늘 우리가 읽은 성경은 바로 그런 부분을 우리에게 이야기해 주고 있습니다. 이 본문은 우리가 잘 아는 대로 믿음장입니다. 히브리서 기자가 믿음에 대해서 계속해서 앞에 이야기를 하고 있습니다. 그리고 많은 믿음의 선진들이 그 믿음이 어떠했는가를 보여 주고 있습니다. 여러분들은 성경에 언급된 믿음의 사람들을 통해서 아 우리의 믿음이 어떻게 자라야 될지 어떻게 커가야 될지, 아 믿음이라는 것이 이런 거구나, 라는 사실들을 많이 익혔으리라고 생각합니다. 그런데 오늘 이 본문에서는 우리가 믿음을 가지고 계속해서 우리의 삶의 여정 가운데서, 삶에 주어진 이슈 가운데서 계속해서 이겨야 될 것을 이야기해 주고 있습니다.

33절을 다시 한 번 보시기 바랍니다. "저희가 믿음으로 나라들을 이기기도 하며 의를 행하기도 하며 약속을 받기도 하며 사자들의 입을 막기도 하며" 계속해서 34절입니다. "불의 세력을 멸하기도 하며 칼날을 피하기도 하며 연약한 가운데서 강하게 되기도 하며 전쟁에 용감하게 되어 이방 사람들의 진을 물리치기도 하며."

이 본문들을 보시면서 그 표현들을 보십시오. 자세히 보면 이것이 얼마나 역동적인가 하는 생각을 하게 됩니다. 여러분, 믿음이라는 것은 사실은 역동적인 것입니다. 그래서 믿음은 어떤 면에서 우리가 잘 활용해서 사용하면 우리를 강하게 하고 우리에게 힘을 주며 우리를 승리하게 하며 우리로 하여금 어떤 세력 속에서도 능히 이기게 하는 그러한 힘이 있는 것입니다. 저는 이런 측면에서 오늘 히브리서 기자가 이 마지막 부분에서 쓰고 있는 이 주제들, 이런 것이 우리의 삶 속에서 우리가 겪을 수 있는 전쟁터의 한 모습라고 이야기할 수 있는데, 그런 부분들을 좀 보면서 우리가 은혜를 좀 나누었으면 좋겠습니다. 먼저 여기 보면 히브리서 기자가 여러 케이스를 이야기해 주고 있습니다. 32절에 보면 여러 사람들이 소개 되고 있는데 "기드온, 바락, 삼손, 입다와 다윗과 사무엘과 및 선지자들의 일" 이렇게 기록하고 있습니다. 이들의 이야기를 하면서 이들이 믿음으로 나라들을 이기기도 하고, 사자들의 입을 막기도 하고, 이들의 믿음이 이렇게 다이내믹하게 자기의 삶 속에서 역사했다는 것입니다. 믿음이 기드온, 바락, 삼손, 입다, 다윗, 사무엘, 그리고 선지자들의 삶 속에서 작동하면서 그들의 삶을 계속해서 이기게 하는 그런 삶으로 만들어 갔다는 것입니다. 그러면 그들이 직면했던 삶의 이슈들이 어떤 것들이었습니까? 그것들을 보면 좀 더 이해하기가 좋을 것입니다. 한번 보겠습니다.

기드온의 케이스입니다. 기드온과 연관된 사건은 사사기 6장, 7장에 기록되었습니다. 여러분이 그 내용들을 잘 아시리라고 생각합니다. 이스라엘 백성들이 늘 미디안 사람들에게 지는 것입니다. 그리고는 그들에게 고통을 당합니다. 그래서 하나님께 그들이 부르짖습니다. 하나님은 그 백성들을 위해서 기드온을, 우리가 잘 아는 대로, 사사로 세웁니다. 그리고는 그로 하여금 미디안 사람들과 전쟁을 하기 위해서 사람들을 선택하게 합니다. 사람들을 선발하는 과정에서 하나님께서는 기드온에게 사람들이 너무 많다고 하시면서 사람들을 줄여 나가도록 합니다. 결국 기드온은 300명을 뽑습니다. 이 사람들이 대항해야 될 사람들이 얼마나 되느냐? 사사기 7장 12절에 보면 이렇게 이야기합니다. "미디안 사람과 아말렉 사람과 동방의 모든 사람이 골짜기에 누웠는데 메뚜기의 중다함 같고 그 약대에 무수함이 해변에 모래가 수다함 같은지라." 말하고자 하는 것이 무엇일까요? 주님께서 지금 말하고자 하는 것이 무엇일까요? 기드온의 케이스를 통해서. 숫자의 허상을 뛰어넘으라는 것입니다. 승리는 숫자의 많음에 있지 않다는 것입니다. 결국 믿음이라는 것은 뭐냐? 숫자의 허상을 극복하는 것이어야 된다는 것을 우리에게 보여주고 있습니다.

오늘날 기드온과 똑같이 전쟁을 치르는 일은 별로 없을 것입니다. 그러나 저는 우리에게도 동일한 전쟁이 있을 수 있다고 생각합니다. 바로 그것은 숫자로 모든 것을 이길 수 있다고 하는 싸움이 우리에게 다가오고 있다는 것입니다. 그리고는 계속해서 우리를 향해서 숫자로 모든 것을 이길 수 있다고 유혹하고 도전하는 것입니다. 숫자만이 모든 것이 가능하다고 그렇게 이이기하는 전쟁이 우리 앞에 있다는 것입니다. 이런 공격이 여러분에게 늘 있을 수 있습니다. 숫자가 많은 것이 좋고, 숫자가 많은 것이 능력이 있고, 숫자가 많은 것이 위대하다, 이렇게 생각하는 그러한 도전들, 공격들이 여러분 앞에 있지 않습니까?

이제 우리의 숙제는 무엇입니까? 다가오는 그런 공격들을 어떻게 믿음으로 이겨내느냐, 이것이 우리의 숙제입니다. 제가 보았을 때 우리 합신에 속한 사람들은 별로 염려할 것이 없을 것 같습니다. 왜냐하면 너무 적은 숫자를 좋아하니까요! 사실 제가 봤을 때 너무 적은 숫자를 좋아하는 것도 좋은 것은 아닌 것 같습니다. 최소한 오늘 성경에 언급된 대로 교인 수가 300명은 되면 좋을 것 같습니다. 300명도 안 되면서 숫자에 만족하는 그러한 어리석음은 좀 없었으면 좋겠다 하는 생각이 듭니다.

숫자가 중요한 것은 아니지만 교회는 생명력이 있어야 됩니다. 저는 숫자의 많고 적음을 이야기하는 것은 아닌데, 생명력은 있어야 한다고 생각합니다. 그래서 교회가 늘 생명력이 있도록 생명이 탄생되고, 생명이 자라는 역사 안에 교회는 있어야 됩니다. 그러기 때문에 그런 역사가 일어나는 교회와 목회의 꿈을 꾸어야 합니다. 생명이 탄생하지도 않는데, 가만히 멍하니 있으면서 적은 숫자가 좋다고 안위하는 것은 불행한 이야기입니다.

그런데 여기에서 이슈는 우리에게 계속해서 이런 것들로 인한 도전들이 있다는 것입니다. 어떤 도전입니까? 숫자에 많고 적음을 인해서, 숫자가 많으면 우쭐하려고 하는 도전이 있습니다. 또 숫자가 적으면 별 것 아니라고 생각하는 도전이 우리에게 있습니다. 이것이 더 무서운 것입니다. 제가 목회를 하면서 경험하는 것 중에 하나입니다. 저는 예전에 교인들의 숫자가 많은 곳에서 지냈습니다. 숫자가 너무 많은 것입니다. 제가 그 교회를 사임할 때 어른 19,000명, 어린이와 청소년이 5,000여 명이었습니다. 상상이 안 되죠? 그랬을 때는 사람들이 참 얼마나 간사한지요. 사람들이 저를 막 쫓아다닙니다. 저를 만나려고 줄을 섭니다. 저를 통해서 뭔가 얻을 수 있다고 생각한 것 같습니다. 그런데 제가 개척을 하면서 이제 아주 작은 숫자를 접하게 되었습니다. 그때는 사람들이 찾아오지 않습니다. 사람들이 숫자에 민감하게 반응하는 것을 봅니다.

제가 깨달은 것이 있습니다. 사람들이 숫자가 많으면 스스로 우월해 질 수 있는 가능성이 얼마든지 있다는 것입니다. 그리고 숫자가 적으면 스스로 위축될 수 있다는 것입니다. 그런데 대부분의 많은 목회자들이 그렇다는 것입니다. 저도 그런 것을 경험해 보았습니다. 옛날에는 전혀 인식하지 못했는데, 개척을 하고 점점 숫자를 키워 가잖아요? 키워 가는데 한국에 대형교회가 워낙 많으니까, 우리 교회가 작지 않음에도 불구하고 그래도 개척해서 이만큼 왔으면 참 감사함에도 불구하고 다른 교회가 숫자가 많다 하면 저도 모르는 사이에 약간 위축이 되는 경향이 있는 것을 느낍니다. 그래서 그런 가운데서 당당하게 서려고 합니다. 하나님께는 숫자가 그렇게 중요한 것이 아니잖아요. 하나님 앞에서 내 자신이 위축되지 않으려고 날마다 싸우는 것이 저의 싸움입니다. 목회를 하면서 유념해야 합니다. 숫자로 우리를 위협하려고 하는 공격에서 우리는 믿음으로 날마다 승리해야 됩니다. 그렇지 않으면 우리의 믿음이 강해지지 않습니다.

II. 연약과 실패를 이기는 믿음

성경을 보면 다음으로 바락의 케이스가 나옵니다. 바락의 케이스는 무엇입니까? 바락은 사사기 4장 6절 이하에서 이야기하고 있는데 우리가 잘 아는 대로 드보라와 함께 전쟁을 한 사람입니다. 여러분 드보라는 여인이에요. 여인에게 무슨 힘이 있겠습니까? 어떻게 여인과 전쟁을 할 수 있겠습니까? 그런데 바락이 여인과 함께 전쟁을 하기를 바랍니다. 바락이 뭐라고 이야기합니까? "바락이 그에게 이르되 당신이 나와 함께 가면 내가 가려니와 당신이 나와 함께 가지 않으면 나는 가지 않겠노라." 드보라에게 한 이야기이에요. 여자에게 무슨 이런 이야기를 해요? 왜 이 바락이 드보라와 같이 가기를 원했을까요? 그것은 바로 드보라가 함께 감으로 말미암아서 하나님이 함께 간다는 것을 믿었기 때문에 그렇습니다.

바락의 믿음이 어떤 믿음입니까? 여인과 같이 보잘 것 없다고 여겨지는 것이라 할지라도 하나님과 함께 하면 그 연약함을 뛰어넘어 승리할 수 있다는 확신을 가진 믿음이었습니다. 믿음은 바로 이런 것입니다. 우리에게 공격이 있습니다. 어떤 공격입니까? '너는 보잘 것 없다' 라고 생각하게 하는 공격입니다. 우리에게 '무슨 능력이 있느냐' 고 이야기하면서 우리를 위축되게 만들고 우리를 얕잡아 보게 하는 그러한 도전이 우리 앞에 있습니다.

여러분 앞에도 그런 것들이 많이 있을 것입니다. 여러분 교회에서도 사역할 때 여러분이 적어 보이고, 여러분이 약해 보이고, 여러분이 능력이 없어 보이는 것처럼 여겨질 때가 많이 있을 거예요. 그럴 때 여러분이 어떻게 대응하느냐에 따라서 여러분의 믿음이 달라집니다. 바락이 우리에게 보여 주는 것은 이런 공격이 있다 할지라도 '나의 나 된 것은 하나님의 은혜다. 내가 혼자 가는 것이 아니라 주님이 함께 간다. 그러면 내가 무엇이든지 할 수 있다' 라는 믿음으로 그 전쟁에서 승리해 나가는 훈련을 할 때 우리의 믿음이 강해지는 거예요.

여러분 목회를 하다 보면 진짜 연약해지는 것을 느낍니다. 제가 보니까 우리 전도사님들, 우리 학교 학생들, 참 배포도 좋고 상당히 어떤 면에 당당한 것을 보면서 부럽다는 생각을 할 때가 있어요. 저도 한때 그런 때가 있었어요. 그런데 개척을 해보니까 사람이 그렇게 약해질 수가 없어요. 그래서 '개척을 안 해 보고는 목회를 이야기하지 말라. 개척을 안 해 보고는 목회자의 인격을 논하지 말라.' 이런 이야기가 있어요. 여러분, 개척을 하지 않고는 아무런 이야기도 하지 마십시오. 진짜 그것이 겸손한 거예요. 개척을 해보고 나니까 얼마나 사람이 적어 보이는지 몰라요.

저는 그렇게 능력이 없다고 생각해본 적이 없었습니다. 그런데 작아 보이는 것입니다. 뭔가 내가 하면 될 줄 알았습니다. 사람이 어쩌면 내가 가르치면 뭔가 변하기도 하고, 열매도 있고, 그렇게 뭔가 눈에 보이는 것이 있어야 되는데 세월이 지날수록 열매가 너무너무 약한 것입니다. 더딘 것입니다. 그리고 사람이 안 변하는 것입니다. 하나님 능력이 없는 것인지 여하튼 잘 변하지 않아요. 이런 현상들을 보면서 참으로 하나님은 위대하신데 제가 능력이 없다는 생각을 너무 많이 합니다.

그래서 사실은 기도하지 않으면 견딜 수가 없습니다. 기도하지 않으면 일을 할 수가 없습니다. 사탄은 계속해서 저를 미혹하고 공격합니다. '너 뭐 이것저것 했다고 하면서, 너 옛날에 과거에 커리어가 이렇게 화려하다고 하면서 지금 봐라. 너 뭐 이걸 하겠어?' 그럴 때마다 주저앉고 싶기도 합니다. 어떤 면에서 포기하고 싶기도 합니다. '괜히 내가 개척했네. 차라리 청빙 받아서 갈 건데' 이런 생각이나 들고… 그러면서 많은 유혹들이 다가옵니다. 그럴 때마다 내가 믿음으로 이것을 물리치면서 이기지 아니하면 이겨낼 수 없는 것이 우리의 전쟁터예요. 바락은 우리에게 이것을 보여 주고 있습니다. 믿음은 하나님의 능력을 신뢰하는 것입니다. 아무리 연약하다 할지라도 하나님이 함께 가시면 우리는 승리할 수 있습니다. 할렐루야.

삼손의 케이스를 봅니다. 삼손의 케이스는 무엇을 말합니까? 삼손은 하나님의 은혜로 특별하게 태어난 사람입니다. 나실인이라고 합니다. 그런데 자기 관리를 하지 못해서 들릴라 품에서 자기의 비밀을 누설해 버립니다. 결국은 하나님이 주신 힘을 발휘하지 못하고 블레셋 사람에게 종으로 잡혀 이리저리 끌려 다니며 노리갯감이 됩니다. 그는 실패한 사람입니다. 그런데 그가 마지막에 하나님의 능력과 구원을 믿고는 놀라운 일들을 이룹니다.

사사기 16장 28절, "삼손이 여호와께 부르짖어 가로되 주 여호와여 구하옵나니 나를 생각하옵소서. 하나님이여 구하옵나니 이번만 나로 강하게 하사 블레셋 사람이 나의 두 눈을 뺀 원수를 단번에 갚게 하옵소서 하고." 삼손은 하나님의 은혜를 덧입고 궁궐의 기둥을 무너뜨립니다. 그리고 그 곳의 사람들과 함께 죽습니다. 결국은 그가 마지막에 죽인 사람이 그가 살아서 죽인 사람보다 훨씬 더 많았다는 결과를 낳습니다.

삼손의 믿음은 무엇입니까? 한 번의 실수가 실패가 되지 않는다는 것을 우리에게 보여 주는 것입니다. 하나님의 은혜를 구하고 하나님을 의지하는 믿음은 결국 승리한다는 것을 우리에게 보여 주는 것입니다. 발견하는 것이 무엇입니까? 우리에게 있어서 실패의 경험들, 실수의 경험들, 이런 것들이 많이 있다 할지라도 거기에 사로잡히면 안 된다는 것입니다. 믿음은 그것을 이기는 것입니다. 우리의 삶은 계속해서 실패한 것을 가지고 공격합니다. 여러분들 가운데 인생을 살면서 실패한 사람이 얼마나 많습니까? 그런데 그것이 계속해서 우리를 따라다니는 것입니다. 실수한 사람들이 얼마나 많습니까? 그것에 사로잡혀 가지고 앞으로 나아가지 못하는 것입니다. 믿음이 강해지지 않는 것입니다.

여러분 사역에 있어서 실패의 경험을 하는 사람도 마찬가지입니다. 제가 보면 사역에서 실패의 경험을 하는 사람들은 앞으로 나가지를 못합니다. 또 다시 실패할까봐 두려워합니다. 염려합니다. 걱정합니다. 일어서지 못합니다. 여러분, 교역자들도 마찬가지에요. 그래서 가능한 한, 할 수 있는 한 여러분이 맡고 있는 어린이나 주일학교, 청소년 사역할 때 가능한 한 성공하도록 노력하시기 바랍니다. 한 번씩 실패하고 잘 안 되는 좌절감을 맛보게 되면 앞으로 계속해서 그럴 가능성이 높습니다.

여러분 기억하십시오. 잘 안 될 수 있습니다. 그러나 거기에 머무르지 마십시오. 하나님께서는 삼손에게도 은혜를 주셨는데, 우리에게도 은혜를 주시리라고 저는 믿습니다. 이런 믿음을 가지고 그런 전쟁에서 이겨 내는 것입니다. 이것이 믿음의 다이나믹인 것입니다. 그런 과정을 통해 믿음은 자라는 것입니다. 저는 한국교회를 보면서도 마찬가지입니다. 사람들은 한국교회를 봐! 허물투성이잖아, 라고 공격합니다. 교회가 다 잘못되었다고 합니다. 교회가 무능하다고 합니다. 그러나 분명히 알아야 합니다. 우리의 믿음은 실패했지만 다시 일어서는 도전을 하는 것이라는 사실입니다. 하나님이 그렇게 하십니다. 믿음은 놀라운 것입니다.

III. 믿음을 뛰어넘는 믿음

입다의 케이스는 무엇입니까? 입다는 계산을 잘못해 가지고 어려움을 당한 사람입니다. 계산을 잘못해서 딸을 주님 앞에 드리는 헌신을 한 것입니다. 그것이 무엇입니까? 입다는 잘못된 서약을 하므로 전쟁에서 승리는 했지만 자기의 가장 사랑하는 딸을 죽음으로 하나님께 내어 놓은 것입니다. 사실 입다는 어떻게 보면 계산을 잘못한 것이 아니라 자기의 믿음을 뛰어넘는 믿음을 가지고 있었습니다. 자기의 것을 아끼지 아니하고 내어 놓는 그런 믿음을 가진 것입니다. 우리의 삶 속에서 계속해서 있는 유혹이 그것입니다. 도전이 그것입니다. 내 것을 아끼고 싶은 것입니다. 내 것을 희생하고 싶지 않은 것입니다. 우리로 계산하게 하고 자기의 것을 헌신하게 하지 못하는 것입니다.

교회에서도 그렇습니다. 여러분들이 주어진 시간에서만 일을 하고 어떤 면에서, 좀 더 헌신하고 좀 더 충성하고 좀 더 최선을 다해야 되는데, 내 것을 내놓고 싶지 않는, 그래서 너무 약삭빠르게 행동하는 것입니다. 너무 계산이 빠른 것입니다. 모든 것을 돈으로 계산하고, 모든 것을 시간으로 계산하면서 행동하는 것입니다.

입다는 바로 이렇게 계산하는 것을 뛰어넘는 결정을 함으로 말미암아서 참으로 믿음을 더욱더 강하게 만드는 그러한 사람이었습니다. 우리에게 필요한 것은 소중한 것을 걸고라도 하나님의 승리를 쟁취하고자 하는 믿음입니다. 믿음이 있다면 계산하는 데 너무 익숙해서는 안 됩니다.

다윗의 경우는 무엇을 말하는 것입니까? 그것은 골리앗을 이긴 모습을 말합니다. 삼상17:45절 이하입니다. "다윗이 블레셋 사람에게 이르되 너는 칼과 창과 단창으로 내게 오거니와 나는 만군의 여호와의 이름 곧 네가 모욕하는 이스라엘 군대의 하나님의 이름으로 네게 가노라 오늘 여호와께서 너를 내 손에 붙이시리니 내가 너를 쳐서 네 머리를 베고 블레셋 군대의 시체로 오늘날 공중의 새와 땅의 들짐승에게 주어 온 땅으로 이스라엘 하나님이 계신 줄 알게 하겠고 또 여호와의 구원하심이 칼과 창에 있지 아니함을 이 무리로 알게 하리라. 전쟁은 여호와께 속한 것인즉 그가 너희를 우리 손에 붙이시리라."

다윗의 믿음은 외형적인 크기를 뛰어넘는 믿음인 것을 보여 줍니다. 사람들은 외형적 크기에 기가 죽어 꼼짝을 못하는데 다윗은 그런 것에 개의치 않고 오히려 하나님의 이름을 욕되게 한 것에 대해서 분노하며 하나님의 이름으로 나아간 것을 봅니다. 그에게 있어서 외형이나 외적인 크기는 그렇게 중요한 것이 아니었음을 보여줍니다. 오늘날 우리에게 공격이 있습니다. 바로 외적인 크기로 우리를 누르려고 하는 공격입니다. 외적인 사이즈나 화려함을 가지고 우리를 힘들게 하는 것입니다. 교역자들에게도 이상한 현상이 있음을 가끔 봅니다. 외형적으로 사이즈가 큰 교회 목사들 앞에서 작아지는 것입니다. 여러분은 어떻습니까? 마치 큰 외형을 가진 사람은 모든 면에서 뛰어난 것처럼 생각하고 스스로 작게 여기는 것입니다. 여러분, 앞으로 계속해서 외형적으로 크고 사이즈 큰 것들, 이런 것들이 계속해서 우리를 위축시킬 것입니다. 그러나 믿음은 그걸 뛰어넘는 것입니다. 우리는 이런 공격과 싸워야 합니다. 작아도 그것을 귀중히 여기고 그것을 존중하며 당당히 설 줄 알아야 합니다. 큰 것을 조심하고 큰 것에 위축되거나 휩싸이지 않도록 해야 합니다. 바로 그것이 믿음입니다.

IV. 하나님의 음성에 주의하고 순종하는 믿음

마지막으로 성경은 사무엘과 선지자들의 케이스를 말합니다. 이 케이스가 우리에게 말하고자 하는 믿음은 무엇입니까? 사무엘이 어렸을 때부터 하나님을 섬긴 것은 놀라운 것입니다. 그는 그 과정을 통해서 믿음으로 하나님의 음성을 듣습니다. 그리고 사무엘은 하나님의 음성을 좇아 행합니다. 그래서 나중에는 사울을 책망합니다.

믿음은 무엇인가? 믿음은 하나님의 음성에 주의하고 그대로 순종하므로 승리하는 것입니다. 믿음은 사울과 같은 권세의 당당함에 위축되지 않습니다. 오히려 하나님의 음성에 주의하는 것입니다. 오늘날 우리에게 있는 공격이 있습니다. 하나님의 음성에 주의하지 못하도록 하는 것입니다. 세상적인 흐름이나 가치에 귀를 기울이게 합니다. 디모데후서 4장 3절 이하입니다. "때가 이르리니 사람이 바른 교훈을 받지 아니하며 귀가 가려워서 자기의 사욕을 따를 스승을 많이 두고 또 그 귀를 진리에게 돌이켜 허탄한 이야기를 따르리라." 사람들은 하나님의 말씀을 전하면 잘 들으려고 하지 않습니다. 오히려 하나님의 음성을 배척합니다. 우리는 이런 공격을 이겨 내야 합니다. 믿음은 바로 하나님의 음성에 주의하고 순종하는 것입니다.

여러분, 우리의 삶의 현장에서 우리는 우리의 믿음을 무너뜨리고 약화시키려고 하는 것들의 계속적인 공격에 직면해 있습니다. 숫자의 위협, 연약함의 위축, 실패의 의기소침, 계산하고자 하는 유혹, 크기 앞에서 작아지는 것, 권세의 위엄 앞에서 하나님의 음성을 듣지 않으려고 하는 것, 이런 것들이 우리의 싸움의 현장들입니다. 이제 우리는 매일매일 이런 것들을 뛰어넘어야 합니다. 그것이 믿음입니다. 여러분이 믿음으로 이런 것들을 대항해 싸우면서 믿음으로 이런 것에 대해서 자꾸 승리하는 훈련을 하고 이기는 습관을 들일 때, 계속해서 여러분의 믿음이 강해지고 믿음으로 더 큰 것들 이뤄갈 수 있는 놀라운 은혜가 있으리라고 저는 믿습니다.

사랑하는 여러분, 믿음은 승리하게 하는 것입니다. 숫자의 위협 앞에서, 사람들이 숫자를 가지고 나를 평가한다 할지라도, 숫자에 연연하지 말고 숫자에 위축되지 맙시다. 내가 힘이 없고 능력이 없다는 위협 앞에서, 사람들은 나의 지금의 처지를 보고 나를 평가하려고 하지만, 하나님이 함께 하시면 승리할 수 있다는 믿음을 가집시다. 실패하고 넘어짐으로 다시는 재기할 수 없다는 공격 앞에서, 사람들은 실패한 나를 향해서 끝났다고 하지만, 실패를 넘어서서 일하시는 하나님을 바라보십시다. 계산하고 싶은 마음이 나를 유혹하지만 예수의 이름으로 물리치면서 계산하지 않는 헌신을 하나님께 드리십시다. 크기 앞에서 작아지려고 하는 위협이 있지만 그러한 것들을 뛰어넘어서 일하시는 주님을 바라보십시다. 권세 앞에서 꼼짝 못하게 하는 도전이 있지만 이 세상의 어떤 권세보다도 큰 하나님의 음성에 주의하고 그 말씀에 순종합시다. 그렇게 사는 것이 믿음으로 승리하는 삶의 모습입니다.

사랑하는 여러분 우리의 믿음을 돌아보십시다. 우리의 믿음은 어느 정도인가요? 이제 우리는 더욱 믿음을 키워 나가야 됩니다. 하나님께서는 하루아침에 믿음을 키우지 않습니다. 지금부터 여러분 앞에 다가오는 도전들을 믿음으로 이겨 내십시오. 믿음으로 이겨 내고 믿음으로 승리하는 다이나믹을 경험하면 더 강한 믿음의 소유자가 될 것입니다. 여러분, 모두 믿음 있는 성숙한 크리스천으로 든든히 서서 계속해서 하나님께 쓰임 받는 그러한 은혜가 있기를 소원합니다.

여러분, 믿음이 있는 사람은 결코 지지 않습니다. 믿음이 있는 사람은 승리합니다. 그리고 믿음이 있는 사람이 세상에 영향력을 끼치고 세상을 바꿀 수 있습니다. 하나님께서 우리 모두에게 이런 은혜를 주시기를 바랍니다.

선교적 공동체

사도행전 13장 1절-3절

김명호 (기독교교육학)

저희들이 교회의 부흥을 사모하면서 '초대 교회로 돌아가자'는 말을 많이 합니다. 여기서 말하는 초대 교회는 예루살렘 교회와 안디옥 교회를 말합니다. 오늘 본문은 특별히 안디옥 교회에서 있었던 일들을 소개하고 있습니다. 오늘 이 시대에 우리 교회들이 본받아야 될 중요한 교회의 모델로 안디옥 교회를 보게 됩니다. 교회 역사를 공부하면서 제일 드라마틱하게 공부했던 부분이 초대교회사가 아니었나 싶습니다. 성경 안에 나오는 순교자들과 영웅들의 이야기를 읽어가면서 마음이 뜨거웠던 순간들이 기억납니다. 그런데 오늘 우리가 살아가는 이 시대는 중세교회나 종교개혁 시대보다는 초대 교회에 더 가깝다는 생각이 듭니다. 기독교를 박해하는 환경 속에서 전투적으로 살아가던 초대 교회의 모습을 회복해야 되기 때문입니다.

1절에 보면 안디옥 교회에 선지자들과 교사들이 있었습니다. 그 교회에 지도자들이 누구였는지를 들여다보면 안디옥 교회의 배경을 알 수 있습니다. 안디옥은 수리아 왕인 셀고스니가돌이라는 사람이 건설을 하고 나라의 수도로 정했는데 당시에 가장 화려한 도시 중에 하나였다고 알려져 있습니다. 그래서 '동양의 여왕'이라고 하는 별명을 가졌습니다. 지금은 터키의 안타기야라는 아주 조그만 소도시에 불과하지만 사도 바울 당시에는 시리아의 수도로서 로마 제국의 도시 가운데 3대 도시 중에 하나였다고 합니다. 로마, 알렉산드리아, 그리고 안디옥을 이야기할 정도로 잘 알려져 있던 곳이었습니다.

그런데 사도행전 8장에 예루살렘 교회에 핍박이 일어나면서 예루살렘 교회 안에 있던 모든 성도들이 뿔뿔이 흩어지게 되는데 그 중에 상당 숫자가 이 안디옥으로 가지 않았나 생각을 합니다. 오래 전부터 그곳에 정착해서 살고 있던 유대인들도 있었기 때문에 유대인들에게 안디옥은 아마도 매우 익숙한 도시였을 것입니다. 그래서 흩어진 예루살렘 교회 성도들이 안디옥까지 가서 그곳에서 예수님의 도를 전하게 되고 복음을 전하게 되었습니다. 어떻게 보면 스데반의 순교의 피가 안디옥 교회까지 흘러들어갔다고 말할 수 있을 것입니다.

이때에 유대인들이 안디옥에서 벌였던 선교 활동은 매우 제한적이였던 것 같습니다. 같은 동족이었던 유대인들에게만 복음을 전했기 때문입니다. 그런데 구브로와 구레네에서 온 몇 사람이 안디옥 교회에 함께 합류하면서 교회 분위기가 완전히 바뀌었습니다. 같은 동족에게만 복음을 전했던 이들이 이제는 헬라인들에게도 복음을 전하기를 시작했던 것이었습니다. 유대인들 가운데 예루살렘에서 나서 그곳에서 자라난 토박이들이 있는가 하면 외국으로 이민 가서 거기서 자라난, 헬라어에 익숙한 유대인들도 있었습니다. 그런 사람들을 1.5세 혹은 2세라고 부릅니다. 마치 한국인들 가운데 1.5세 2세들이 얼굴은 한국 사람이지만 한국말보다 영어를 훨씬 능숙하게 하는 것처럼, 유대인들 가운데서도 헬라어가 훨씬 능숙한 사람들이 있었습니다. 안디옥 교회에 새롭게 유입된 사람들로 인해 복음이 헬라어로 전해지고 그들로 인해 교회가 급성장하기 시작합니다. 처음에는 별로 기대를 하지 않았던 사람들에게 갑자기 복음이 전파되기 시작하고 교회가 숫자적으로 성장하기 시작을 하면서 그 교회들이 성장하는 이야기가 예루살렘 교회, 즉 모교회에 보고가 됩니다. 그래서 예루살렘 교회에서 사도들이 회의를 하면서 갑자기 급성장하는 이 안디옥 교회를 어떻게 도울 수 있을까 고민을 하다가 그들에게 가장 적합한 목회자를 선정해서 보내게 됩니다. 그 사람이 바로 바나바입니다.

바나바는 1.5세, 2세라고 분류될 수 있는 사람입니다. 그러니까 헬라어도 능숙한 사람이었고 그런 안디옥 교회의 영적 흐름을 잘 알고 있어서 그 교회를 목회할 수 있는 가장 적합한 인물로 선정되었을 것입니다. 바나바는 구브로 출신입니다. 구브로라고 하면 최근 뉴스에 국가 부도 사태 위기에 직면해서 떠올랐던 싸이프러스라고 하는 도시국가 있죠. 작은 섬나라인데 거기가 성경에 나오는 구브로입니다. 터키 바로 밑에 있고, 오른쪽으로는 팔레스타인이 있고, 아래쪽으로 좀 내려가면 아프리카가 있어서, 구브로는 유럽과 아시아와 아프리카를 이어주는 굉장히 중요한 거점이라고 말할 수 있습니다. 그곳 출신이었기 때문에 바나바는 헬라 문화에 익숙했습니다. 그래서 예루살렘 교회가 바나바를 안디옥 교회에 파송하게 되고 바나바는 그곳에서 일어나는 일들을 보면서 믿음 위에 굳건히 설 수 있도록 안디옥 교회 성도들을 격려하게 됩니다. 그런데 사역을 하다 보니까 혼자 힘으로는 벅차다는 판단을 합니다. 자기 혼자서는 감당할 수가 없다는 판단이 들어서 동역자를 불러오게 됩니다. 다소에 있던 사울을 찾아가서 데리고 와 함께 동역하게 되지요.

바나바의 위대한 점이 여기에 있다고 생각을 합니다. 그는 여러 가지 면에서 그 교회를 감당할 수 있는 능력이 있었고, 지혜가 있었습니다. 그리고 사람들도 그를 존경하고 따랐습니다. 그럼에도 불구하고 자기의 약한 부분 때문에 교회가 손해 보지 않도록 하기 위해서 자기의 약한 부분을 보완해 줄 수 있는 동역자를 찾았습니다. 말씀을 잘 가르칠 수 있는 사울을 찾아 불러들였고 그와 함께 동역했습니다. '동사목회'라고 할 수 있고 '협동목회' 또는 '팀목회'라고도 말할 수 있습니다. 그렇게 함께 일하는 사역을 통해서 안디옥 교회는 더 성장하게 되고, 그 결과 안디옥 교회에서 그리스도인이라고 하는 이름을 얻게 됩니다. 이것이 오늘 본문 앞에 있었던 역사적인 배경입니다.

I. 말씀이 선포된 교회

그런데 오늘 본문에 보니까 이 안디옥 교회 지도자들을 가리켜서 선지자와 교사들이라고 말합니다. 초대 교회 시절에는 선지자라고 하는 직분을 가진 분들이 있었습니다. 선지자는 구약 시대의 개념으로 이야기하면 '예언'과 '선포'를 감당했던 사역자들입니다. 선지자가 감당했던 사역들 가운데 예언은 세례 요한의 사역으로 대부분 마감이 되고 그 이후에는 성경에 나오는 선지자들은 대부분 선포에 무게 중심을 두고 사역을 하는 모습을 볼 수가 있습니다. 그들은 구약성경을 연구하면서 거기에 예언된 말씀이 신약 시대에 어떻게 이루어지고 있는지를 선포하면서 교인들을 가르쳤습니다. 교사가 뭐하는지는 우리가 다 알고 있지요. 안디옥 교회는 선지자와 교사들이 교회의 영적 흐름을 주도했습니다. 다시 말하면 안디옥 교회는 하나님의 말씀을 가르치는 교회였다는 것입니다.

그 당시에 안디옥 교회는 선지자들과 교사들을 통해서 놀라운 성령의 역사를 경험했을 거라고 믿습니다. 사도행전을 보게 되면 에베소에서 사도 바울이 사역을 할 때 사도 바울이 쓰던 수건이나 앞치마를 갖다가 병자에게 얹으면 낫는 그런 기적들이 있었다고 이야기하지 않습니까? 그런 기록들을 보면 당시 초대 교회는 불같은 성령의 역사를 경험했습니다. 그럼에도 불구하고 이 교회의 영적 흐름을 이끌어 가는 지도자들은 하나님의 말씀을 선포하고 가르치는 선지자와 교사들이었다는 것입니다. 성도들 대부분은 핍박을 피해서 안디옥으로 도망온 사람들이었습니다. 경제적으로 얼마나 어려웠겠습니까? 경제적으로 굉장히 힘든 상태였을 것입니다. 그런 상황 속에 처한 사람들에게 잘 먹혀 들어가는 메시지는 한마디로 '번영 신학'일 것입니다. 예수 믿으면 축복 받는다는 메시지 말입니다. 그러나 안디옥 교회는 그러한 상황 속에서도 하나님의 말씀을 선포하고 가르치는 자들에게 리더십을 부여했고 그 말씀의 권위 아래 무릎을 꿇는 그러한 교회였다는 것입니다.

우리 교회가 하나님의 말씀 앞에 무릎 꿇는 교회가 되기를 바랍니다. 하나님의 말씀이 선포되고 그 가르치는 하나님의 말씀 앞에 항복하고 순종하는 운동이 교회 안에 있을 때 교회가 살아갈 수 있다고 믿습니다. 그래서 안디옥 교회 특징 가운데 첫 번째는 가르치는 교회, 선포하는 교회였다는 것입니다.

II. 주를 섬겨 하나 된 교회

두 번째, 저는 1절에 나오는 사람들의 이름을 보면서 "야! 이 교회 참 멋진 교회다"라는 생각을 했습니다. 5명의 지도자들 이름을 거론을 하고 있는데요, 1992년 미국에서 올림픽에 농구팀을 선발해 출전시켰는데 그 농구팀을 구성할 때부터 아마추어 선수들로 구성되었던 농구팀에 프로 선수들이 올림픽에 나갈 수 있도록 규정이 바뀌었어요. 그래서 당대에 내로라하는 마이클 조던을 비롯한 최고의 스타들이 올림픽에 나갑니다. 그러면서 상상으로만 생각했던 일이 현실이 되면서 그 팀의 이름을 드림팀이라고 붙였습니다. 저는 이 안디옥 교회에 거론되고 있는 다섯 명 이름이 드림팀이 아닌가 이런 생각을 해봤습니다.

첫 번째 거론된 사람이 바나바입니다. 바나바는 조금 아까 말씀드린 대로 구브로 출신의 유대인입니다. 이곳에서 그는 헬라의 문화를 충분히 익히면서 자라났을 겁니다. 뿐만 아니라 사도행전 4장에 보면 그가 가지고 있던 밭을 팔아서 그 돈을 예루살렘 교회 성도들의 필요를 위해서 내놓았어요. 그 때 말하는 밭이라는 것이 잉여의 밭, 여유로 가지고 있던 밭으로 해석하는 사람이 있습니다. 그렇게 보면 그는 굉장히 부유한 사람, 중산층 이상의 사람이었던 것 같아요. 그리고 그는 본명보다는 별명으로 사람들에게 알려져 있죠. 바나바라고 하는 이름은 son of encouragement, 격려의 아들, 위로자란 뜻을 갖고 있습니다. 사람들이 그 사람을 만나면 위로를 얻었고 격려를 얻었다는 것입니다. 그 사람을 만나면 꿈을 꾸고, 그 사람을 만나면 힘을 얻고, 그래서 모든 사람이 그를 만나기 원했던 그런 사람이었습니다. 여러분, 사람은 결국 두 종류로 나뉩니다. 만나고 싶은 사람이 있는가 하면 피하고 싶은 사람이 있습니다. 어쩌다 부딪쳐도 빨리 헤어지고 싶은 사람 말입니다. 여러분은 어떤 종류의 사람입니까?

저는 목회자는 모름지기 만나고 싶은 사람이 되어야 된다고 생각합니다. 만약 여러분 가운데 사람 만나는 게 피곤하다고 생각되는 분이 있다면 목회하지 마시기 바랍니다. 주님을 위해 할 수 있는 다른 일도 많이 있잖아요. 목회는 사람 만나는 일입니다. 사람들을 만나고 또 사람을 세워 주는 일이 목회입니다. 바나바는 그런 면에 있어서 영락없는 목회자였다고 생각을 합니다. 만나면 사람들이 힘을 얻잖아요. 특별히 다섯 명 가운데 제일 먼저 바나바의 이름이 거론된 것을 보면 바나바가 담임 목사였을 가능성이 높습니다. 공동체에는 함께 일을 하는 동역자라 할지라도 모든 결정에 있어서 마지막 최종 결정을 내리는 누군가가 있어야 됩니다. 안디옥 교회에서는 바나바가 그런 역할을 하지 않았을까 싶습니다. 바나바는 예루살렘 교회에서 파송한 사람이었기 때문에 공식적인 권위도 부여받았고 지금까지의 사역의 경험을 봐서도 바나바가 주도권을 가지고 안디옥 교회를 이끌었을 것입니다.

그러나 좀 아까 말씀드렸던 것처럼 바나바의 장점은 자기 혼자서 교회를 이끌어가겠다는 생각을 하지 않고 사람들을 불렀다는 것입니다. 자기의 결점과 약점이 하나님의 몸 된 교회에 제한이 되지 않도록 하기 위해서 그는 자기보다 잘할 수 있는 사람들을 불러모은 거죠. 그래서 다른 사람들의 도움을 받아서 이 교회를 건강하고 균형 있는 교회로 세우기 위해서 애를 썼던 사람. 그런 지도자가 있었기 때문에 안디옥 교회가 이렇게 아름답고 건강한 교회가 되지 않았을까 생각을 합니다.

두 번째 사람은 니게르라고 하는 시므온입니다. 학자들이 니게르라고 하는 말이 흑인을 지칭하는 단어일 것이라고 봅니다. 우리가 안좋은 표현으로 흑인들을 이야기할 때 니그로라고 하는 말을 사용했었습니다. 지금은 그런 표현을 사용하면 인종차별이라고 하지요. 어원에 있어서 이 두 단어가 비슷할 거라고 추측을 합니다. 그런 말이 사실이라고 하면 여기 시므온은 흑인일 가능성이 굉장히 높습니다. 그런가 하면 어떤 학자들은 여기 말하는 이 시므온이 예수님의 십자가를 대신 지고 간 시몬이라고 하는 사람과 동일인이라고 추측을 하기도 합니다. 마가복음 15장 21절에 보니까 "마침 알렉산더와 루포의 아버지인 구레네 사람 시몬이 시골로부터 와서 지나가는데 그들이 그를 억지로 같이 가게 하여 예수의 십자가를 지우고"라고 말합니다.

만약 두 사람이 동일 인물이라면 굉장히 재미있는 이야기가 펼쳐

집니다. 사도 바울이 로마서에서 루포를 언급하면서 루포의 어머니가 내 어머니라고 이야기를 합니다. 그것을 보면 구레네 사람 시몬의 가족들이 초대 교회에 중요한 영적 지도자로 부상을 했을 것이고, 굉장히 강한 어떤 영향력을 끼쳤을 수 있다고 생각을 할 수 있습니다. 그 가족이 안디옥 교회에 가 있을 수도 있습니다. 그러니까 예수님의 십자가를 대신 지고 가면서 예수님과의 만남이 있었고 그 때 예수님을 믿게 되었다고 볼 수 있습니다.

여기서 말하는 그 흑인이 만약에 안디옥 교회의 지도자였다라고 한다면 안디옥 교회는 굉장히 다양한 인종적 구성을 가지고 있었다고 말할 수 있습니다. 초대 교회 때부터 상당히 그런 폭넓은 교회 리더십이 형성된 것입니다. 어떻게 보면 성장 배경이 안 좋았던 사람들도 교회 안에서 지도자가 될 수 있는 가능성을 볼 수 있습니다.

또 한 사람의 구레네 사람 루기오라고 하는 사람이 나오는데 이 사람에 대해서는 성경에 구체적으로 언급이 되어 있지 않습니다. 구레네는 북아프리카의 항구 도시였습니다. 그리스인들이 세운 도시로 헬라어를 사용하는 유대인들이 살고 있었고 유대교 회당도 있었던 곳입니다. 루기오가 바로 이 구레네 출신입니다. 구레네 사람이라고 이야기했을 때는 아프리카 흑인일 가능성도 있고 아니면 유대인인데 그쪽에 가서 자란 사람, 그래서 유대인 1.5세 내지는 2세라고도 말할 수 있습니다. 얼굴과 생김새는 유대인처럼 생겼지만 말하는 것은 헬라어가 훨씬 더 편한 사람, 즉 헬라 문화에 능숙한 사람이 교회 지도자가 됐을 가능성이 높습니다.

또 한 사람은 분봉왕 헤롯의 젖동생 마나엔입니다. 이 표현은 역사적인 배경을 좀 이해하는 것이 필요하다고 봅니다. 분봉왕이라고 하는 것은 로마가 국가를 점령하고 난 다음에 그 나라 특성이 로마에 반기를 들 가능성이 높다든지 종교적인 색채가 강하고 민족적 특성이 강한 지역의 경우에 자기들이 직접 다스리면 문제가 생길 것 같으니까 그 지역의 토후세력에게 그 나라를 맡겼습니다. 팔레스타인이 대표적인 지역이라고 말할 수 있습니다. 팔레스타인은 종교적인 색채도 강하고 민족적 특성도 강하기 때문에 로마하고 부딪칠 가능성이 굉장히 높다고 생각해서 그 지역에 토후세력이었던 헤롯에게 나라를 맡깁니다. 그런 나라를 다스리는 사람을 가리켜서 분봉왕이라고 불렀는데 그 왕 이름이 헤롯이었습니다. 그런데 분봉왕으로 임명받은 첫 번째 헤롯 대왕은 예수님 태어나시고 나서 얼마 있다가 죽게 됩니다. 그리고 나서 그 아들들이 나라를 셋으로 나누어서 이어받게 되지요. 그래서 성경에 헤롯왕이라고 이야기하지만 한 사람이 아닌 여러 사람들이 나라를 다스리는 모습들을 보게 됩니다.

그런데 특별히 여기에 나오는 분봉왕 헤롯이라고 하는 사람은 갈릴리와 베레아 지방을 다스렸던 왕이었습니다. 아버지 헤롯 대왕을 닮아서 머리가 비상했던 사람으로 알려져 있습니다. 그래서 예수님은 그를 가리켜서 여우라고 표현을 했습니다. 이 사람에 대해서는 대부분 잘 알고 있습니다. 형수를 뺏어 가지고 자기 아내로 삼았기 때문에 세례 요한이 그를 향해서 심하게 책망을 했고, 그것 때문에 세례 요한의 목이 잘리는 그러한 사건이 벌어지게 되는 당사자입니다. 그러니까 굉장한 파워를 가지고 있는 사람이죠. 그런데 본문에 나오는 안디옥 교회의 지도자인 마나엔은 분봉왕 헤롯의 젖동생이라고 소개합니다. 젖동생이라고 하면 어렸을 때 젖을 같이 먹고 자란 사람을 이야기합니다. 옛날에는 대부분 이런 고관집의 아이들은 유모가 있었습니다. 젖동생이란 그 유모의 아들일 가능성이 있다고 보는 것입니다. 그러니까 어렸을 때부터 헤롯과 함께 자랐어요. 헤롯의 어릴 적 친구라는 얘기가 됩니다. 그가 어떤 이야기든지 헤롯에게 말할 수 있었던 위치에 있었다라고 한다면 그는 굉장히 고위직에 있었던 사람이라고 볼 수 있습니다. 어쩌면 복음을 전하는 데 있어서 여러 가지 편의를 제공할 수 있는 위치에 있었던 사람입니다.

예수님을 도와서 섬겼던 사람들 가운데도 이런 고위층들이 있었습니다. 헤롯의 청지기 구사의 아내 요안나라고 하는 사람이 바로 그런 사람이었습니다. 남편이 헤롯 정권의 재정을 담당한 사람이었다면 분명 고위직입니다. 그런 자의 아내로서 예수님의 사역의 재정적인 필요를 채우는 역할을 했었던 것이 분명합니다. 안디옥 교회에도 이런 정치적 입지를 가지고 있었던 사람이 교회의 지도자로 동역했던 것 같습니다.

그리고 또 한 사람, 우리가 잘 아는 사람이 있었습니다. 사도 바울입니다. 길리기아의 다소 사람이면서 가말리엘 문하에서 엄격한 바리새파 교육을 받은 사람, 지성인이었습니다. 그는 성경에 대해서 어느 누구보다 잘 알고 있었을 것입니다. 그가 회심하게 되고 바나바의 멘토링을 받으면서 이제 안디옥 교회 지도자가 되었습니다. 한번 생각해 보십시오. 지금 안디옥 교회에 바나바가 있습니다. 그리고 사도 바울이 있어요. 거기에 헤롯의 젖동생 마나엔이 있고 니게르라 하는 시므온, 구레네 사람 루기오가 있었어요. 이런 사람들의 이야기를 조합을 해보면 배경이 다르고 인종이 다르고 사회적인 위치가 다른 사람들이 한 팀으로 모였습니다. 그럼에도 불구하고 그들은 안디옥 교회의 지도자로서 그 교회를 건실하게 이끌어가는 역할을 했습니다.

다양성 속의 하나가 된 교회. 여러분, 교회는 다양성 속에 하나가 되어야 합니다. 제자도의 특성 가운데 우리가 빼놓아서 안 될 부분이 하나 됨이라고 생각을 합니다. 주님께서 제자들을 위해 기도할 때 삼위일체 하나님이 하나인 것처럼 이들도 하나가 되게 해주시옵소서, 기도했습니다. 예수님을 따르는 제자 공동체는 반드시 하나가 되어야 합니다. 그러나 하나가 된다는 말이 획일화된다는 뜻은 아닙니다. 모든 생각이 똑같이 동일할 수는 없습니다. 자기의 배경과 입장에 따라서 다른 생각을 가질 수 있습니다. 교회 안에는 정치적인 색깔로 보면 야당도 있을 수 있고 여당도 있을 수 있습니다. 교회는 여당과 야당을 함께 어우를 수 있는 자리가 되어야 합니다. 전라도도 가능하고 경상도도 가능합니다. 사회적인 위치에 잘 사는 사람들도 있을 수 있지만 못사는 사람들도 교회가 함께 포용할 수 있어야 합니다. 그런 다양성 속에 하나를 이룰 수 있는 교회, 이게 안디옥 교회였다고 생각을 합니다.

사람들마다 가지고 있는 은사들이 다르지 않습니까? 성경에 보면 정말 다양한 은사들을 볼 수 있습니다. 가르치는 은사, 구제하는 은사, 영분별의 은사, 기도의 은사, 방언의 은사, 통역의 은사, 정말 다양한 은사들을 보여 줍니다. 그러나 교회라는 곳이 내가 가지고 있는 잘남을 가지고 증명해 보이는 곳이 되어서는 안 됩니다. 교회는 '누가 누가 잘하나' 경연대회가 되어서는 안 됩니다. 내가 가지고 있는 은사와 실력들을 가지고 주님을 섬기는 일에 하나가 되어야 진정한 교회라고 할 수 있습니다.

III. 성령님의 인도하심을 따른 교회

교회는 하나가 되어야 합니다. 어떻게 하면 하나가 될 수 있을까요? 저는 하나가 될 수 있었던 가장 중요한 특징 중에 하나가 그 다음 2절에 나온다고 생각을 합니다. 2절 말씀을 봅니다. "주를 섬겨 금식할 때에 성령이 이르시되" 성령님께서 안디옥 교회에 말씀하셨다는 것입니다. 종종 설교를 하거나 집회를 인도하는 사람들 가운데 "하나님께서 지금 이렇게 말씀하셨습니다"라고 말하는 사람들이 있습니다. 하나님의 음성을 들었다는 것입니다. 그런 소리를 들을 때 왠지 영적으로 열등감에 빠지고 "저 사람은 하나님의 음성을 듣는다는데 나는 왜 못들을까?" 이렇게 자책하면서 그렇게 말하는 사람들을 영적으로 대단한 사람이라고 여기는 사람들이 있습니다. 그런데 정말 그들은 하나님의 음성을 듣는 것일까요? 지금 안디옥 교회는 성령님께서 말씀하시는 것을 들었다고 말합니다. "성령님께서 이르시되" 그래서 그 말씀을 듣고 그 말씀에 순종했습니다. 그런데 성령님이 이르시는 걸 어떻게 듣느냐는 것입니다. 어떻게 하면 우리는 성령님께서 또는 하나님께서 나에게 이렇게 말씀하셨다고 말할 수가 있을까요?

여러분, 여기서 조심해야 될 것은 하나님이 내게 말씀하셨다고 표현하는 사람들 가운데 대부분은 그런 음성을 실제로 들은 것이 아닙니다. 자기의 심상에 떠오르는 생각들을 하나님의 음성이라고 표현한다는 것입니다. 그러니까 "하나님께서 말씀하셨다"는 표현 때문에 기죽지 마시기 바랍니다. 우리가 성경을 읽고, 성경 말씀 가운데 하나님의 뜻을 깨닫고, 하나님께서 내게 그 말씀의 의미를 깨닫게 하신다면 그것은 분명히 하나님께서 말씀하신 겁니다. 그렇지 않습니까? 그렇다면 우리도 하나님의 음성을 들었다고 표현할 수 있습니다. 그러나 그렇게 표현하는 것은 굉장히 저는 조심스럽다고 생각을 합니다. 그렇게 표현 안 했으면 좋겠습니다. 그렇게 표현하는 사람들의 의도가 문제가 있기 때문입니다. 정말 하나님께서 나에게 깨닫게 하신 것을 확신을 가지고 말하기보다는 자기 심상에 떠오르는 이기적인 생각들을 하나님이 말씀하셨다고 내세워 자신의 주장에 힘을 실어 보려고 하는 표현이기 때문입니다. 많은 사람들이 "하나님이 이렇게 말씀하셨습니다"라고 말을 해놓고는 속으로는 "아니면 말고"라고 생각하고 있다는 것입니다. 그저 한번 저질러 보는 것입니다. 그렇게 함으로 자신의 영적인 권위를 내세우는 언행은 조심해야 됩니다. 중요한 것은 어떻게 성령님의 음성을 듣느냐는 것입니다.

오늘 본문을 보니까 주를 섬겨 금식했다고 말합니다. 여기 안디옥 교회 지도자들과 성도들을 하나로 묶어준 정말 중요한 표현이 '주를 섬긴다'라는 것입니다. 안디옥 교회는 그리스도 중심의 교회였습니다. 그들의 생각이 그리스도를 향해서 모두가 초점을 맞춘 교회였다라고 하는 것입니다. 여러분 하나님의 음성을 듣는 것, 하나님의 뜻을 깨닫는 것은 어느 한순간 번개처럼 번쩍 하고 지나가는 게 아닙니다. 주님과의 관계가 깊으면, 그 속에서 우리에게 들여다보여 주시는 하나님의 계시라고 믿습니다. 그 주님과의 관계가 깊으면 깊을수록 우리는 하나님의 음성에 예민할 수 있고 하나님의 뜻을 명확하게 알 수 있습니다. 성경을 펼쳐서 읽을 때에 우리가 주님과의 관계가 깊으면 그 말씀 한 구절 한 구절이 우리에게 의미로 다가옵니다. 그런 의미에서 우리는 주님과의 깊은 인격적 관계를 가지고 주님을 섬기는 일에 하나가 될 필요가 있습니다.

베드로에게 예수님이 찾아오셔서 요구하셨던 일이 무엇입니까? "네가 나를 사랑하느냐?" 사명을 다시 맡기면서 조건으로 걸었던 것은 네가 나를 사랑하느냐는 것이었습니다. 주님과의 관계를 다시 한 번 확인하는 것이죠. 오늘도 우리가 주님의 음성을 듣는 가장 중요한 조건이 있다면 우리가 주님과 어떤 관계를 맺고 있느냐 하는 것입니다. 여러분과 주님은 어떤 관계입니까?

또 하나, 이들은 기도로 하나가 되었습니다. 금식하며 기도했습니다. 우리는 언제 금식하며 기도합니까? 사건이 터지고 문제가 생기면 우리는 금식하고 기도하지요. 막다른 길에 서게 되면 그때서야 금식하며 매달립니다. 그런데 이 안디옥 교회는 지금 문제가 있어서 금식한 것이 아니었습니다. 하나님의 뜻을 알기 위해서 금식하며 기도했습니다. 주님을 섬기기 위해서 금식했습니다. 우리에게 이런 절실함이 필요하다고 생각합니다. 우리 교회 누가 아프고 무슨 사건이 터지고 문제가 심각해져야 금식하는 것이 아니라, 오늘 이 시대에 우리를 향한 하나님의 뜻을 알기 위해서 오늘 우리는 금식할 필요가 있고 주님 앞에 엎드릴 필요가 있습니다. 안디옥 교회는 하나님의 음성을 듣기 위해서 주님을 섬기는 가운데 기도했습니다. 금식했습니다.

IV. 하나님 나라 중심의 교회

한 가지만 더 이야기하죠. 안디옥 교회는 선교적 교회였습니다. 선교적 교회라고 하는 것이 그냥 단순히 해외 선교하는 교회라는 말이 아닙니다. 하나님 나라 중심의 교회였다는 것입니다. 우리 교회만 생각하는 교회가 아니라 타자 중심의 교회였다고 생각을 합니다. 안디옥 교회는 세워지자마자 예루살렘 교회에 기근이 들었다는 이야기를 듣고 그 교회에 헌금을 한 교회였습니다. 오늘 본문에 성령님께서 이 안디옥 교회에 말씀해 주시기를 그 교회의 담임목사와 성경 제일 잘 가르치는 사도 바울을 따로 빼가지고 선교사로 파송하라고 말씀하시는 겁니다. 여러분, 이 명령 앞에 순종하기가 쉽지 않았을 것이라 생각합니다.

　이 두 사람은 안디옥 교회에게 있어서 가장 중요한 지도자들입니다. 지금 안디옥 교회는 개척된 지 얼마 안 되는 어린 교회입니다. 어떤 점에서는 지금 지도자가 가장 절실할 때입니다. 그런데 그 교회의 가장 능력 있는 사람, 바나바와 바울을 떼서 선교사로 파송하라는 성령님의 음성을 들었습니다. 여러분, 순종할 수 있겠습니까? 쉽지 않았을 것입니다. 오늘 우리에게 가장 필요한 지도자, 총장님을 따로 세워서 선교사로 보내라는 성령의 인도하심을 받았다면 여러분은 어떻게 하시겠습니까? 우리가 섬기는 교회에서 온 성도가 담임목사를 좋아하고 의지하고 있는데 선교사로 내보내라고 성령님께서 말씀하셨다면 쉽게 순종할 수 있겠습니까? 그렇기 때문에 안디옥 교회는 3절에 다시 금식했습니다. 쉬운 얘기였으면 아마도 군말 없이 그냥 순종했을 것입니다. 그런데 성령님께서 주신 말씀이 너무나도 황당한 명령이었기 때문에 다시 금식하면서 "이게 정말 주님의 뜻 맞습니까? 이렇게 해도 됩니까?" 그러면서 기도했을 거라고 생각을 합니다. 그러나 결국은 하나님의 명령 앞에 항복하고 그리고 이 두 사람을 기쁨으로 세워서 보내는 교회가 안디옥 교회입니다. 오늘 우리가 이렇게 수준 높은 기도의 공동체가 되기를 바랍니다.

여러분, 목회하면서 조심해야 될 것이 있습니다. 우리 교회만 생각하는 이기적인 생각을 내려놓아야 합니다. 한국 교회가 성장할 때에는 우리 교회를 중시하는 개교회주의 때문에 성장했다고 생각합니다. 열심히 전도해서 숫자를 부흥해야 목회자도 먹고 사니까 열심히 전도했고 급성장이 가능했습니다. 그런데 문제는 그 개교회주의 때문에 오늘 교회가 세상 속에서 지탄받고 있습니다. 목회자로서 지켜야 할 수준이 없어져 버렸습니다. 어떻게 하든 성장하면 된다고 하는 이기적인 생각들, 성경적이지 않음에도 불구하고 교회만 성장하면 된다는 그런 생각들 때문에 오늘 한국 교회는 세상 사람들의 손가락질 받는 수준에 머물고 있습니다.

생각을 해보십시오. 교회 다닌다고 하는 것이 세상 사람들에게 자랑스럽게 느껴지지 않는 시대 속에 살아가고 있어요. 세상의 신문 지상에 나오는 많은 사건 가운데 교회에 관한 이야기들이 얼마나 많이 있습니까? 그리고 그 문제의 원인 중에 대부분은 나만 생각하는 이기주의 때문에 발생합니다. 그러나 안디옥 교회처럼 오늘 우리 한국 교회가 이제는 다른 교회들을 생각해야 하고, 세상을 생각하는 교회가 되어야 합니다. 주님께서 우리를 이 세상에서 부름 받은 하나님의 백성으로 부르실 때는 보내기 위해서 부르신 것입니다. 우리를 파송하기 위해서 부르셨다는 것입니다. 우리에게 주신 사명이 무엇인지를 생각하며 하나님의 사역에 동참하는 교회가 건강한 교회입니다. 존 스토트가 이런 얘기를 했어요. "우리는 서로 후원하고 돌볼 책임이 있다. 그러나 유감스러운 것은 우리가 교회 안에서 둥그렇게 둘러 앉아 서로를 마주볼 때 세상을 향해 등을 돌리게 된다는 사실이다." 우리끼리 손 붙잡고 얼굴을 쳐다보면서 "내게 강 같은 평화"라고 찬양을 할지 모르지만 우리는 세상을 향해서 등을 지고 있다는 것을 인식하지 못하고 있다는 것입니다. 교회의 원형적인 모습은 세상을 향해 섬기기 위해서 나아가는 것입니다. 안디옥 교회는 그런 면에 있어서 하나님 나라 중심의 교회였다고 믿습니다. 말씀을 맺겠습니다.

안디옥 교회는 가르치기를 힘쓰는 교회, 하나님의 말씀이 우선순위에 놓여 있는 교회였습니다. 다양성 속에 하나가 되어 드림팀을 이루는 교회, 다른 생각, 다른 배경이 있음에도 불구하고 주님을 섬기는 일 때문에 하나가 될 수 있었던 교회였습니다. 성령님이 이끄시는 교회, 하나님의 음성을 듣는 교회, 내가 가지고 있는 생각과 판단을 내려놓고 하나님이 말씀하시는 것이 무엇인지 귀 기울일 수 있는 교회였습니다. 그리고 안디옥 교회는 내 것을 내려놓고 남을 위해서 살아가는 교회, 우리 교회만 생각하는 이기주의에 빠지지 아니하고, 하나님 나라라고 하는 큰 그림을 볼 수 있는 교회였습니다. 여러분, 우리가 섬기는 교회가 이런 교회가 되기를 바랍니다. 여러분이 앞으로 목회를 준비하면서 이런 교회를 꿈꾸고 이런 교회를 지향할 수 있기를 바랍니다.

양떼를 부지런히 살피라

잠언 27장 23절

이순근 (기독교교육학)

I. 목회의 핵심 - 양떼를 돌보는 것

저의 목회 경험에 의하면, 양떼들의 형편을 잘 살피는 것이 목회 사역의 핵심인데, 사실 신학교에서는 목회 실제에 대해서 배우기가 쉽지 않습니다. 그래서 오늘은 양떼를 부지런히 살피는 문제에 대해 잠시 생각해 보려고 합니다. 여러분은 성도들을 바라볼 때 그분들의 무엇을 보십니까? 신앙적인 상태를 봅니까? 그분들의 삶의 고민을 봅니까? 대체적으로 우리 목사들은 그 사람의 신앙적 상태를 봅니다. 교회 출석 잘하나? 주일날 예배 잘 나오나? 헌금생활은 잘하나? 왜 자주 빠지지? 요즘 봉사가 좀 소홀해진 것 같네? 등등. 주로 교회 생활과 관계된 그런 측면들만을 살펴봅니다. 왜 그렇습니까? 교회가 잘 되길 바라는 마음이 우리 목회자들의 마음 깊은 곳에 있기 때문입니다. 그런데 사실 성도들의 관심은 교회가 잘 되는 것보다도 자기 가정이 잘 되는 것입니다. 미국에서 조사한 것이지만 한 자료에 의하면, 목사 열 명 가운데 아홉 명은 교회가 어떻게 하면 지상 명령을 감당할 수 있을까? 어떻게 하면 교회가 잘 성장할 수 있을까에 관심을 가지고 있고, 단지 한 명 정도만 어떻게 하면 성도들이 잘 살 수 있을까? 어떻게 하면 성도들이 성숙한 신앙인들이 될 수 있을까를 놓고 고심한다고 합니다. 이에 반해서 성도들 열 명 가운데 아홉 명은 교회가 우리 가정을 위해서 해줄 수 있는 게 무엇일까를 생각하며 교회에 많은 기대를 하는 반면, 한 명 정도만 어떻게 하면 우리 교회가 성장할 수 있을까를 생각한다고 합니다. 목사들은 열에 아홉은 성도들이 교회를 위해서 해줄 수 있는 게 무엇일까? 성도들은 교회가 자기 가정을 위해서 해줄 수 있는 것은 무엇일까를 주로 생각한다는 것입니다. 일종의 동상이몽입니다.

여러분, 목회자들의 그런 생각이 설교에 나타납니다. 저는 합동 측 교회에서 자라나면서 설교를 들을 때 먼저 성경 해석을 해주고 그 교훈을 삶에 적용하는 스타일의 설교를 많이 들었습니다. 그러니까 설교의 출발이 성경입니다. 성경에서 하나님이 말씀하신 것, 시대적 상황 속에서 말씀하신 것들 속에서 어떤 원리를 찾아서 원리를 제시해 주고 삶에 적용하는 식의 설교를 많이 들었습니다. 예화도 별로 들은 기억이 없습니다. 오직 성경 강해식의 설교를 많이 들었습니다. 그게 제 몸에 배어 있습니다. 그리고 제가 합신에 와서 당시에 훌륭하신 교수님들에게 성경신학, 구약신학, 신약신학을 배웠습니다. 정말 재미있게 배웠습니다. 그래서 저는 설교할 때 제가 어려서부터 들었고 신학교에서 배운 대로 성경에서 출발해서 성도들의 삶에 적용할 원리들을 성실하게 제공해 주면 된다는 원칙을 가지고 해왔습니다. 지금도 그 원칙을 바꾸지는 않았습니다. 저는 지금도 그렇게 하려고 합니다.

그런데 목회를 하다 보니까 제 설교 스타일에 문제가 있다는 걸 발견했습니다. 가장 근본적 문제는 제가 양떼들의 실제 생활을 너무 모른다는 것이었습니다. 성경의 원리를 적용해야 될 성도들의 실제 생활을 잘 모르니까 원리를 제시하는 것도 힘들고, 적용이 잘 되는지도 모르겠고, 제 자신이 좀 답답함을 느꼈습니다. 설교에서 예화도 별로 쓰지 않았는데 예화를 쓰게 된 동기가 있습니다. 제가 신학교 3학년 때였는데 박윤선 목사님 수업시간이었습니다. 우리에게 아침마다 퀴즈를 보겠다고 그러시면서 내주신 책이 김진홍 목사님의 "내가 새벽을 깨우리로다" 이었습니다. 일주일에 한 번씩 수업했는데, 그 책을 읽고 설교에 쓸 예화를 열 가지씩 추려내서 제출하는 숙제를 내주셨습니다. 그때 대부분의 학생들이 불평을 토로했습니다. 우리는 지금 성경을 배우러 합신에 왔지 김진홍 목사님 책 보러 온 게 아닌데 하면서 불만스러워 했습니다. 그때 당시 그분이 처음으로 유명해지기 시작할 때였습니다. 1985년이었는데 아주 얇은 책을 1,500원 주고 다 샀습니다. 학우들이 할 수 없이 읽으면서 투덜투덜 댔습니다. 그 책 속에 있는 여러 가지 사건들을 예화로 쓰기 위해서 매주 열 가지 에피소드를 추려내면서 투덜투덜 댔습니다.

그때 저는 생각해봤습니다. 존경하는 박윤선 박사님, 성경주석을 완간하신 몇 분 되지 않은 훌륭하신 학자이신데 왜 예화를 이렇게 추려내라 그러실까 생각해봤습니다. 그리고 그분의 주석 책을 다시 보니까 설교집마다 예화가 없는 곳이 없었습니다. 그런데 그때 당시 신학생들 사이에서는 예화를 쓰면 안 된다는 분위기가 팽배했습니다. 성경만 충실하게 해석해 주면 됐지 예화가 왜 필요한가? 그런데 그것이 제가 설교에 있어서 예화란 무엇인가를 생각하게 된 계기가 됐습니다. 나중에 제 나름대로 정리한 것은 예화는 마치 신문기사의 사진과 같다는 것이었습니다. 때로는 사진 한 장이 모든 걸 다 설명해 줍니다. 사진이 없는 기사는 사실 상상해야 합니다. 그런데 기사 내용에 맞는 적합한 사진 한 장만 있어도 훨씬 풍요하게 사건을 이해할 수 있습니다. 그래서 예화가 상당히 좋고 필요하다는 것을 훗날 깨달았습니다.

그런데 예화라는 것은 사실은 현실입니다. 여러분, 존 스토트 박사님의 'Between two worlds'(두 세계 사이에서)라는 설교에 관한 책을 읽어보셨습니까? 저희도 신학교 다닐 때 그 책을 추천 받았는데 여러분 읽어 보십시오. 그 책은 옥한흠 목사님께서 설교학 시간에 추천하신 책입니다. 그래서 우리 동기들이 읽어봤는데 대단히 감명 깊었습니다. 참 좋은 책이고요. 두 세계라는 것이 하나는 성경의 세계이고 하나는 현실의 세계라는 것입니다. 목회자는 그 중간에 서서 둘을 연결시켜 주는 사람입니다. 그러니까 성경도 잘 알아야 되지만 현실도 잘 알아야 된다는 말입니다. 한 손에 성경을 한 손에 신문을! 너무 단순화시켰지만. 어쨌든 성경만 알아서 되는 건 아니라는 것입니다. 설교자가 세상을 알아야 되지 않느냐는 것입니다. 여러분, 저는 최근에 세상 양떼들의 형편과 관련해서 새롭게 좀 발견하게 된 케이스가 하나 있었습니다.

II. 오늘날 양떼들의 형편과 예수님의 교훈

우리 교회에 전도의 은사가 있는 집사님 한 분이 있는데 동네 예수 안 믿는 사람들을 잘 모아 놓습니다. 그리고 저를 초청해서 성경공부를 가르치도록 합니다. 제가 그분들이 사는 아파트로 가서 대화해 보니까 진짜 예수 안 믿는 사람들이었습니다. 소위 초신자도 아니고, 그냥 생짜배기들이었습니다. 그런데 어떻게 교회모임에 나왔나 물었더니 애들 대학입시 때문에 기도하기 위하여 나온다고 했습니다. 그분들이 사는 곳이 도곡동인데 소위 대치 초등학교 다니는 아이들의 엄마들이었습니다. 여러분, 대치 초등학교 아세요? 저도 몰랐는데 거기가 전국에서 제일 좋은 학교랍니다. 그런데 참 재미난 것은 제가 미국에 유학 가기 전에 우리 아이들이 대치 초등학교 다녔었습니다. 그런데 그 학교가 갔다 미국에 갔다 오니까 전국에서 제일 유명한 학교가 됐답니다. 강남 8학군 중에서도 최고랍니다. 그 엄마들은 대부분 지방에서 그 학군에 있는 아파트를 얻어 가지고, 혹은 사가지고 온 열성적인 엄마들이었습니다. 그 다섯 명 중에 네 명이 일부러 그리로 이사 온 사람들이었습니다. 오직 한 분만 소위 원주민이고, 원래 여기 살았는데 아이가 대치 초등학교 다닌다고 했습니다. 그런데 그분들하고 대화를 하면서 아이들을 어떻게 키울 것인가에 대해 얘기했습니다. 그런데 이분들이 얘기 도중에 자기 애들을 그동안 잘못 키웠다고 하시면서 우셔서 저는 깜짝 놀랐습니다. 그 후에도 애들 얘기만 나오면 엄마들이 눈물을 흘렸습니다. 마치 왜 사냐고 묻거든 애들 때문에 산다는 답을 자다가도 할 정도로 엄마들은 자녀교육에 헌신되어 있었습니다. 그런데 그 엄마들이 조금 시간이 지나자 교회에 나오시겠다고 했을 때 저는 솔직히 부담이 되었습니다.

그때 저는 이런 고민을 했습니다. 제가 그분들에게 성경의 중요한 원리를 가르쳐 주어야 하는데 이분들의 관심은 온통 자녀교육에 있으니 맨 날 자녀교육 이야기만 할 수도 없고 어떻게 하나? 성경에서 우리가 가르쳐 줘야 될 중요한 구원에 관한 개념들이 얼마나 많습니까? 칭의라든지 거룩이라든지 중생이라든지. 사실 우리가 이런 것들을 성도들에게 잘 가르쳐야 되지 않습니까? 그런데 그분들에게 제가 중생 얘기해봤자 무슨 관심이 있겠습니까? 오로지 관심은 애들 교육입니다. 애들을 선행학습 시키는데 저는 깜짝 놀랐습니다. 과기고 보내는 게 목표인데 과기고 보내려면 중학교 2학년 때 '수학정석'을 다 떼야 된다고 합니다. 저는 도무지 무슨 애긴지 잘 모르겠는데 하여튼 대화하다 보면 완전히 다른 세상 사람들입니다. 그런데 제가 그들에게 설교를 해야 되는 것입니다!

그래서 제가 고민하다가 성경으로 돌아가서 도대체 예수님은 어떻게 하셨을까? 그 당시 제가 섬기는 다애교회에서 요한복음 설교를 하게 됐습니다. 예수님이 당시의 사람들에게 어떻게 다가가셨을까? 예수님도 정말 당시 사람들의 현실을 잘 알고 계셨을까? 하는 연구주제를 가지고 요한복음을 다시 봤습니다. 다른 복음서를 보면 예수께서 공생애를 시작하시면서 "회개하라 천국이 가까이 왔느니라!"라는 아주 큰 원리를 선포하셨는데, 즉 위대한 진리를 설교하셨는데 솔직히 소위 현실 생활에 대한 얘기가 아닙니다. 그런데 정말 예수님이 그 이후에 공생애 속에서 얼마나 당시 사람들의 현실에 대해서 관심을 갖고 다가가시고 메시지를 전하셨을까? 이 문제를 가지고 다시 요한복음을 보니까 재미난 걸 발견했습니다.

요한복음에 예수님을 만난 사람들이 두 종류가 나오는데 하나는 진지하게 진리를 찾는 사람들이 나오고, 또 한 종류는 현실 문제를 가지고 찾아온 사람들이 나오더군요. 그런데 예수님께서 그들을 대하신 걸 보면 둘 다 적절하게 대하셨습니다. 진리 문제를 가지고 나온 사람들, 예를 들면 니고데모 같은 사람이라든지 나다나엘 같은 사람들이 대표적인 사람들인데 이 사람들은 자녀교육 같은 건 관심도 없는 사람들인 것 같아요. 요즘으로 말하면 진리란 무엇인가에 집착한 사람들이었던 것 같습니다. 그런데 이 두 사람이 오히려 소수 집단에 속합니다. 예수님께 나왔던 다수의 사람들은 진리 문제가 아니고, 자기 문제를 가지고 나왔던 사람들입니다. 여러분, 요한복음에 표적이 7가지가 나온다고 전통적으로 해석하지 않습니까? 요한복음에 7가지 이적이 나오는데 표적이다, 그래서 그것들을 중심으로 요한복음이 구성되었다, 우리가 그렇게 배웠습니다. 그런데 얼마 전에 제가 요한복음 강해 설교를 하기 위해서 책을 보다 보니까 우리 합신 5회이신 조성민 박사님께서 쓰신 요한복음의 새관점이란 책을 보게 되었습니다. 반가워서 읽다보니까 그분은 요한복음의 표적이 6개라고 합니다. 그래서 무슨 얘긴가 하고 봤더니 6장에 나온 바다 위를 걸으신 것은 아닌 것 같다는 얘깁니다. 그러면서 그 이유를 두 가지를 드셨어요. 하나는 거기에 표적이란 단어가 안 나온다고 합니다. 다른 데서는 '그것이 표적이다' 라고 표적이라는 단어가 나온데 비해서 물 위를 걸으신 그 사건에 대해서만큼은 표적이라는 말씀이 안 나오기 때문에 이것은 아닌 것 같다는 것이 첫 번째 이유고. 두 번째는 대중들 앞에서 행하신 것이 아니기 때문이다. 물 위를 걸어오신 걸 본 사람들은 제자들밖에 없지 않습니까? 대중들 앞에서 하신 것이 아니기 때문에 아닌 것 같다. 이렇게 근거를 두 가지를 드셨습니다.

그래서 제가 지금 그게 그러한가 하고 저도 지금 계속 연구 중입니다. 다른 학자들은 어떻게 보는가를 연구 중인데, 그런데 저는 이번에 한 가지 재미난 걸 발견했습니다. 그 일곱가지 표적이라 할 때 그 물 위를 걸으신 사건만 빼놓고 나머지 여섯가지는 전부 현실의 필요에서 출발한 사건이라는 것입니다. 자, 보세요! 가나 혼인 잔치, 포도주가 떨어졌어요. 현실의 문제를 해결해 주셔요. 그 다음에 왕의 신하의 아들을 고쳐주셨다. 그것도 진리를 가르쳐 주러 가신 게 아니라 병든 사람이 와서 고쳐 주신 거예요. 38년 된 병자를 고쳐 주셨다. 마찬가지입니다. 오병이어, 이것도 마찬가지지요. 배가 고파서 만들어주신 것입니다. 그 다음에 날 때부터 소경된 사람, 이 역시 소경된 사람에서 출발한 겁니다. 마지막으로 나사로를 살려주신 것, 죽음의 문제에서 출발한 거예요. 그래서 저는 웃고 있습니다. 왜냐하면 이 여섯개라고 말씀하신 조성민 박사님께서는 그걸 몰랐고 못 발견하셨는데 저는 발견했잖아요.

그렇게 보니까 참 재미있는 것 같아요. 그러니까 나머지 6가지 문제는 현실의 문제에서 출발한 데 비해서 물 위를 걸으신 사건은 그냥 예수님께서 제자들에게 보여 주시려는 의도를 가지시고 걸어가신 것입니다. 그런 차이점도 있습니다. 저는 그래서 사실은 굉장히 깊이 있게 생각하고 있습니다. "아, 예수님께서도 당시에 하나님의 나라를 선포하시러 오셔서 공생애를 선포하실 때 그 선포부터 하셨지만 막상 사역을 시작해서 진행하실 때에는 사람들의 현실을 무시하지 않았구나. 현실에서 출발해서 진리로 끌어가셨구나!" 이런 점을 다시 생각하게 됐습니다.

III. 그럼, 우리는 어떻게 해야 할까?

최근에 우리 합신 출신의 어느 목사님을 만났는데 타교단의 모 교회에서 부교역자로 사역중이십니다. 그런데 그 교회 담임 목사님이 어느 날 자기가 설교하고 내려오니까 그러셨대요. "너는 너무 성경만 이야기한다!" 그래서 제가 그 말을 듣고 생각했습니다. 그게 지금 좋다는 얘기는 아니지 않습니까? 그런데 목사로서 그런 말씀 하실 수 있는가? 사실 그런 말씀 하시면 안 되지만 후배니까 할 수 있었을 겁니다. 가르치는 차원에서 자기가 돌보아 줘야 하는 부목사이니까. 일종의 충고를 한 것인데 듣기에 따라서는 잘못된 말이지만 또 듣기에 따라서는 일리가 있다는 생각이 듭니다.

여러분, 시카고 근교에 있는 윌로우크릭 교회의 빌 하이벨즈 목사님이 유명한 설교가는 아니지만, 훌륭한 전도자요 목회자이시지요? 그런데 그분이 늘 강조하십니다. '설교는 삶과 relevant 해야 된다. 관련이 있어야 한다.' 제가 시카고에 있을 때 그분의 설교를 몇 번 들어볼 수 있었습니다. 생활에 관한 얘기를 참 많이 하십니다. 설교 전에 간단한 스킷 드라마로 삶의 문제를 탁 던져 놓고 설교 시작하지 않습니까? 그래서 저는 여러분들이 지금 공부하시는 중에 있기 때문에 오늘 이 얘기가 좀 참고가 됐으면 좋겠습니다. 여러분께서는 지금 신학교 3년 동안은 성경을 열심히 배우시길 권합니다. 신약과 구약, 열심히 배우세요! 그러면서도 항상 초점을 양떼들의 형편, 영적인 형편, 신앙적인 형편뿐 아니라 그들의 삶의 현실이 어떤가를 늘 보려고 노력해보십시오. 예수님께서도 이적을 행하셨는데 -결국 표적이 됐지만- 출발은 예수님이 의도하신 것이 아니었습니다. 그들의 현실의 문제에서 고민하고 있는 것들을 해결해 주시면서 거기서 진리를 드러내셨습니다. 그들의 현실 문제에서 출발하여 예수님이 누구신가? 하나님의 아들이시라는 걸 드러내신 겁니다. 그런 점에서 설교도 성경 본문에서 출발할 수도 있지만, 현실 문제에서도 출발할 수도 있다고 봅니다. 현실 문제에서 출발하면서 성경적인 답을 줄 수 있다면 얼마나 좋은 설교겠어요? 사실 실력이 있어야 되는 것입니다. 그만큼 준비가 돼 있어야 할 수 있습니다.

여러분, 혹시 중국의 무협지에서 소오강호 보셨어요? 본 사람 몇 사람 안 될 겁니다. 가끔 그런 것도 좀 보세요. 괜찮아요. 저는 영화로 봤습니다. 김용이라는 사람이 쓴 건데 제가 볼 때 그 사람은 그쪽 분야에서 천재는 아닌 것 같고 수재입니다. 대표작이 소오강호인데 그 뜻이 강호를 보고 비웃는다 뜻이에요. 그런데 거기에 주인공이 영호 충이란 사람이 나오는데 화산파 제자입니다. 그런데 화산파 내에 -거기 그 소설 속에 나온 얘긴데- 검파가 있고 기파가 있답니다. 검파는 검술 기법이 중요하다고 주장하는 파고 기파는 내공이 중요하다는 입장입니다. 그런데 그것 때문에 두 파가 싸우다가 검파가 져서 죽었어요. 그 옛날에 영호 충이 있기 전에 그런 사건이 있었던 걸로 나옵니다. 제가 말씀드리려고 하는 얘기는 훗날 영호 충이 깨달은 것은 둘 다 중요하다는 것입니다. 검술도 중요하고 기(氣)도 중요하다.

성경도 중요하고 세상을 아는 것도 중요합니다. 여러분 성경을 열심히 배우세요. 그러면서도 세상을 너무 도외시하지 마십시오. 세상 돌아가는 거 잘 알아야 됩니다. 왜요? 그게 양떼들의 형편이기 때문입니다. 우리는 양떼들의 형편을 생각할 때 늘 신앙생활 잘하나? 이것만 생각하는데, 여러분 신앙생활이 어디 공중누각에서 됩니까? 현실에서 됩니다. 예수님께서 하신 것을 잘 생각해 보십시오. 문제를 가지고 찾아온 사람들에게 "그거 갖고 고민할 게 아니야. 진리를 배워야지" 그러시지 않았습니다. 그들의 문제를 해결해 주시고 그리고 거기서 당신이 하나님이신 것과 구원에 관한 진리를 가르쳐 주셨어요. 우리도 그렇게 해야 된다고 봅니다.

해산하는 수고

갈라디아서 4장 1절-20절

방선기 (기독교교육학)

옛날에 들은 말 중에 "약한 자여 그대 이름은 여자" 라는 말이 있었습니다. 그런데 요즘은 여자가 약하다는 말을 못합니다. 우리 아이들을 봐도 아들 둘, 딸 하나인데 딸이 더 강한 것 같습니다. 요즈음 여자들을 보고 약하다고 하면 좀 어색한 얘기가 될 수 있습니다. 여자가 점점 강해지는 것 같습니다. 여자가 남자보다 강한 영역이 많이 있지만 가장 확실한 것은 아기를 낳는 것이 아닌가 생각합니다. 해산의 수고는 남자들이 할 수도 없고, 또 정확하게 이해도 할 수 없는 겁니다.

그래도 남자가 여자하고 비교해 가지고 더 강하다고 할 수 있는 것은 우리나라에서는 남자들이 군대 가는 것이라고 합니다. 우리 막내가 어릴 적에 자기가 여자였으면 좋겠다고 말한 적이 있었습니다. 군대 가기 싫어서 그런 말을 했습니다. 그래서 내가 막내에게 "여자가 되면 아기를 낳아야 되는데 괜찮겠니?" 하고 물었더니 "그럼 그냥 남자할래요"라고 했습니다. 어린아이 생각에도 역시 해산하는 수고는 굉장히 힘들게 느껴졌던 모양입니다. 아내가 우리 아이 셋을 낳는 것을 보면서도 힘든 일이라는 것을 느꼈습니다. 시간이 지나니까 그런 느낌을 많이 잊어버렸습니다. 그런데 최근에 며느리가 손자 둘을 낳는 것을 보면서 다시 실감했습니다. 원래 애들 결혼시키기 전에 나는 아이 셋한테 '삼 사 십이' 계속 외쳤었습니다. 자녀 셋이 각각 넷씩 낳으면 열둘이 된다고 얘기 했습니다. 그런데 며느리가 손자 둘을 너무 힘들게 낳는 것을 보고 더 이상 아무 소리도 못합니다. 물론 하나 정도 더 낳아주면 고맙겠지만 더 낳으란 얘기 못합니다. 이렇게 여자들이 아기를 힘들게 낳는 거 보면서 그런 생각을 했습니다. 여자들이 해산의 고통을 잊지 않고 계속 생생하게 기억했다면 인류는 다 사라지고 말았을 거라고 말입니다. 다행히 여자들이 그 고통을 잊어버리고 두 번째 세 번째 그 이상 낳았기 때문에 지금의 세상이 될 수 있었다고 생각합니다.

I. 불신자들을 위해

이렇게 힘든 해산의 수고에 대해서 갈라디아 교회에 굉장히 쓴 소리로 편지하던 바울이 말합니다. 갈라디아서는 다른 성경에 비해서 특별히 바울이 가장 쓴 소리를 많이 했다고 봅니다. 흥분도 많이 했습니다. 그런데 그 사도 바울이 마지막에 그리스도의 형상을 이루기까지 다시 너희를 위해 해산하는 수고를 한다고 고백합니다. 4장 19절 말씀이지요. 특별히 여기서 '다시' 하겠다는 말이 저한테 굉장히 눈에 들어왔습니다. 이전에도 해산하는 수고를 했는데 이제 다시 하겠다는 것입니다. 이것은 갈라디아 교회를 향한 사도 바울의 안타까운 마음, 애타는 마음을 느끼게 하는 부분입니다. 그래서 오늘 저는 사도 바울이 어떤 사람들을 위해서 또 무엇을 위해서 해산의 수고를 했고, 또 해산의 수고를 한다고 하는지에 대해서 한번 살펴보면서 신학을 공부하는 우리 모두의 삶에 적용해 보려고 합니다. 그러나 이것이 목사나 신학생들한테만 해당되는 얘기는 아니라고 생각합니다. 누군가의 해산의 수고를 통해 영적으로 태어난 사람이라면 이제는 누군가를 위해서 해산의 수고를 해야 된다고 믿습니다. 신학생들이나 목회자가 될 사람들은 누군가를 위해서 해산의 수고를 하는 것이 마땅히 해야 할 일입니다. 그렇게 생각한다면 어떤 사람을 위해서 또 무엇을 위해서 해산의 수고를 해야 될지 한번 살펴보도록 하겠습니다.

첫 번째는 하나님을 아직 알지 못하는 사람을 위해서 해산의 수고가 필요합니다. 특별히 이성적으로 발달이 돼서 하나님을 믿지 못하는 사람들을 위해서 해산의 수고가 필요하다는 겁니다. 본문 8절에 보면 그게 나옵니다. "그러나 너희가 그 때에는 하나님을 알지 못하여 본질상 하나님이 아닌 자들에게 종노릇 하였더니"라고 말입니다. 여기 갈라디아 성도들은 원래 하나님을 알지 못하던 사람들이었습니다. 당연히 그랬겠습니다. 하나님을 알지 못하는 사람들은 하나님이 아닌 것을 대신 섬깁니다. 아덴에서 사도 바울이 본 우상중에는 "알지 못하는 신에게"라는 말이 씌여진 것이 있었습니다. 종교심은 있는데 하나님을 모르니까 나름대로 하나님을 만들어 놓고 섬겼던 것입니다. 이와 같이 바로 하나님을 모르는 사람들, 하나님을 믿지 않는 사람들에게 하나님을 알고 또 하나님을 믿도록 하기 위해서는 해산의 수고가 필요하다는 겁니다. 사실 하나님을 모르는 사람들이 주변에 많이 있는데도 불구하고 우리가 그 사람들을 위해서 해산의 수고를 할 기회가 별로 없는 것 같습니다. 목사들에게 그런 기회가 더 없는 것 같습니다. 제가 과거에 직장 다닐 때는 주변에 하나님을 모르는 사람들, 하나님을 믿지 않고 부정하는 사람들이 많이 있었습니다. 그때 그 사람들을 위해서 해산의 수고를 좀 했던 것 같은데 오히려 목사가 되니까 그럴 기회가 적어지는 것 같습니다.

다행히 이번에 저희 교회에서 아내는 믿는데 남편이 믿지 않는 사람을 대할 기회가 있었습니다. 그 분은 도저히 하나님을 믿지 못하겠다면서 거부하는 사람입니다. 그분은 예배를 마치고 밥을 먹을 때만 나타나는데 그 사람 보면서 "저 사람을 위해서 해산의 수고를 좀 해야 되겠는데" 라는 생각을 합니다. 그런데 사실은 저는 모태 신앙이기 때문에 하나님을 모르거나 하나님을 안 믿었던 때가 기억이 나지 않습니다. 그러니까 그런 분들을 위해서 해산하기 좀 어려웠습니다. 내가 하나님을 몰랐던 때가 있었으면 그런 사람들을 해산하는데 도움이 되었을 텐데, 라는 생각이 들었습니다. 그래서 최근에 재미난 책을 읽었습니다. 신학생들이 읽어도 좋을 책일지 모르겠습니다. '무신예찬(無信禮讚)'이란 책입니다. 무슨 책일 것 같습니까? 이 책은 한 마디로 무신론자의 간증집입니다. "나는 왜 하나님을 안 믿는가?" "나는 과거에 하나님을 믿었는데 이런저런 과정을 거치면서 더 이상 하나님을 믿지 않게 되었다." 주로 그런 이야기들인데 굉장히 흥미롭습니다. 나는 이런 책은 처음 보았는데 굉장히 은혜가 되었습니다. 애초에 하나님은 믿을 수가 없었다는 사람도 있지만 과거에 가톨릭 신도였거나 심지어 복음주의 크리스천이었다고 말하는 사람도 있었습니다. 그들이 이런저런 과정을 통해서 하나님을 믿지 않게 되었다고 말합니다. 하나님이 있다는 것을 증명할 길이 없다는 확신을 하게 되었다는 말을 합니다. 하나님을 믿는 사람으로서 그런 책을 읽으면서 흥분을 했어야 되는데 흥분이 하나도 안 되었습니다. 왜냐하면 그들의 말들이 다 맞는 것 같았습니다. 내가 그들의 말을 반박할 길이 없었습니다. 물론 반박할 길이 없긴 하지만 그렇다고 그들의 주장이 맞는다고 생각하지는 않았습니다. 당연한 말입니다. 정말 그들의 주장은 나름대로 논리가 정연합니다. 50여명의 저자들이 쓴 건데 그들의 인종이나 문화 배경이 다 다릅니다. 그들의 공통점은 하나님을 믿지 않는다는 사실 하나뿐이었습니다. 그런데 저는 그 책을 읽으면서 그런 생각이 들었습니다. 집을 나간 아이가 아버지 집에 돌아가지 않는 이유를 논리정연하게 말하는 것 같았습니다. 다 맞는 이야기인 것 같아서 반박할 수 없었습니다.

그런데 내 마음 속에 이런 생각이 들었습니다. 나는 집을 나간 아이에게 "네가 왜 아버지 집에 안 들어가려고 하는지 이유는 알겠어. 그래도 집에 들어가는 게 좋지 않겠니?" 라는 말을 하듯이 그들에게도 권하고 싶어졌습니다. 그 책을 읽을 만하다고 생각합니다. 읽으면서 하나님을 믿지 않는 사람들이 너무 불쌍하다는 생각이 들었습니다. 그들의 불신앙에 대해 반박은 제대로 못하지만 그냥 불쌍하다는 생각이 들었습니다. 왜 그들이 그렇게 되었을까 생각해보니 고린도후서 4장 4절에 대답이 있습니다. "그 중에 이 세상의 신이 믿지 않는 자들의 마음을 혼미하게 하여 그리스도의 영광의 복음의 광채가 비치지 못하게 함이니 그리스도는 하나님의 형상이니라." 사탄이 그들의 마음을 혼미하게 해서 지금 그렇게 된 것입니다. 그러니까 사실은 그들이 하나님을 알고 믿도록 하기 위해서 논쟁을 해서는 한계가 있을 것 같습니다. 물론 설득했으면 좋겠지만 쉽지 않은 일이고 또 설득해서 될 게 아닌 것 같다는 생각이 들었습니다. 우리 주님이 우리를 구원할 때 논리로 구원하지 않았고 사랑으로 우리를 구원했듯이 우리도 사랑으로 그들을 구원해야 되겠다는 생각이 들었습니다. 바로 그게 오늘 우리가 그런 분들을 향해서 가져야 될 해산의 수고가 아닌가 생각이 듭니다.

지금 잠시 소개했던 교인의 남편에 대해서 이야기해 봅니다. 그 사람은 내가 논쟁해서 이길 수 있을 것 같다고 생각했습니다. '무신예찬'에 나오는 똑똑한 사람은 아닌 것 같았기 때문입니다. 그런데 내가 그 사람하고 논쟁해서는 안 될 것 같습니다. 그래서 매일 기도합니다. 그리고 그분에게 어쨌든 우리 교회 오게 되면 음식 잘 제공하고 그분에게 사랑을 보여주면서 하나님께 나오는 게 좋다는 것을 느낄 수 있도록 하는 것이 내가 해야 할 일이 아닌가 생각합니다. 그게 제가 지금 그분을 위해서 할 수 있는 해산의 수고가 아닌가 생각합니다. 우리 주변에 그런 사람들 있습니다. 하나님을 믿지 않는 사람들, 부정하는 사람들, 그런 사람들을 위해서 이와 같은 해산의 수고를 해야겠습니다.

II. 하나님의 뜻을 알지 못하는 사람들을 위해

두 번째는 하나님을 알기는 하는데 하나님의 뜻을 제대로 알지 못하는 사람들을 위해서 해산의 수고가 필요합니다. 그들은 종교적입니다. 하나님을 안다고 합니다. 교회도 다닙니다. 그런데 하나님의 뜻을 제대로 모르는 경우입니다. 그들에게는 종교적인 율법이 하나님처럼 되어버린 것입니다. 바로 갈라디아서에서 계속 말하고 있는 내용입니다. 유대인들이 하나님의 율법을 굉장히 중요하게 여긴다는 겁니다. 10절에 "너희가 날과 달과 절기와 해를 삼가 지키니"라고 합니다. 절기를 지키는 것 자체가 잘못된 것은 물론 아닙니다. 유대인들이 할례 하는 것 자체가 잘못된 것은 아닙니다. 그런데 문제는 율법을 지키는 것 자체가 절대적이 되면서 하나님의 은혜가 설 자리가 없게 되는 것입니다. 그런 사람들을 향해서 다시 율법에 종노릇 하겠느냐고 책망하는 것이 오늘 9절, 10절, 11절의 이야기가 아닌가 생각합니다. 이처럼 율법을 많이 알지만 우리에게 율법을 주신 이유를 모르고 종노릇 하는 사람들이 지금 교회에도 많이 있다고 생각합니다. 저는 교회에서 가끔 그런 분들 보게 됩니다. 나름대로 신앙생활을 잘하는 것 같긴 한데 어떻게 보면 그들의 신앙생활은 정말 하나님을 사랑해서 하는 신앙생활이 아니라 종교적인 것에 얽매여 있는 종교생활에 그치고 마는 것입니다.

예를 들면 이런 분들입니다. 교회 안 가고 놀러가면서 "이렇게 교회 빠지고 놀러가다가 자동차 사고 나면 지옥 가지 않을까?" 이런 생각을 하는 사람들입니다. 주일에 교회가지 않고 놀러가는 걸 장려하고 싶은 생각은 없지만, 교회 빠지고 놀러 가면 지옥에 가지 않을까? 라고 생각하는 것은 아직 정말 하나님의 뜻을 알지 못하고 있는 것입니다. 이렇듯 하나님의 뜻을 잘 모르고 그냥 종교 생활에 얽매여 있는 사람들에게 하나님의 뜻을 제대로 알도록, 하나님의 은혜를 제대로 알도록 하는 것이 우리가 해야 할 해산의 수고가 아닌가 생각합니다. 사실은 교회 안에 의외로 그런 사람들이 많이 있습니다. 언젠가 한번은 목사님 가운데도 아직 율법주의에서 헤어 나오지 못한 사람들 본 기억이 납니다. 사실은 제가 과거에 다녔던 교회에서 외부 강사로 오신 목사님의 설교를 들었는데 그 설교를 듣고 굉장히 흥분했었습니다. 그 분은 지금 우리가 예배드리는 예배당은 성소이고, 설교하는 강대상은 지성소라고 말했습니다. 그런데 청중의 분위기가 '아멘' 하는 분위기 같아서 답답했습니다. 아직도 성소 지성소가 남아 있다면 예수님은 도대체 왜 죽으셨나요? 라고 그분에게 묻고 싶었습니다. 그래서 예배 후에 청년들 모임에서 목사님 설교를 절대로 비판하고 싶지 않지만 너무 심각한 오류이기 때문에 가만히 있을 수가 없다고 말하면서 바로 가르쳐 주었습니다.

이와 비슷하게 교회 다니는 사람들 가운데 자기도 모르는 사이에 종교나 율법주의에 얽매인 사람들이 있습니다. 그런 사람들을 종교적인 계율에서 해방시켜 주는 것을 갈라디아서가 전체적으로 얘길 하고 있는데 바로 그것을 위해서 해산의 수고가 필요하다는 것입니다. 로마서 10장 2-3절에 그런 사람들에 대해서 이렇게 묘사합니다. "그들이 하나님께 열심이 있으나 올바른 지식을 따른 것이 아니요 하나님의 의를 모르고 자기의 의를 세우려고 힘써 하나님의 의에 복종치 아니하였느니라." 교회 안에 있는 이런 사람들이 하나님의 뜻을 제대로 알 수 있도록 하는 것이 바로 우리가 해야 될 해산의 수고가 아닌가 생각합니다.

III. 복음에서 돌아선 사람들을 위해

세 번째로 생각해야 될 사람들은 복음에서 돌아선 사람이라고 정의하고 싶습니다. 오늘 12절부터 보면 갈라디아 교회 성노늘이 원래 하나님을 믿지 않다가 사도 바울을 통해서 하나님을 알게 되는 과정이 아주 자세하게 기록되어 있습니다. 12절부터 15절까지. 정말 복음을 들을 때 기쁘게 받았던 것 같습니다. 복음을 전한 바울에게 인간적인 약점이 있었음에도 불구하고 그것에 개의치 않고 바울을 예수님 영접하듯이 받아들였다고 합니다. 13절, 14절에 나옵니다. 그런데 그 안에 있는 유대 율법주의자들이 그들을 막 율법주의로 몰아가고 있는데 거기에 끌려가 버리고 말았습니다. 그래서 결국 그 율법주의자들의 열정에 넘어간 성도들이 옳지 않은 일에 열정을 내게 되어 버렸죠. 그게 17절, 18절에서 말하고 있는 내용입니다. 그 결과로 정말 사도 바울이 자기를 참 좋아했던 갈라디아 교회 성도들에게 16절에 그렇게 얘기합니다. "그런즉 내가 너희에게 참된 말을 하므로 원수가 되었느냐?" 갈라디아 교회의 성도들이 어느 사이엔가 사도 바울하고 원수가 되어버린 것입니다. 그런데 사실 사도 바울하고 원수가 된 것이 문제가 아니라 복음에서 떠나 버리게 되었다는 것이 문제입니다. 이것을 사도 바울이 안타깝게 생각합니다. 자신과의 관계가 좀 안 좋아진 것이 문제가 아니라 자기가 복음을 전했는데 이 복음에서부터 슬슬 멀어져 가버렸다는 겁니다. 이런 상황을 너무 안타깝게 생각하면서 사도 바울이 그들을 포기하지 않고, 그들 안에 그리스도의 형상이 회복되게 하기 위해서 해산하는 수고를 한다고 합니다. 여기서 19절에 "다시"라는 말이 나옵니다. "나의 자녀들아 너희 속에 그리스도의 형상을 이루기까지 내가 예전에 수고했는데 이제 다시 옛날로 돌아가 버린 것 같다. 다시 너희를 위하여 해산하는 수고를 하노니" 이게 오늘 우리들이 가져야 될 해산의 수고가 아닌가 생각합니다.

요즘 우리 주변에 그런 사람들이 많이 있습니다. 교회에 대해서 실망해서 교회를 떠난 사람들입니다. 그중에는 교회에 대해서 반발하는 사람도 있고, 아예 무관심해진 사람도 있어요. 저는 그런 사람들을 유럽에서 많이 보았습니다. 유럽에 있는 사람들하고 얘기하다가 크리스천이냐 물어보면 꽤 많은 사람들이 크리스천이라고 대답을 합니다. 그런데 교회나 성당에는 나가지 않는다고 말합니다. 하나님을 믿기는 하는데 교회는 나가진 않는다는 것입니다. 예를 들어서 프랑스 같은 경우는 일생에 세 번 성당을 간다고 합니다. 한번은 수평으로 한번은 수직으로 또 한 번 수평으로 말입니다. 영세 받을 때 가고, 결혼할 때 가고, 장례 때 가는 것입니다. 그런 사람들도 자기는 크리스천이라고 합니다. 그런 사람들의 얘길 들으면서 말도 안 된다고 생각했는데 사실 그런 사람들이 우리나라에도 요즘 꽤 늘어나고 있습니다. 과거에 가톨릭 신자들이 그런 말을 하는 것을 들었습니다. 가톨릭 신자냐고 물어보면 '냉담중'이라고 대답하는 것을 들었습니다. 과거에는 다녔지만 지금은 나가지 않는다는 말입니다. 요즘 개신교에도 그런 사람들이 많아졌습니다. 그런 사람들을 '가나안 성도'라 합니다. '안나가'를 거꾸로 만들어서 부르는 말이 되었습니다. 그런 사람들이 지금 굉장히 많아졌습니다. 그렇게 된 데에는 교회의 많은 실수가 있었고 그것에 대해 책임을 느껴야 합니다. 그러나 이제는 교회가 실수한 것에 대해 왈가왈부만 할 것이 아니라 그들을 향해서 사도 바울의 심정으로 다시 해산하는 수고를 해야 되지 않겠나 생각합니다.

저도 지금 개인적으로 해산을 하고 있는 사람이 세 사람 있습니다. 과거에 제가 기독교 단체에서 교제했던 분인데 정말 열심이 있던 분이에요. 제가 생각하기에 제일 신앙 좋다고 생각했던 분인데, 어떤 이유에선지 알 수 없는데 지금 기독교에 대해서 아주 냉소적이 됐습니다. 그렇다고 그분이 교회를 완전히 안 나가는 건 아니지만 정통 기독교 신앙에 대해서 아주 냉소적이 되어버렸습니다. 그분 만나면 정말 좋습니다. 그런데 교회에서 흔히 말하는 복음에 대한 얘기하면 굉장히 냉소적이 됩니다. 왜 그렇게 됐는지 모르겠습니다. 물론 교회의 실수도 있겠고, 목회자들의 실수도 있었겠지만 그 이유를 정확하게 모르겠습니다. 저는 그분을 위해서 요새 매일 기도하면서 그분하고 다시 교제를 회복했습니다. 다행히 그분이 저를 싫어하는 것 같지는 않습니다. 사도 바울은 갈라디아 성도들과 원수가 됐다고 했는데 저와 그분은 원수가 되지는 않았습니다. 그래서 요즘 매일 기도하고 있습니다. 그분을 위해서 해산의 수고를 하고 있지요.

또 한 사람은 고등학교 동창인데 대학부 시절에 제가 다니던 성도 교회도 같이 나왔던 분입니다. 그런데 참 착실하고 신앙 좋은 사람이었는데 믿지 않는 여자하고 결혼을 하고 나면서 교회로부터 멀어지기 시작하고 지금은 교회를 떠난 지가 꽤 되었습니다. 그 친구를 보면 어떤 친구보다도 참 정이 있는 친구인데 신앙에 있어서는 금을 긋고 있는 것 같습니다. 너무 안타깝습니다. 그 친구 보면서 다시 그를 위해서 해산의 수고를 해야겠다고 생각합니다.

또 한사람은 우리 교인의 동생인데 원래 교회에 잘 나가던 사람이었습니다. 그런데 그 교회에서 원로목사님과 담임목사님의 분쟁을 보고 교회를 나왔다고 합니다. 그러면서 아예 기독교 신앙에 등을 돌려 버리고 말았습니다. 그리고 자기 누나가 어떻게든지 전도하려고 목사를 데려오면 굉장히 반감을 갖고 다시 나한테 목사 데려오지 말라고 했다고 합니다. 그 누님이 포기하지 않고 나를 그 분에게 데리고 갔습니다. 처음 만남을 시작할 때부터 굉장히 조심스러웠습니다. 지금 이 분을 위해서 해산의 수고를 하고 있습니다. 그저 가끔 방문해서 식사하면서 이야기하는 시간을 가집니다. 처음에는 복음을 전하려고 하니까 딱 금을 긋습니다. 그래서 요즘 사업을 비롯한 일상사 이야기를 합니다. 그러다가 자연스럽게 신앙과 관련되는 이야기를 하게 되는데 그런 경우에는 거부하지 않고 잘 듣습니다. 해산의 수고가 조금 보람이 있는 것 같습니다. 때로는 한 시간 반쯤 걸리는 곳에 가서 한 시간 정도 만나고 돌아오면 이게 정말 효율적인가? 라는 생각이 들 때도 있습니다. 하나님 말씀을 제대로 전하지도 못하는데 그 시간에 과연 그럴 필요가 있을까? 라는 생각도 듭니다. 그런데 이렇게 하는 것이 바로 바울이 말한 해산의 수고가 아닌가 생각하게 됩니다. 이분들이 모두 교회 다니던 사람들인데 어떤 이유에서든 교회를 떠나고 기독교에 대해서 하나님에 대해서 아주 부정적이 된 사람들입니다. 이제 그런 사람들을 위해서 다시 해산의 수고를 해야 됩니다. 그런 생각을 하면서 해산의 수고를 하는데 그 수고는 그냥 가르치는 것과는 다른 것 같습니다. 물론 잘 가르치는 것이 중요합니다. 그러나 역시 중요한 것은 사랑을 보여 주는 것 같습니다. 그분들에게 사랑으로 대해 줄 때 그 안에서 그리스도의 형상이 조금씩 형성이 되지 않을까 생각합니다.

오늘 신학생들한테 해산의 수고를 하라고 하면 마음이 복잡할 겁니다. 아마 지금 신학생들이 해야 될 해산의 수고는 어떻게 숙제를 잘 내느냐가 아닐까 생각합니다. 그리고 신학교 다니는 동안은 책 읽고 또 페이퍼 쓰고 하는 그런 종류의 해산의 수고는 좀 해야 된다고 생각합니다. 그런데 여러분들이 평생 해야 될 수고는 글 쓰고 논문 쓰고 심지어 설교하는 것도 아닙니다. 물론 공부도 해야 되고 다양한 목회 활동도 해야 합니다. 그러나 그런 것들을 통해서 사람들 가운데 그리스도의 형상을 이루도록 하기 위한 해산의 수고를 해야 합니다. 우리가 해야 될 해산의 수고는 사람들 속에 그리스도의 형상이 이루어지도록 하는 것임을 잊지 않기를 바랍니다. 여러분들 모두가 지금부터 해산의 수고를 연습해야 합니다. 그 수고를 통하여 하나님께 영광을 돌리게 되기를 바랍니다.

목회 파선을 방지하려면

디모데전서 1장 18절-20절

조병수 (신약학 · 총장)

오늘날 기독교가 파선하는 현상의 배후에는 파선하는 목회자들이 있습니다. 기독교가 복음의 힘이 떨어지거나 아니면 성령이 역사하지 않기 때문에 파선하는 것이 아니라, 이 파선의 배후에는 목회자들의 파선이 있다는 점을 주의를 해볼 필요가 있습니다. 어떤 목회자는 일생 동안 명예를 추구하며 삽니다. 어떤 단체나 모임에서든지 높은 자리에 앉는 것, 신문이나 텔레비전 같은 매스컴에서 이름나는 것을 좋아하는 그런 분들이 있어요. 그런 분들은 컴퓨터 앞에 앉아 검색어로 자기 이름을 쳐봅니다. 자기 이름이 과연 얼마나 떴는지 살펴보고는 자주 이름이 언급되면 '이젠 내가 됐구나' 그런 생각을 가지고 만족감 가운데 빠집니다. 명예를 추구하는 것이 목회자들이 파선하는 길 가운데 하나입니다. 어떤 사람들은 재물, 돈 문제 때문에 파선합니다.

목회의 목적이 돈인 셈입니다. 그런 목회자들은 결국 돈을 위해서 목회하고 또 마지막에는 어떻게 하면 교회로부터 많은 돈을 얻을까 생각을 합니다. 일생 동안 참 좋은 목회자로 칭찬받고 교계나 세상으로부터 저렇게 훌륭한 목회자가 어디에 있나 흠모 받던 분이 마지막에 은퇴를 하면서 결국 돈 문제로 온갖 명예를 다 실추하는 그런 분들도 있습니다. 어떤 분은 이성 문제로 실족해요. 이성 문제를 극복하지 못한 것이 일생 동안 꼬리표처럼 따라다니며 목회와 선교, 모든 일에 방해를 받기도 합니다. 도덕적으로 옳지 못한 일들, 곧 거짓과 사기와 속임수, 이런 작은 부도덕에서부터 시작해서 큰 부도덕에 이르기까지 숱한 부도덕을 저질러 마침내 본인도 망가지고 교회도 망가지게 만든 그런 목회자들도 있습니다.

오늘날 기독교에 목회자들이 파선하듯이, 초기 기독교에도 파선한 사람들이 있었습니다. 오늘 이 말씀에서 사도 바울은 사탄에게 내주고 싶다 할 정도로 그렇게 망가진 사람들이 있다고 말합니다(19절). 그 대표적인 이름이 두 사람이 나오는데 후메네오와 알렉산더라고 불리는 사람들입니다(20절). 이 두 사람은 그냥 단순히 평신도였다고 보기 어렵습니다. 이 후메네오와 알렉산더는 교회에서 그저 작은 일을 맡아 일하는 그런 정도의 사람들이 아니라 마치 디모데가 에베소라는 지역에서 목회를 하듯이 각각 하나님이 자신들에게 주신 목회임지에서 일했던 그런 사람들이었다고 생각됩니다. 그러나 그들은 하나님의 이름을 욕되게 할 정도로 그렇게 파선한 사람들이었습니다(20절).

사도 바울은 사탄에게 내줄 정도로 하나님의 이름을 훼방하는 후메 네오와 알렉산더 같은 이런 사람들과 달리 하나님의 일꾼이 목회에서 파선하지 않기 위해서 어떻게 할 것인가 하는 방도를 디모데에게 알려 주고 있습니다. 사도 바울은 디모데가 기왕에 에베소라는 한 지역을 맡아서 목회하고 있는 바로 이 상황에서 후메네오나 알렉산더 같은 길을 가면 안 된다는 것을 알려줍니다. 사도 바울은 목회에서 파선하는 길을 방지하기 위해서 교훈을 줍니다. "아들 디모데야, 내가 네게 이 교훈으로써 명하노니"(18절). 무슨 교훈입니까? 멸망하지 않는 교훈, 파선을 방지하는 교훈은 무엇입니까? 어떻게 해야 디모데가 목회에서 또는 목회자로서 파선하지 않겠습니까?

I. 말씀을 표준으로 삼으라

가장 먼저 사도 바울은 목회에서 파선하지 않기 위한 교훈으로 상기시키는 것이 있는데 그것은 예언입니다. 사도 바울은 "전에 너를 지도한 예언을 따라"(18절) 이렇게 말을 시작하고 있습니다. 사도 바울은 디모데가 목회에서 파선하지 않기 위해서 가장 먼저 머리에 명심해야 할 것, 마음에 새겨야 할 것은 임직을 받을 때 받았던 말씀이 있다는 점을 기억하라는 것입니다. 디모데가 목회자로 임직할 때에 사도들이 혹은 사도 바울이 디모데를 세워 놓고 분명히 성경을 알려 주었을 것입니다. 오늘날 마치 노회의 목사 임직식에서 이제 막 목사 안수를 받으려 하는 강도사들을 앞혀 놓고 말씀을 선포하는 선배 목회자가 "여러분은 앞으로 목회자가 되면 이렇게 사십시오, 앞으로 목회를 하면 이런 자세로 사십시오"라고 이야기하는 것과 같습니다. 구약성경이든 신약성경이든 본문을 끄집어 내놓고 그것을 말합니다. 설교입니다. 여기 언급된 것처럼 디모데를 지도한 예언이라는 것도 같은 상황이었을 것입니다. 사도 바울이 디모데에게 목회자의 임직을 맡기면서 여러 사도들과 함께 디모데에게 말씀을 주었을 것입니다. 특별히 당시는 구약성경을 말씀으로 주었겠지요. 그러니까 사도 바울은 디모데가 목회에서 파선하지 않으려면 가장 먼저 임직할 때 받았던 디모데를 지도한 그 예언, 그 하나님의 말씀으로 항상 돌아가야 한다고 말해 주고 있는 것입니다.

나는 목회의 실패는 결국 말씀의 실패에 있다고 생각합니다. 무슨 말이냐면 목회자가 성도들에게 하나님의 말씀을 정확하게 가르치는 대신에 주변 이야기, 쓸데없는 이야기, 자기 경험담, 이런 것들을 늘 어놓으면 결국은 하나님은 사라지고 말하는 목회자만 남아요. 좋은 설교란 설교를 다 듣고 나면 성경 본문이 남는 설교입니다. 설교를 다 들었는데 성경 본문은 실종되고 하나님의 말씀은 없어졌다면 좋은 설교라고 볼 수가 없습니다. 목회자가 자신이 경험한 여행담, 음식 먹었던 이야기, 사람을 만난 것, 누구를 상담해준 것, 수없이 많은 이야기를 하는데, 듣고 나면 지워지는 것은 설교가 아니죠. 말씀이 실종되면 목회가 실종된 거예요. 그러니까 사도 바울은 가장 먼저 디모데에게 목회에서 파선하지 않기 위해서는 그를 지도했던 그 예언, 하나님의 말씀에 다시 선착해야 된다고 말하는 것입니다. 말씀으로 다시 돌아가야 한다는 것을 알려 주고 있습니다.

어떤 목회자들은 성경 연구를 하지 않습니다. 성경을 읽지 않는 목회자들도 있어요. 30년 동안 목회했는데 성경을 일독도 하지 않는 목회자도 있어요. 또는 성경 가운데 창세기면 창세기, 시편이면 시편, 다른 책은 읽지 않고 자기가 좋아하는 책 하나만 가지고 30년 동안 설교한 사람도 있어요. 그것만 읽은 거지요. 목사 자신이 성경에 무식한 것입니다. 어쩌다 실수를 하는 것이 아니라 성경에 너무나 무식해서 실수를 해요. 성경 연구를 하지 않고 성경을 잘 알지 못하니 결국은 헛소리를 하고 마는 것입니다. 어떤 목회자들은 성경을 가르쳐요. 지식적으로 성경을 가르치지만 자신이 가르친 말씀대로 살지 않아요. 그러니까 결국은 성경 실천이 없는 헛일이 되고 마는 거예요. 이렇게 일생 동안 헛일을 하는 목회자들도 많습니다.

목회의 성공은 말씀의 성공에 있다고 생각합니다. 그래서 사도 바울은 알레산더와 후메네오라는 두 사람의 목회 파선을 보면서 디모데에게는 그를 지도한 예언을 따라야 한다고 권면을 하는 것입니다. 사도 바울은 디모데가 하나님의 말씀으로 돌아가기를 희망을 했어요. 신학생들이 장차 좋은 목회자가 되려면 아무튼 성경을 많이 읽고 성경을 많이 연구해야 돼요. 성경에서 나온 교리를 잘 알아야 돼요. 말씀에 성공해야 목회가 파선하지 않는다 하는 점을 잊어서는 안 됩니다.

II. 선한 싸움을 싸우라

둘째로 사도 바울은 디모데에게 목회에서 파선하지 않으려면 선한 싸움을 싸우라고 말합니다. "선한 싸움을 싸우며"(18절). 목회는 엄격히 말하면 싸움이라는 뜻입니다. 사도 바울은 디모데에게 선한 싸움을 싸우라고 권면하면서 에베소에서 목회하는 그것은 싸움이라고 가르치고 있는 것입니다. 사도 바울도 자신의 인생을 마치면서 선한 싸움을 싸웠다고 말했어요(딤후 4:7). 이 말을 바꿔 말하면 목회는 유희가 아니라는 말이에요. 목회는 게임이 아니에요. 목회는 즐기는 게 아니에요. 전장에 나가서 적군과 마주쳐서 내 총부리가 적군의 이마를 겨누고 적군의 총부리가 내 이마를 겨누고 있는데 재미있다고 생각하겠습니까? "나는 재미있는데 너는 재미가 없냐?" 이럴 수 있으세요? "우리 열 걸음씩 물러가 다시 한 번 하자" 이러시겠어요? "내가 먼저 쏠 테니까 너는 좀 있다가 쏴라" 이런 말이 가능하겠어요? 목회는 장난이 아니에요. 게임이 아니에요. 유희가 아니에요. 가끔 어떤 목회자들은 목회를 즐기면서 한다는 얘길 합니다. 어떻게 그렇게 할 수 있는지 모르겠어요. 나도 목회를 해봤지만 항상 긴장돼 있습니다. 항상 신경이 곤두서 있어 살이 마릅니다. 때로는 넥타이를 풀지 못하고 잠을 자기도 하고, 밥을 몇 끼씩 굶기도 합니다. 목회는 전쟁이에요. 넥타이를 안 풀고 자는 게 즐겁습니까? 밥을 몇 끼씩 못 먹는 게 재미있습니까? 몸이 곤죽이 된 채로 이 장례식장, 저 장례식장 다니는 게 그렇게 즐겁습니까? 어떻게 목회를 재미있게 한다고 말할 수 있는지 모르겠습니다.

사도 바울 자신도 마지막으로 쓴 서신에서 선한 싸움을 싸웠다고 말하지 않습니까?(딤후 4:7). 사도 바울이 행복한 게임을 했다, 재미있는 장난을 했다, 즐거운 유희를 했다, 그렇게 말하지 않아요. 사도 바울은 목회를 즐겼다고 말하지 않습니다. 목회, 그건 싸움이기 때문입니다. 누군지 기억이 정확하지는 않지만 우리나라의 마라토너 한 분이 언젠가 인터뷰를 하는 것을 들었는데, 그분이 이렇게 말했습니다. "나는 이번 마라톤만 뛰고 다시는 안 뛸 겁니다." 왜 그럴까요? 세계 챔피언 금메달을 딴 사람인데도 마라톤 하는 게 즐겁지가 않다는 것입니다. 숨이 차고, 다리가 아프고, 머리가 빈 것 같고, 앞에 선수 따라가자면 심장 터지는 것 같은데 마라톤이 뭐가 재미있어요? 그래서 다시는 뛰고 싶지 않다는 겁니다. 마라톤은 죽음과의 싸움입니다. 그래서 내가 이번만 뛰고 다시는 안 뛰겠다는 것입니다. 목회도 마찬가지입니다. 목회는 재미있는 게 아니에요. 목회는 힘든 전투입니다. 그래서 사도 바울은 디모데에게 싸움을 싸우라고 말합니다. 그게 목회입니다. 목회자들이 목회를 통해서 자기만족을 채우려는 것이 문제입니다. 목회자는 결국 우리의 일생 동안 세 가지 싸움을 싸우는 것입니다. 목회자는 엄격히 말해서 세 가지 대상과 싸워요.

첫째는 하나님과 싸우는 거예요. 마치 야곱이 하나님과 싸웠던 것처럼 목회자는 하나님과 싸워야 해요. 하나님을 부여잡고 하나님께 매달리고 하나님으로부터 무엇을 얻어내야 해요. 하나님과 싸워 이겨야 해요. 그런데 하나님과 싸워 이기는 것은 사실 싸움 중에 제일 쉬운 싸움이에요. 왜냐하면 그냥 하나님께 항복하면 되거든요. 하나님께 항복하세요. 도저히 혼자서는 목회를 못하겠다고 손을 드세요. 그러면 하나님이 붙잡아 주시니까 사실 하나님과 싸우는 싸움은 제일 쉬운 싸움이에요.

그런데 목회에는 또 하나의 싸움의 대상이 있는데 성도입니다. 목회하다 보면 별 성도가 다 있어요. 성격 급한 사람, 느려 터진 사람, 맨날 늦게 오는 사람, 먼저 와서 앉아 있는 사람, 목사 일일이 꼬집는 사람, 설교의 말투가 어쩌니 톤이 어쩌니 별 말을 하는 사람들이 많습니다. 아무튼 성도가 백 명이면 백 명이 싸움 대상이고, 천 명이면 천 명이 싸움 대상입니다. 목회를 잘하는 어떤 목회자와 대화를 나눈 적이 있습니다. 내가 그분에게 교인이 점점 많아지니 기쁘겠다고 말했더니 그분이 나에게 이렇게 말했습니다. "교인이 한 명 들어오는 것은 우주의 문제가 들어오는 것입니다." 교인이 처음에 들어올 때는 괜찮아 보이지만 조금만 사귀어 보면 남편 문제, 아내 문제, 부모 문제, 자식 문제, 돈 문제, 집 문제, 사업 문제, 동료 문제, 먹는 문제, 마시는 문제, 수없이 많은 문제가 나타난다는 것입니다. 교인은 그런 무는 문제를 다 목사한테 가지고 와서 얘기하는데, 우주의 문제가 들어오는 셈입니다. 그래서 백 명을 목회하면 백 개의 우주 문제를 다루어야 하는 것이고, 천 명을 목회하면 천 개의 우주 문제를 다루어야 하는 것입니다. 목회가 얼마나 힘든 것인지 알 수가 없습니다. 성도들은 어제 해결 받은 것 같은 그 문제를 또 다시 들고 와요. 십 년 전에 분명히 상담해서 해결된 줄 알았는데 그 문제를 또 다시 가지고 와요. 세월이 아무리 흘러도 똑같아요, 변화가 없어요. 그래서 목회는 성도와의 싸움이에요. 목회자가 그걸 이기려면 한 가지 방법밖에는 없어요. 하나님과 싸우는 싸움에서는 항복하면 되지만, 사람과의 싸움에서는 인내해야 해요. 그냥 참는 거예요. 참는 수밖에는 없어요. 언젠가 일생 동안 목회를 하고 은퇴하는 목사님에게 어떻게 목회해야 되는가 물었더니 주머니에서 참을 '인'(忍) 자가 적힌 낡은 종이를 한 장 꺼내들면서 목회는 인내하는 것이라고 일러주었습니다. 자신도 수십 년 동안 목회하면서 견딜 수 없는 상황이 벌어질 때마다 참을 '인'(忍)이 적힌 종이를 꺼내 보았다는 것입니다. 사람과 싸우는 목회는 목회자가 참아야 해요. 분을 내거나 성질을 부리거나 호통을 치거나 그러면 그 순간 끝인 거예요. 목회는 그냥 참아야 하는 것입니다.

목회가 싸움인데 고질적인 대상이 하나 더 있어요. 그것은 바로 나 자신입니다. 목회는 나와의 싸움입니다. 새벽 체질이 아닌 목회자는 새벽기도회에 나가기 위해서 매일 자신과 싸워야 합니다. 목회자는 성실하게 설교를 준비하기 위해서 자신과 싸워야 합니다. 목회자는 성격이 비뚤어진 곱지 않은 교인을 상담하는 일로 자신과 싸워야 합니다. 목회자도 자유롭게 살고 싶은 마음이 있어요. 그냥 평범한 사람으로 살면서 맘대로 시장거리 누비고, 그냥 슬리퍼 끌고, 그냥 아무렇게나 입고 다니는 자유를 누리고 싶어요. 목회자라는 이유 때문에 어디에서든지 자유를 다 억제 받으면서 누구를 만나든지 머리 빗고 옷 제대로 입어야 하는 것에서 벗어나고 싶어요. 이것이 바로 자기와의 싸움입니다. 그런데 자기와의 싸움 가운데 가장 어려운 싸움은 욕심과 싸우는 싸움이에요. 명예에 대한 욕심, 돈에 대한 욕심, 이성에 대한 욕심, 거짓에 대한 욕심, 사기에 대한 욕심, 이런 욕심들이 끊임없이 목회자에게 다가와요. 욕심은 목회자에게 최대의 적입니다. 우리는 어거스틴의 말을 기억해야 합니다. 어거스틴은 고백록을 쓰면서 "나는 나에게 문제가 되었다"고 말했습니다. 이것이 어거스틴의 고백입니다. "나는 나에게 문제가 되었다." 나의 문제는 밖에 있는 것도 아니고, 다른 사람에게 있는 것도 아닙니다. 바로 내가 나의 문제입니다. 나에게 내가 문제덩어리입니다.

III. 믿음과 양심을 가지라

사도 바울은 디모데에게 이런 싸움을 하라는 것입니다. 싸움 중에서도 자기와의 선한 싸움을 해야 합니다. 하나님과의 싸움은 항복하면 되고, 성도와의 싸움은 인내하면 되는데, 자신과의 싸움은 항복해도 안 되고 인내해도 안 됩니다. 그래서 사도 바울은 계속해서 몇 마디를 덧붙입니다. 선한 싸움을 싸우며 "믿음과 착한 양심을 가지라"(19절)라는 것입니다. 자기와의 싸움에서 이기려면 믿음과 착한 양심을 가져야 합니다.

믿음은 무엇입니까? 믿음은 하나님께 달라붙는 겁니다. 하나님을 의지하는 것, 하나님을 신뢰하는 것, 하나님께 나를 부착시키는 것입니다. 믿음은 어떤 문제가 일어나든지 간에 무엇으로도 쪼갤 수 없이 하나님에게 달라붙어 있는 것입니다. 그래야 목회에서 파선하지 않습니다. 디모데에게 말하는 사도 바울의 어조는 분명합니다. "네가 본래 재물과 명예와 온갖 것의 욕심덩어리기 때문에 그냥 놔두면 제멋대로 굴러가서 파선한다. 그러니 하나님께 달라붙어라. 믿음을 가져라. 하나님께 기도하고, 하나님을 바라봐라." 오늘날 기독교가 멸망하는 중요한 이유는 기도가 없어서 그래요. 스스로 금식 기도도 하고, 스스로 밤 기도도 하고, 혼자서 기도하고, 삼삼오오 기도하러 다니고… 기도해야 해요. 기도해야 하나님께 달라붙거든요. 그런데 기도를 하지 않으니까 결국은 기독교가 파선해 가는 것입니다.

또 하나는 착한 양심을 가지라는 것입니다. 목회에서 파선하지 않기 위해서는 착한 양심을 가져야 합니다. 사도 바울은 목회자에게 도덕과 윤리를 가르치고 있습니다. 그것이 선한 싸움을 싸우는 한 방편이라는 것입니다. 목회자는 거룩해야 해요, 순결해야 해요, 정직해야 해요. 순결함과 거룩함과 정직함은 목회자의 기본이에요. 목회자가 순결하지 않고, 거룩하지 않고, 정직하지 않으면, 그 자체가 끝이에요. 세상의 격언에도 정직이 최선의 정치라고 합니다. 세상에서도 정직이 최선의 정치입니다. 정치인들이 요리조리 속임수를 써가지고 잠깐 동안 득을 볼지 모르지만 결국은 망하는 것처럼, 우리 목회자들도 정직하지 않으면 결국은 망해요. 목회자는 유리병 속에 들어 있는 것 같아요. 목회자를 지켜보는 사람의 수가 얼마나 많은지 모릅니다. 목회자는 사람들의 눈을 비껴갈 수가 없어요. 그러므로 목회자는 솔직해야 하고 정직해야 해요. 그래야 살아요. 목회자가 거룩함과 순결함과 정직함을 버리면 그때부터 문제가 생겨요. 어떤 방식으로든지 거짓됨은 목회자에게 어울리지 않는 것입니다. 그것은 사탄에게 어울리는 것입니다. 사탄은 거짓의 아비이기 때문입니다. 문제가 생겼을 때는 빨리 하나님 앞에 고백하고 빨리 내놓고 빨리 정직한 길을 가야 합니다. 선함을 잃어버린 목회자는 모든 것을 잃어버리고 맙니다.

　목회자가 정직하고 순결하려면 높은 것을 사모하지 말아야 합니다. 위로 올라가는 걸 너무 좋아하지 마세요. 너무 올라가면 뭔가 거짓을 해야 할 상황이 벌어져요. 거짓을 해야 올라가게 돼 있어요. 높은 곳에 올라가는 일이나 큰 사람이 되는 일에는 뭔가 부도덕이 동반될 가능성이 높습니다. 크게 되려면, 많은 것을 가지려면 뭔가 사기가 동원이 돼요. 세상의 법칙이 그래요. 목회자는 항상 하나님의 일꾼 된 것을 감격하고 감사하면서 삽니다. 비록 낮은 것이라도, 비록 작은 것이라도, 비록 적은 것이라도 하나님이 자신에게 주신 몫이라는 감격과 감사 가운데 살면 거기서 목회가 성공하는 겁니다.

사도 바울은 디모데에게 이 권면을 주기 전에 먼저 자기 자신에 대하여 소개를 했어요. "나를 능하게 하신 그리스도 예수 우리 주께 내가 감사함은 나를 충성되이 여겨 내게 직분을 맡기심이니"(12절). 그리고 이어서 뭐라고 말합니까? 자신은 가말리엘 문하에서 배운 굉장한 학자였다고 말합니까? 자신은 선교 여행을 하면서 맹수와 싸워 이겼다고 말합니까? 아닙니다. 사도 바울은 자신이 전에는 비방자요 박해자요 폭행자였다고 말합니다(13절). 자신은 낮고 작고 적은 인간이었다는 것입니다. 그런데 하나님이 사도 바울을 들어 쓰신 것입니다. 사람이 높아지고 커지고 많아지면 하나님이 쓰실 일이 없어요. 왜냐하면 사람이 능력이 많기 때문입니다. 사도 바울은 자신이 비록 비방과 박해와 폭행에 일관된 삶을 살았지만 하나님이 자신을 들어 쓰셨다는 감격과 감사를 드리고 있습니다. 바로 거기에 바울의 성공이 있는 것입니다. 사도 바울은 디모데에게 똑같은 것을 알려 주고 있습니다. 착한 양심을 가져라.

오늘날 우리 기독교는 파선하고 있습니다. 누구 때문입니까? 많은 부분이 목회자들 때문입니다. 목회자들의 재물 욕심과 명예 추구와 이성 문제와 부도덕함과 비정직함 가운데서 기독교가 파선하고 있습니다. 사도 바울에게서 권면을 받은 디모데의 심정을 가지고 목회자들은 하나님의 말씀을 표준으로 삼고, 선한 싸움을 싸우며, 믿음과 착한 양심을 지님으로써 파선하는 기독교를 건져내야 합니다. 이것이 오늘날 목회자들에게 맡겨진 중대한 사명입니다.